UTB 2811

W0277635

Eine Arbeitsgemeinschaft der Verlage

Beltz Verlag Weinheim · Basel
Böhlau Verlag Köln · Weimar · Wien
Wilhelm Fink Verlag München
A. Francke Verlag Tübingen und Basel
Haupt Verlag Bern · Stuttgart · Wien
Verlag Leske + Budrich Opladen
Lucius & Lucius Verlagsgesellschaft Stuttgart
Mohr Siebeck Tübingen
C. F. Müller Verlag Heidelberg
Ernst Reinhardt Verlag München und Basel
Ferdinand Schöningh Verlag Paderborn · München · Wien · Zürich
Eugen Ulmer Verlag Stuttgart
UVK Verlagsgesellschaft Konstanz
Vandenhoeck & Ruprecht Göttingen
Verlag Barbara Budrich Opladen · Farmington Hills
Verlag Recht und Wirtschaft Frankfurt am Main
WUV Facultas · Wien

Christine Römer

Morphologie der deutschen Sprache

A. Francke Verlag Tübingen und Basel

Christine Römer ist Hochschuldozentin für Sprachtheorie und Lexikologie an der Friedrich-Schiller-Universität in Jena.

Bibliografische Information der Deutschen Bibliothek

Die Deutsche Bibliothek verzeichnet diese Publikation in der Deutschen Nationalbibliografie; detaillierte bibliografische Daten sind im Internet über <http://dnb.ddb.de> abrufbar.

Dischingerweg 5 · D-72070 Tübingen
ISBN 13: 978-3-7720-8179-8
ISBN 10: 3-7720-8179-7

Gedruckt auf chlorfrei gebleichtem und säurefreiem Werkdruckpapier.

Internet: www.francke.de
E-Mail: info@francke.de

Einbandgestaltung: Atelier Reichert, Stuttgart
Druck und Bindung: Hubert & Co., Göttingen
Printed in Germany

ISBN 13: 978-3-8252-2811-8
ISBN 10: 3-8252-2811-8

Inhaltsverzeichnis

Einleitung

Die vorgelegte „Morphologie der deutschen Sprache" zeigt, dass die Morphologie keine trockene und langweilige Wissenschaft ist, wie man bei manchen auf dem Markt befindlichen Publikationen annehmen kann, die vor allem Formenparadigmen anbieten. In der Regel wird die Morphologie mit in Grammatiken abgehandelt. Selbstständige Darlegungen zur Morphologie der deutschen Sprache gab es in jüngerer Zeit wenige. Verwiesen werden soll auf Bergenholtz (1976), Bhatt (1991) und Simmler (1998). Erstere Monographie behandelt nur die Morphologie deutscher Substantive, Verben und Adjektive und ist wie die letztere, die in Paragrafenform abgefasst wurde, kein Studienbuch. Beide stellen (wie auch die knappe Broschüre von Bhatt) nüchtern die morphologischen Daten dar.

Erwähnt werden soll auch noch das diffizile „Internationale Handbuch zur Flexion und Wortbildung" (2002), das als Lehrbuch nicht geeignet ist und auch nicht spezifisch auf die deutsche Sprache orientiert ist.

Mit der „Morphologie der deutschen Sprache" wird keine lückenlose morphologische Beschreibung des Deutschen angestrebt. Es werden vielmehr wichtige morphologische Themen angesprochen. Folgendes soll aufgezeigt werden:

- Die Morphologie beschäftigt sich im Rahmen der Grammatik mit den Wortformen, ihren Regularitäten und Strukturen. Sie fragt vor allem danach, wie Sprachen grammatische Merkmale markieren und wie Wortformen und Wortstrukturen gebildet sind. Es wird jedoch keine vollständige Darstellung aller Formenparadigmen der deutschen Sprache mit ihren Ausnahmen angestrebt. Die wesentlichen Wortbildungsmuster werden bei den Hauptwortarten in Kapitel 4 besprochen.
- Die deutsche Sprache ist entgegen der landläufigen Auffassung keine vorrangig flektierende Sprache; auch die nicht flektierenden Wörter haben einen großen Stellenwert in ihr.
- Die Wortklassen müssen mit grammatischen Merkmalen beschrieben werden. Die Einbeziehung der Prototypentheorie erweist sich dabei als sinnvoll.

- Die verschiedenen grammatischen Frameworks legen unterschiedliche Wortklassenmodelle zu Grunde. Um die Verständigung zwischen den Modellen zu gewährleisten, sollen diese Unterschiede aufgezeigt werden. Klein (2004, S. 403) stellt in einem Übersichtsartikel die starke Forderung auf „Weg von den engen 'frameworks' und ihren idiosynkratischen Begrifflichkeiten!" Da er diese Forderung selbst für unerfüllbar hält, hat er noch eine mildere Variante parat: „Die mildere Variante heißt, daß jene, die in einem bestimmten 'framework' arbeiten, den Ertrag ihrer Bemühungen, soweit sie ihn für schlüssig und von allgemeinem Interesse halten, so formulieren, daß er dem Inhalt nach auch Vertretern anderer Richtungen verständlich und nachvollziehbar ist."

  Da auch diese Forderung noch nicht allgemein anerkannt ist, beabsichtige ich, die Theorien so zu beschreiben, dass sie auch außerhalb des jeweiligen Frameworks verstehbar sind.
- Ob Aktionsart und Aspekt grammatische Kategorien in der deutschen Sprache sind, ist ebenso umstritten wie ihre Definition. In dieser Publikation wird ein grammatischer, engerer Aktionsartenbegriff zu Grunde gelegt.
- Lexikalisierung und Grammatikalisierung sind Vorgänge, die den gewachsenen Benennungsbedarf in den Sprachen abdecken; sie zeigen auch die funktionale Gerichtetheit morphologischer Prozesse auf. Sie sollen primär aus synchroner Sicht beschrieben werden.
- In die Beschreibung der Lexikalisierung geht die Bildung von Phraseologismen ein, weil die Grammatik die festen Wortverbindungen einbeziehen sollte (vgl. Jackendoff (1997)).
- Univerbierung wird zusammen mit weiteren Tendenzen der morphosyntaktischen Verdichtung beschrieben. In der morphologischen Analyse der deutschen Sprache wird deutlich, dass es auch den gegenläufigen Prozess der Verstärkung analytischer grammatischer Formen (z. B. phrasale Verbkomplexe und Inkorporationen) gibt.
- Das Nebeneinanderstehen von homonymen Formen und Kategorien, Grammatikalisierungen im engeren und weiteren Sinne soll erörtert werden. Die Prozesse der morphophonologischen (formale Erosion), syntaktischen und semantischen (Desemantisierung) Differenzierung werden besonders beschrieben. Damit wird die grammatische Flexibilität des heutigen deutschen Sprachsystems dargelegt.

- Ikonizität tritt in den morphologischen Teilsystemen in unterschiedlichen Formen auf.

Da dieses Buch vorrangig zur Beschäftigung mit der Morphologie anregen möchte, enthalten die einzelnen Kapitel Übungsaufgaben bzw. Fragen zum Weiterüberlegen, für die im Anhang Lösungsvorschläge gegeben werden.

Merksätze mit definitorischem Charakter werden durch eine vertikale Doppellinie am äußeren Rand kenntlich gemacht.

Literatur, die zur Vertiefung studiert werden sollte, wird mit dem Buchsymbol angekündigt.

Einige relevante wissenschaftliche Termini werden im angefügten Glossar kurz erläutert. Das Buch ist in der amtlichen Orthografie abgefasst, in Zitate wird aber nicht eingegriffen, sie werden originalgetreu wiedergegeben.

In der Regel werden die behandelten Phänomene mit realen Sprachbeispielen belegt. Diese stammen aus publizistischer und belletristischer Literatur[1], die ich in der Zeit der Entstehung des Buches gelesen habe, und aus dem Internet.

Danksagungen

Bedanken möchte ich mich besonders bei Herrn Gunter Narr, der mir die Möglichkeit der Veröffentlichung eingeräumt hat, und bei Frau Kathrin Heyng für die Lektorierung. Bei Brigitte Matzke möchte ich mich für ihre hilfreichen fachlichen Hinweise und bei den Mitgliedern der *German Language TeX Users Group Communication List*, von *mrunix.de* und von *linuxforen.de* für ihre Hilfe beim Satz der Datei mit dem Betriebssystem Linux und dem Satzsystem LaTeX bedanken; mein ausdrücklicher Dank gilt dabei Dirk Stratmann.

Fruchtbar für das Eindringen in die Morphologie waren auch die Gespräche und die gemeinsamen Lehrveranstaltungen mit Peter Gallmann und Jan-Philipp Söhn.

Jena, 16. Juli 2006 Christine Römer

---

[1] Die Autoren und Titel werden zwar angegeben, aber eine weitere Ausweisung im Literaturverzeichnis unterbleibt.

Verwendete Abkürzungen

A / Adj	Adjektiv
Ä	Äquation
Adv / ADV	Adverb
Aff	Affix
Agr	Agreement
AVM	Attribut-Wert-Matritze
BM	Basismorphem
C / Comp	Complementizer
CAT	Category
CF	Complementizer-feature
D / Det	Determinierer = Artikel
dtr	ditransitiv
Fl	Flexiv
FVG	Funktionsverbgefüge
GOV	governed
HF	Head-feature
HPSG	Head-Driven Phrase Structure Grammar
HV	Hilfsverb
I / Infl	Inflection
Ind.	Indikativ
itr	intransitiv
j	Junktiv
K / KON	Konjunktion
KM	kommunikative Minimaleinheit
N	Nomen = Substantiv
Ø	Nullmorphem
OBL	oblique
P	Phrase
Part / PTL	Partikel
Präf	Präfix
P / Präp	Präposition
PRO	phonetisch leeres Subjekt
SC	Small Clause
SF	Specifier-feature

Sg.	Singular
Spec	Spezifikator
SpecW	Wackernagelposition
str	strikt-transitiv
SUB	Subjunktion
Suff	Suffix
SYNSEM	syntaktische und semantische Informationen
SZW	Satzwort
t	Translativ (im Rahmen der Dependenzgrammatik)
t	trace (Spur)
T	Tense = Tempus
UK	unmittelbare Konstituente
V	Verb
VAL	Valenz
WBM	Wortbildungsmorphem
WG	Wortgruppe
Zirkum	Zirkumfix
→	umformbar in
#	in wörtlicher Lesart nicht akzeptabel
*	ungrammatisch / nicht akzeptabel
'...'	Bedeutung
SZ	Süddeutsche Zeitung
a.a.O.	am angegebenen Ort

1 Objekt, Gegenstände und Teilbereiche der Morphologie

1.1 Das Objekt, die Gegenstände und Teildisziplinen der Morphologie

In der Geschichte der Sprachwissenschaft hat sich eine bestimmte Tradition herausgebildet, die Sprachen wissenschaftlich zu beschreiben. In seinem Epoche machenden „Cours de linguistique générale" hat F. de Saussure „die Sprache an und für sich" (de Saussure (1931)) als Objekt der Linguistik angesehen. Auch wenn heute berechtigt an seiner Unterscheidung von innerer und äußerer Sprachwissenschaft Kritik geübt wird, sehe ich in der Grammatik im engeren Sinne[1] den Kernbereich der Sprachbeschreibung. Diese betrachtet drei grundlegende Wissensmodule: die Phonetik und Phonologie (Lautlehre) bzw. die Grafematik (Schriftlehre), die Morphologie (Wortstruktur- und Formenlehre) und die Syntax (die Satzlehre). Traditionell werden in „der Wort- und Formenlehre (Morphologie) [...] die Wörter der Sprache untersucht: ihre grammatischen Merkmale, ihr innerer Aufbau und vor allem auch ihre Veränderbarkeit" (Heuer, Flückinger und Gallmann 2004, S. 26). Mit dieser Auffassung stimme ich nicht überein, denn die Wortlehre ist das Arbeitsgebiet der Lexikologie und nicht der Morphologie (vgl. Römer und Matzke (2005)).

> Die Morphologie beschäftigt sich nur mit den für die Grammatik relevanten Worteigenschaften.

Welche diese relevanten Charakteristika sind, ist nicht unumstritten. Besonders darüber, ob die Wortbildung, die Beschreibung des Aufbaus der Wörter, Teil der Morphologie oder der Lexikologie oder gar der Syntax ist, gehen die Meinungen auseinander. Spezielle Randphänomene, wie

[1] Helbig (in Fleischer, Helbig und Lerchner 2001, S. 218–220) nimmt diese sinnvolle Unterscheidung in Grammatik im engeren und weiteren Sinne vor. Die Grammatik im engeren Sinne beschreibt nach ihm, die „morphologischen und syntaktischen Regularitäten einer natürlichen Sprache". Die Grammatik im weiteren Sinne nimmt die „Abbildung des gesamten Sprachsystems" als Regelsystem vor. Helbigs enges Morphologiekonzept wird von mir allerdings nicht geteilt.

die Zusammenbildungen (so *Dreimaster*) oder Zusammenrückungen (wie *Gernegroß*) im Deutschen, veranlassen zur Diskussion. Die mehr traditionellen Auffassungen, wie die zitierten Heuer, Flückinger und Gallmann 2004, knüpfen an die wörtliche Bedeutung von Morphologie an.

Morphologie leitet sich von dem griechischen Wort *morphe* ab, das 'Gestalt' bedeutet; sie ist im Wortsinn also die Gestalt- oder Formenlehre. Das engere traditionelle Verständnis von Morphologie stellt die Lehre von der Bildung und Veränderung der grammatischen Wortformen, insbesondere die Lehre von der Beugung der Wörter, der Flexion, und die damit verbundene Abgrenzung grammatischer Wortklassen/-arten ins Zentrum (Fleischer u. a., 1983, S. 139). Das weitere Morphologieverständnis, das heute oftmals zu Grunde gelegt wird, nimmt „die Verdeutlichung von Funktions- und Strukturzusammenhängen" (Fleischer u. a., 1983, S. 139) und die Semantik und Pragmatik hinzu und ist vor allem nicht nur um eine Beschreibungs- sondern auch um eine Erklärungsadäquatheit im Rahmen theoretischer Grammatikmodelle bemüht. In jüngerer Zeit wird verstärkt korpusbasiert beschrieben, Befunde, denen nur die Autorenkompetenz zu Grunde liegt, werden berechtigterweise als nicht ausreichend betrachtet (vgl. dazu beispielsweise Fanselow (2004)).

> Das grammatische Wort ist das Objekt der Morphologie.

Deshalb möchte ich es kurz charakterisieren. Dass die Wörter die kleinsten selbstständigen Einheiten im Satz sind, ist heute der Kern der Standarddefinition von Wörtern. Dies ist aber in verschiedener Hinsicht nicht ausreichend. Zum einen haben wir die Lexikonwörter von den Satzwörtern, d. h. in Sätzen auftretenden Wörtern, zu unterscheiden. In dem folgenden Beispielsatz kommt das Lexikonwort *schlagen* in verschiedenen Verwendungsformen (*schlug* und *schlagen*) vor:

(1) „Mein Herz schlug dabei sehr stark", hatte später Doralince zu Hans Grill gesagt, „ich hörte es schlagen, es schien mir das Lauteste im Zimmer. [...]"
(Eduard von Keyserling: Wellen. SZ/Bibliothek 2004, Band 30, S. 28)

Mit anderen Worten, wir haben eine Grund- oder auch Nennform bei den Wörtern von den Wortformen für diese Grundformen zu unterscheiden.

> Sowohl die Grundformen (Lexikonwörter) als auch die Wortformen (Satzwörter) sind Gegenstände der Morphologie.

Außerdem müssen wir noch beachten, dass zu vielen Wörtern mehrere Bedeutungen im mentalen Lexikon eingetragen sind. Wie in den Beispielen (2) sichtbar wird, gibt es zu dem Lautkörper *barsch* mehrere Bedeutungen; er tritt mit verschiedenen Inhalten auf:

(2) a. Der Barsch (Egli) gehört zu den farbenprächtigsten Süßwasserfischen und ist in fast ganz Europa häufig und weit verbreitet. (www.angeltreff.org; 6.10.2004)

b. „Bei uns gibt es keine Häftlinge“, lautet die barsche Antwort. (www.zeit.de; 6.10.2004)

Dabei stellt sich für die Wissenschaft die Frage, ob es sich bei *barsch* um ein Wort handelt oder ob wir es hier mit zwei Wörtern zu tun haben. Seit geraumer Zeit ist es allgemein gültiges Wissen, dass Sprachzeichen aus zwei Hauptkomponenten bestehen: aus einer Laut- und einer Bedeutungsseite. Wir haben in unserem Gedächtnis zu dem Lautbild *barsch* zwei Hauptbedeutungen gespeichert: 'Raubfisch in Flüssen' und 'Eigenschaft unfreundlich zu antworten'. Wenn nun diese unterschiedlichen Hauptbedeutungen mit grammatischen Unterschieden verbunden sind, spricht man in der lexikalischen Semantik von Homonymie (Gleichnamigkeit von Zeichen). Dies ist bei dem Lautbild *barsch* der Fall. In der Bedeutung 'Fisch' liegt ein Substantiv vor, das ganz bestimmte grammatische Eigenschaften im Deutschen hat, es muss dekliniert, mit einem Artikel und einem großen Anfangsbuchstaben versehen werden. Die zweite Bedeutung dagegen wird von einem Adjektiv realisiert, das keinen Artikel führen kann.

Das Adjektiv *gut* hat nach Eco drei Hauptbedeutungen:

(3) Wenn wir jedoch nach unserer Alltagserfahrung urteilen, neigen wir dazu, als gut nicht nur das zu bezeichnen, was uns gefällt, sondern auch das, was wir gern hätten. Zahllos sind die Dinge, die wir als gut beurteilen – eine erwiderte Liebe, ehrlich erworbenen Reichtum, ein erlesener Leckerbissen –, und in all diesen Fällen *würden wir uns wünschen*, dieses Gut zu besitzen. [...] Oder wir nennen etwas gut, das einem idealen Prinzip entspricht, aber Leiden kostet, wie der ruhmreiche Tod eines Helden [...] Um eine tugendhafte Handlung zu bezeichnen, die wir lieber bewundern als selbst vollbringen, sprechen wir oft von einer „schönen Tat“.
(Umberto Eco: Die Geschichte der Schönheit. Carl Hanser Verlag 2002, S. 8)

Das Lautbild *gut* hat also auch mehrere Bedeutungen, diese sind jedoch nicht mit grammatischen Unterschieden verbunden, es handelt sich hier um Polysemie (reguläre Mehrdeutigkeit).

> Sowohl die Laut- als auch die Inhaltsseite müssen bei morphologischen Betrachtungen eingeschlossen werden.

Für andere (z. B. Fleischer, Helbig und Lerchner 2001, S. 218) ist das Morphem die Grundeinheit der Morphologie. Wie später im Kapitel 2 noch ausgeführt wird, werden in den Morphemen die Grundbausteine der Wörter gesehen.

Wie schon angedeutet, gibt es unterschiedliche Meinungen über das Objekt der Morphologie (Morphem oder Wort) und vor allem über die verschiedenen Aspekte hinsichtlich welcher die Morpheme und Wörter untersucht werden; aber auch darüber, in welche Teildisziplinen sich die Morphologie gliedert. Einige neuere Beispiele dafür:

• Hoffmann (2003a, S. 1): „Der syntaktischen steht die Analyse des Lexikons, der Struktur des Wortschatzes gegenüber. Sie behandelt im Rahmen der Morphologie Wortbildung und Formen eines Wortes, in der lexikalischen Semantik Wortbedeutungen und Bedeutungsbeziehungen."

Wortbildungs- und Wortformenlehre als Teildisziplinen der Morphologie anzusehen, ist ein weit verbreiteter Standpunkt. Schwierig wird es, wenn die Semantik explizit abgegrenzt wird, weil ja die Wortbildungen und Wortformen auch semantische und pragmatische Aspekte haben. Bereits Aristoteles hatte darauf hingewiesen, dass es keinen Inhalt ohne Form und keine Form ohne Inhalt gibt. Sie beeinflussen sich auch gegenseitig (vgl. Wurzel (2000a)). Hervorgehoben werden muss aber, dass die Morphologie ihren Blick primär auf die Wortformen richtet.

Generell stellt sich bei einer Frage wie der nach den Teildisziplinen der Morphologie das Problem, auf welcher begrifflichen Ebene man argumentiert. Geschieht dies auf der Ebene der linguistischen Objekte/Einheiten (Morphem, Wort, Wortform, Wortbildungen, ...) oder auf der Ebene des Sprachsystems/der Grammatikmodule (Phonetik, Phonologie, Morphologie, Syntax, Semantik, Pragmatik)? Alle Einheiten können ja jeweils auf den verschiedenen Sprachsystemebenen beschrieben werden.

• Clément (1996) nimmt die Morphologie als eine eigene Komponente der Grammatik an und unterscheidet ebenfalls zwei Teildisziplinen: die Wortbildung und die Flexionslehre. Sie verweist aber auch darauf, dass es verschiedene Abgrenzungsprobleme gibt: so zur Syntax bei der Problematik der Wortstellung. Sie geht von einem universalgrammatischen Standpunkt aus und stellt fest: „Die Morphologie beschreibt nicht nur die Wortformen, sondern auch die Reihenfolge der morphologischen Wörter im Satz" (Clément, 1996, S. 127). Dies wird damit begründet, dass in Sprachen ohne Deklination z. B. „bestimmte Wortbildungsregeln dafür sorgen, dass die Subjekt-NP von der Objekt-NP unterschieden wird" (a.a.O.). Zum anderen treten auch bei der Beschreibung der Wortformen Abgrenzungsprobleme auf: „Es muss das Inventar der möglichen Formen eines Wortes beschrieben werden; es muss aber auch beschrieben werden, welche Wortform in welchem Kontext möglich ist" (Clément, 1996, S. 128). Clément sieht vor allem in der Syntax den Ort, wo diese Beschreibungen vorgenommen werden. Es gibt aber auch lautliche und inhaltliche Aspekte, die für die Kontexte von Wortformen verantwortlich sind.

Auf die Abgrenzungsprobleme zwischen Wortbildung und Syntax wurde ja schon hingewiesen. Um diesen Zusammenhängen Rechnung zu tragen, ist das vorgelegte Buch auch nicht in diese Teildisziplinen gegliedert. Der Wortbildungs- und der Wortformenaspekt wird jedoch ein wichtiger Punkt bei der Beschreibung der Hauptwortarten sein.

> Hinsichtlich der linguistischen Objekte können die beiden Teildisziplinen Wortbildungs- und Flexionslehre angenommen werden. Im Hinblick auf die Sprachsystemebenen werden die Morphologie im engeren Sinne, die Morphosemantik, Morphosyntax, Morphophonologie und Wortgrafie unterschieden.

Auch diese modularen Blickwinkel sollen und müssen in die Beschreibungen und Erklärungen einfließen.

1.2 Weitere Analyseebenen für Wörter

Wörter verstehen und angemessen in der Kommunikation benutzen zu können, verlangt verschiedenartiges Wissen, das die individuellen Sprachbenutzer im mentalen Lexikon gespeichert haben. Es wird bei Bedarf unbewusst aktiviert. Dieses Wissen kann in Anlehnung an das kognitive Sprachbenutzermodell (vgl. Dijkstra und Kempen (1993)) in fünf Module gruppiert werden:

- Das phonetisch-phonologische Wissen, das die Klangmuster umfasst, denen die Wörter entsprechen müssen, um erkannt zu werden. Weiterhin das artikulatorische Wissen über die Aussprache der Wörter.
- Das morphologische Wissen über die morphologischen Eigenschaften der Wörter. Dieses Wissen ist der Hauptgegenstand des Buches.
- Das syntaktische Wissen, das benötigt wird, um Wörter richtig in Sätzen und Texten zu verbinden.

- Das konzeptuelle Wissen, das Bedeutungswissen, das mit Lautkörpern verbunden wird. Dazu gehört auch das „Weltwissen", das „enzyklopädische Wissen", das jeder Sprachbenutzer im Laufe seines Lebens erwirbt.
- Das orthografische Wissen, das Wissen über die richtige Schreibung und deren motorische Ausführung, befindet sich bei Menschen, die lesen können, auch im mentalen Lexikon.

Diese Wissensmodule voneinander zu trennen ist u. a. dadurch gerechtfertigt, dass sie mit unterschiedlichen Einheiten der Wörter verknüpft sind und deshalb auch unterschiedlich organisiert werden. Andererseits ist diese Trennung aber auch problematisch, weil diese Module bei der Sprachproduktion und Rezeption miteinander interagieren.[2] Aus diesem Grund werden bei der Darstellung des morphologischen Moduls die Zusammenhänge berücksichtigt. Entsprechend der Modularisierung des grammatischen Wissens über die Wörter können folgende morphologische Teildisziplinen angenommen werden:

1. die Morphologie,
2. die Morphophonologie,
3. die Morphosyntax,
4. die Morphosemantik,
5. die Wortgrafie.

Wirklich etabliert hat sich neben bzw. innerhalb der Morphologie bisher nur die Morphophonologie. Wenn sich die Morphologie weiterentwickeln möchte, sollten m. E. diese Schnittstellenbereiche genauer erforscht werden.

Ehe auf den Kernbereich Morphologie in den folgenden Kapiteln näher eingegangen wird, sollen zu den anderen Wissensbereichen des Worts einige orientierende Bemerkungen angeführt werden.

1.2.1 Morphophonologie

Die Morphophonologie, auch zu Morphonologie verkürzt, geht auf den Begründer der Phonologie N. Trubetzkoy (1890–1938) zurück. Sie beschäftigt sich mit den phonologischen Charakteristika der Morpheme und Wörter. Innerhalb der verschiedenen Frameworks der Grammatik befasst man

---

[2] Auf holistische, nicht modulare Wissensmodelle kann hier nicht eingegangen werden. Sie nehmen eine ganzheitliche Speicherung im Gedächtnis an.

sich unterschiedlich intensiv damit; besonders die Generative Grammatiktheorie und die Natürlichkeitsgrammatik sehen sie als zentral an.

Trubetzkoy hatte in seinem Aufsatz „Gedanken über Morphophonologie" definiert:

> Unter Morphophonologie oder Morphonologie verstehen wir bekanntlich die Erforschung der morphologischen Ausnutzung der phonologischen Mittel einer Sprache. [...] Eine vollausgebildete Morphonologie enthält folgende drei Teile: 1. die Lehre von der phonologischen Struktur der Morpheme; 2. die Lehre von den kombinatorischen Lautveränderungen, welche die Morphemverbindungen erleiden; 3. die Lehre von den Lautwechselreihen, die eine morphologische Funktion erfüllen. (Trubetzkoy, 1958, S. 268–270)

Zu 1., der phonologischen Struktur der Morpheme, ist für das Deutsche z. B. feststellbar, dass alle Basismorpheme mindestens einen Vokal enthalten. Generell ist das Deutsche aber als „Konsonantensprache zu bestimmen und in dieser Hinsicht etwa dem Arabischen oder Hebräischen vergleichbar" (Burkhardt, 1998, S. 113). Die Konsonanten sind die eigentlichen Silben- und damit Sprachzeichenträger. „Das bedeutet zugleich, daß zwar (fast) alle diskriminierbaren Lauttypen eine distinktive Funktion aufweisen und untereinander in Opposition stehen, dabei jedoch Teilsysteme unterschiedlichen Gewichts zu konstatieren sind, denn das jeweilige Konsonantengerüst reicht zur Identifikation der Einzelzeichen weitgehend aus" (Burkhardt, 1998, S. 113). Die deutschen Wörter beginnen meist mit Konsonanten und enden auch damit. Die deutsche Silbe kann bis zu drei Konsonanten im Anlaut (*Strecke*) und vier Konsonanten im Auslaut (*selbst*) aufweisen. Weil die Konsonanten oftmals zur Identifizierung der deutschen Wörter ausreichen, konnten die Vokale auch zur Ausbildung grammatischer Paradigmen Verwendung finden. Dies ist beispielsweise bei der Pluralbildung (*Bücher*), der Tempora- (*las*) und Modimarkierung (*würde lesen*) der Fall.

Zu 2., den kombinatorischen Lautveränderungen, kann für die deutsche Sprache als ein relevantes Beispiel die Problematik der Allomorphe angeführt werden. Dies sind aus synchroner Sicht lautliche Formen des gleichen Morphems (wie in 4), die bei der Kombination mit anderen Morphemen realisiert werden[3].

[3] Die Auffassung, dass Allomorphe verschiedene Morpheme sind, die „dieselbe Bedeutung tragen" (Ernst, 2004, S. 110), wird von mir nicht vertreten.

(4) M**au**s
M**äu**s-chen [ˈmɔ͜ysçən]
M**äu**s-e [ˈmɔ͜yzə]

Zu 3., den Lautwechselreihen mit morphologischen Funktionen, sind die Ablautreihen bei den starken deutschen Verben ein allseits bekanntes Beispiel:

(5) wir s**i**ngen [+präsens]; wir s**a**ngen [+präteritum];
wir haben ges**u**ngen [+perfekt]

Neuere Darstellungen polemisieren gegen die strukturalistische phonologische Bezugnahme auf die Morpheme:

> Auf Wortebene scheint es mir zur Beschreibung phonologischer und morphologischer Regularitäten des Deutschen auszureichen, mit den Kategorien Phonologisches Wort und Silbe zu arbeiten.
> (Neef, 1996, S. 49)

Auf die Kategorie Morphem bei der Beschreibung der deutschen Morphologie zu verzichten, sehe ich nicht als sinnvoll an. Ich stimme aber Wiese und anderen zu, die Trubetzkoys Morphonologieverständnis als zu eng ansehen.

Es gibt aber auch Einengungsbemühungen bzw. den Wunsch, die Morphophonologie völlig von der Morphologie abzutrennen, wie bei Wurzel. Für Wurzel (1982), der die Natürliche Phonologie begründet hat, beschäftigt sich die Morphophonologie nur mit dem „Miteinander- und Gegeneinanderwirken“ der morphologischen und phonologischen Komponente des Sprachsystems. Sie ist „der Interaktionsbereich von Phonologie und Morphologie“ (S. 50). Der Bereich der Morphophonologie beginnt für ihn dort, wo eine phonologische Regel durch morphologische Gegebenheiten eingeschränkt wird (S. 51); bzw. „bildet sie den Bereich des Sprachsystems, dessen Regeln nicht bzw. nicht mehr ausschließlich auf Grund von grammatischen Bedingungen funktionieren“ (S. 57).
Wurzel ist dabei vor allem auf die Erklärung von Sprachwandelerscheinungen orientiert. Bereits Trubetzkoy hatte aber betont, dass die Morphophonologie nicht nur für sprachgeschichtliche Betrachtungen relevant ist.

Hier wird den Auffassungen gefolgt, die „Phonologie und Morphologie miteinander verzahnt“ sehen (Wiese, 1992, S. 133). Booij (2000) sieht zwei Wege der Interaktion von Morphologie und Phonologie: Zum einen spielen morphologische Informationen eine wichtige Rolle für die phonologischen Systeme der Sprachen, weil die Verteilung der Laute und ihrer Alternationen von den morphologischen Wortstrukturen bestimmt sein kann. Zum anderen machen morphologische Prozesse von phonologischen Informationen Gebrauch (S. 335).

Auch Eisenberg (1998, S. 27) sieht es als sinnvoll an, „zur Erfassung der Strukturiertheit von Wortformen eine morphologische von einer phonologischen Ebene zu unterscheiden". Während die Gliederungseinheiten der morphologischen Ebene die Morpheme sind, sind es auf der phonologischen neben den Segmenten[4] die Silben.

Silben werden in der Regel als die kleinsten segmentübergreifenden Einheiten verstanden[5]; sie sind ein Gegenstand der Phonotaktik (Art und Weise der Phonemkombination). Sie sind relevante Gliederungseinheiten, die die Sprachbenutzer intuitiv erkennen und die für sie eine Einheit der Sprachverarbeitung bilden. Silben bilden die Grundlage für die wesentlichen suprasegmentalen Charakteristika Intonation und Wortakzent (Ramers, 1998, S. 87), die auf den Silben und nicht auf den einzelnen Lauten aufbauen. So besteht ein Zusammenhang zwischen der Qualität der Konsonanten und ihrer Stellung am Silbenrand. „Ein stimmloser Plosiv am Silbenanfang wird aspiriert, wenn die Silbe betont ist, wie in P^{h}*anne*. Ist der Plosiv nicht silbeninitial, wie in *Spanien*, wird er nicht aspiriert" (Féry, 2002, S. 94).

Auch lassen sich bestimmte Lautphänomene besser erklären, wenn sie silbenbezogen beschrieben werden. Man kann mögliche Konsonantenfolgen mit ihnen aufzeigen: Die Konsonantenfolge *tr* (*Treppe*) kann am Silbenanfang stehen, die Konsonantenfolge *nf* dagegen nicht (Féry, 2002, S. 94).

Nach Hall (2000, S. 267) sind Silben seit den 70er Jahren des 20. Jahrhunderts als phonologische Einheit anerkannt. Bezüglich des Silbenaufbaus gibt es jedoch weniger Einigkeit. Es werden unterschiedliche Silben-Struktur-Modelle angenommen, die die Laute unterschiedlich einordnen.

Das lineare (flache) Silbenstrukturmodell stellt bei der Beschreibung des Silbenaufbaus die spezifische Abfolge von Konsonanten (K) und Vokalen (V) ins Zentrum. Die prototypische deutsche Silbe hat danach das Muster in Abbildung (1.1).

---

4 Als Segmente bezeichnet man die relevanten Abschnitte in der linearen Ausdehnung von Äußerungen.

5 Féry (2002, S. 94) und andere auch weisen darauf hin, dass die Silbe zwar ein intuitiv klarer Begriff ist, der jedoch schwer zu definieren ist, weil es keine invarianten phonetischen Korrelate zu ihr gibt und sie von Sprache zu Sprache verschieden ist.

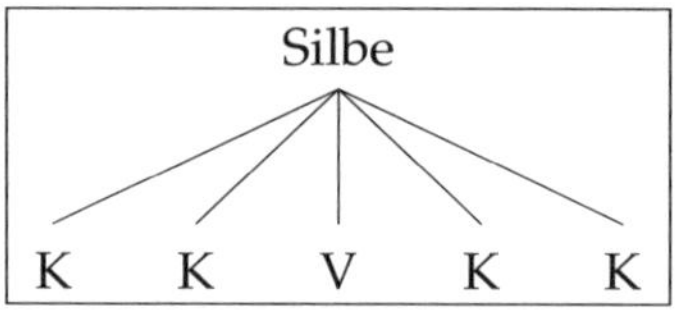

Abbildung 1.1: Lineare Silbenstruktur

Wenn eine konkrete Silbe (wie im folgenden Beispiel *Saal*) nach diesem Modell analysiert wird, tritt noch eine dritte Ebene bzw. Schicht, wie Ramers (2002) sagt, hinzu (1.2):

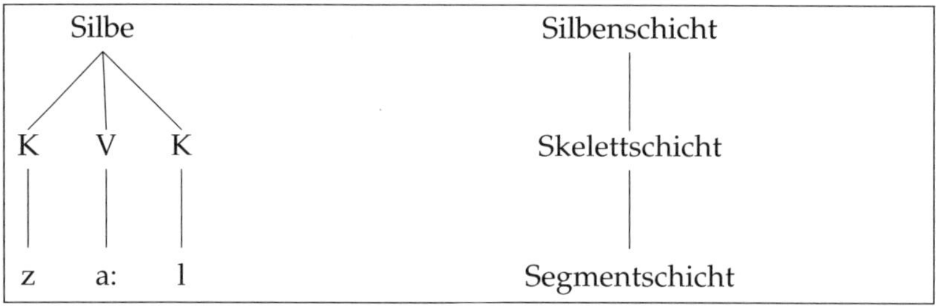

Abbildung 1.2: Silbenstruktur von *Saal*

Das hierarchisierende Konstituentenmodell erfasst die Konstituenten nicht auf einer Subebene, nicht auf einer Skelettschicht, als unmittelbare Konstituenten werden der Silbenkopf (Onset) und der Reim angenommen. Der Reim wiederum besteht aus den UKs Nukleus (Kern) und Koda. Der prototypische Silbenaufbau in diesem Modell wird in (1.3) aufgezeigt:

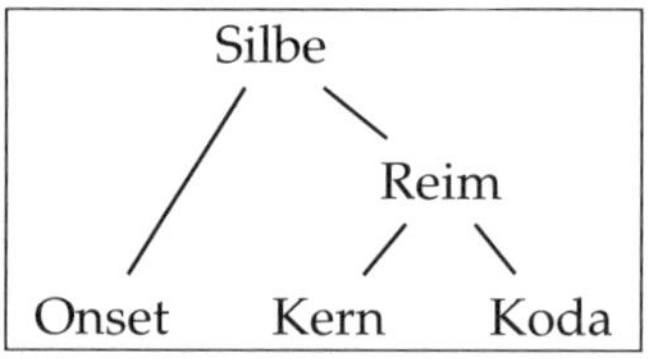

Abbildung 1.3: Hierarchischer Silbenaufbau

Der Silbenkopf geht dem Reim voraus, und er kann im Deutschen mit drei Konsonanten besetzt werden. Wenn er leer ist (wie bei *gehen* die zweite Silbe), wird von einer nackten Silbe gesprochen und bei Besetzung (*Sprung*) von einer bedeckten Silbe. Nackte Silben, so Eisenberg (2005, S. 39), kommen im Deutschen sehr selten vor.

Über die Reimkonstituente wird in der Forschungsliteratur diskutiert, speziell über die nicht von allen angenommenen Reimkonstituenten Kern (Nukleus) und Koda (Endrand). Ramers (1998) argumentiert für die Untergliederung der Reimkonstituente, weil es strenge Beschränkungen für die Möglichkeiten der Folgeelemente des Kerns gebe. Der Kern ist in der Regel mit einem Vokal besetzt, der in offenen Wortklassen betont wird. Der Endrand (Koda) muss, wie der Eingangsrand, dagegen nicht besetzt sein, er kann aber von mehreren Segmenten besetzt sein. Je nachdem, ob er besetzt ist oder nicht, spricht man von einer offenen (*Fee*) oder geschlossenen (*liest*) Silbe.

Dem einsilbigen Wort *Baum* entspricht die Konstituentenstruktur in (1.4):

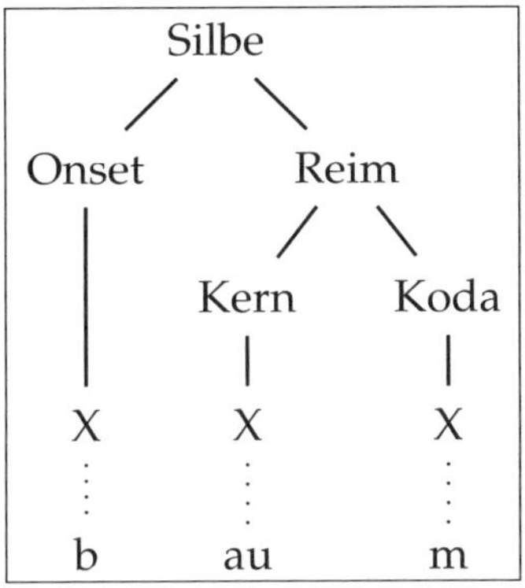

Abbildung 1.4: Silben-Konstituentenstruktur von *Baum*

> Die Silbenstruktur kann nur mithilfe beider Modelle umfassend beschrieben werden. Das flache Konsonanten-Vokal-Modell stellt die Bausteine der Silbe dar und lässt die Segmente sichtbar werden. Das Konstituenten-Modell zeigt zusätzliche grammatische Eigenschaften der Silbe auf.

Die rhythmisch-prosodische Gliederung in Silben kann, muss aber nicht, mit der morphologischen übereinstimmen wie in (6).

(6) <se – hen> vs. $[_{BM/Verb}\text{seh}]_{Flexiv}\text{en}$

Welche Zusammenhänge es da gibt, ist ein Gegenstand der Morphophonologie; dies trifft auch auf die Frage nach den Funktionen der Silben zu. So ist es für die Beschreibung der Informationsstrukturen eine relevante Problematik, nach den Funktionen der Tonsilben zu fragen. Für die Interpretation von komplexen Wörtern gibt uns die betonte Silbe, die Haupttonsilbe, Hinweise, z. B. bei der Unterscheidung von Präfigierungs- und

Partikelverblesarten, wo die Partikeln den Hauptton tragen und Präfixe in der Regel nicht:

(7) Sie wollte die Tonne um'fahren. vs.
Sie wollte die Tonne nicht 'umfahren.

Ein anderes Beispiel ist die PartizipII-Bildung bei Verben. Ob sie mit dem Präfix *ge-* erfolgt oder nicht, lässt sich über die Akzentsetzung oder die metrische Einheit Fuß erklären (vgl. Wiese (1992)). Nur initial-akzentuierte Verbformen erfordern das Präfix *ge-*.

(8) Der überwachte PC (über 'wachen)
Programmierte Flops (pro 'grammieren)
Training für Installation gesucht ('suchen)
(ct 23/2004; S. 146)

Um ein weiteres Beispiel für morphophonologische Zusammenhänge zu nennen: Weiß (2005) hat in einer Untersuchung zu den unechten Verkleinerungsformen nachgewiesen: „im Normalfall bewirkt unechte Diminuierung, dass aus einem einsilbigen Substantiv mit kurzem Vokal durch Anfügen eines silbischen /l/ (oder Varianten) ein zweisilbiges Wort wird, das aus silbenstrukturellen Gründen gegenüber der Ausgangsform präferiert wird“ (S. 218). Das Diminutivsuffix *-l* kann also stammbildenden Charakter haben (z. B. *Kuchl* ‚Küche' oder *Baggl* ‚Packet').

In Nachfolge der strukturalistischen Tradition sehe ich als wichtige Beschreibungsgegenstände der synchronen Morphophonologie an:

- die lautlichen Merkmale der einzelnen Morphem- und Silbenarten;
- die kombinatorischen Lautveränderungen bei Morphem- und Silbenverbindungen;
- die morphologischen Funktionen der Lautveränderungen und rhythmisch-prosodischen Charakteristika;
- die Beziehung zwischen rhythmisch–prosodischer und morphematischer Wortgliederung.

Nikolaus S. Trubetzkoy: *Gedanken über Morphonologie*. In: N. S. Trubetzkoy: Grundzüge der Phonologie. Vandenhoeck & Ruprecht: Göttingen 1958, S. 268–271

Ursula Hirschfeld / Eberhardt Stock: *Aussprache*. In: M. Papst-Weinschenk (Hrsg.): Grundlagen der Sprechwissenschaft und Sprecherziehung. Ernst Reinhardt: München, Basel 2004, S. 41–42

1.2.2 Morphosyntax

Morphosyntax ist ein halbwegs etablierter Terminus, der die Teildisziplin betrifft, die sich mit der Verbindung von syntaktischen Eigenschaften und morphologischen Charakteristika bzw. mit der „Wiedergabe syntaktischer Merkmale mit morphologischen Mitteln" (Bußmann, 2002, S. 452) beschäftigt. Weiterführende Darstellungen zur Morphosyntax gibt es wenige. Eine von ihnen ist die von Wandruszka (1997). Bei Wandruszka wird Morphosyntax allerdings folgendermaßen definiert:

> [Sie erforscht] den Bereich der Wiedergabe syntaktischer Funktionen und Relationen mit morphologischen Mitteln, mit Wortteilen, also mit gebundenen Morphemen. Morphosyntax ist Wortformenbildung und bezieht sich auf den syntaktisch-funktionalen Inhalt von Morphemen.
> (Wandruszka, 1997, S. 172)

Mit dieser Definition deckt er auch weite Bereiche der Flexionsmorphologie ab.

Hendrick (1995) hat im Rahmen einer Monographie zur Generativen Grammatik als Gegenstände „of the interaction beetween morphology and syntax" (S. 301) Formen der Bildungen neuer Wörter (wie Komposition, Derivation und Inkorporation), die Passivmorphologie, die Kongruenz (Agreement) und Klitisierungen[6] beschrieben.

Ein Beispiel für den engen Zusammenhang von Morphologie und Syntax ist die Problematik der Wortstellung. Dies veranlasst, wie schon erwähnt, u. a. Clément (1996) dazu, die Wortstellungsproblematik als ein morphologisches Problem anzusehen. So verweist sie darauf, dass für „die Wortstellung nicht unwichtig ist, ob das Verb aus einem oder aus mehreren morphologischen Wörtern besteht (*kam* vs. *ist gekommen*)" (Clément, 1996, S. 145). Wenn das Prädikat in Präsens- und Präteritum-Aktiv-Sätzen nur aus einem Vollverb besteht, dann steht es als zweites Satzglied (9a.); wenn das Vollverb mit Hilfsverben verbunden wird, dann steht es in der Regel in Verbletztposition (9b.).

(9) a. Sie kam zur Verabredung.
    b. Sie ist zur Verabredung gekommen.

Ähnliche Zusammenhänge zwischen der Stellung im Satz bzw. in der Phrase und der morphologischen Form gibt es auch in anderen Wortklassen.

---

6 Klitika siehe Glossar.

(10) die morgige Verabredung der Freunde

Im Beispiel (10) markiert der Genitiv der zweiten NP (*der Freunde*), dass diese NP nicht der Kern der Phrase ist, diesen zeigt der Nominativ an (*die Verabredung*). Diese nominalen Modifizierungen im Genitiv werden im Deutschen in der Nominalphrase dem Kern nachgestellt. Adjektivische Attribute stehen in der Normalstellung dekliniert davor.

1.2.3 Morphosemantik

Die Semantik beschäftigt sich mit den Bedeutungen von Sprachen. Es hat sich eingebürgert zwischen Wort-, Satz-, Text- und Diskurssemantik zu unterscheiden. Eine Morphosemantik wäre Teil der lexikalischen (Wort-) Semantik und sollte sich speziell mit der Bedeutung der Morpheme beschäftigen. Zentral würde die Erhellung der Zusammenhänge zwischen den morphosyntaktischen Eigenschaften und den Morphembedeutungen sein. Spezifisch wäre auch die Problematik der grammatischen Bedeutungen. Nur auf Letzteres soll hier eingegangen werden.

In der Regel unterscheidet man zwischen lexikalischer und grammatischer Bedeutung (z. B. Lyons (1983)). Bei der lexikalischen Bedeutung, der Bedeutung der Wörter, gibt es unterschiedliche Auffassungen, was zur Wortbedeutung dazugehört, besonders hinsichtlich der stilistischen Eigenschaften bei den Konnotationen gibt es Differenzen (genauer in Römer und Matzke (2005, Kap. 4.3)). In diesem Abschnitt wollen wir uns nur auf den Bedeutungskern, auf die Extension (Menge der „Objekte", auf das sich das Lexem beziehen kann), die Intension (Sinn; gedankliches „Abbild" bzw. der Begiffsinhalt) und die Referenz (Relation zwischen einem Ausdruck und den Objekten, die in einer Äußerung benannt werden) beschränken. Mit Objekten, die bezeichnet werden können, meint man, dass Wörter für Existierendes oder Vorgestelltes stehen können. Das, worauf man sich mit Wörtern beziehen bzw. was man mit ihnen bezeichnen kann, wird auch Denotat genannt. Mit Intension beschreibt man den begrifflichen Inhalt, das Wissen, das im Gedächtnis gespeichert ist, um eine richtige Denotation vornehmen zu können. Man konnte z. B. vor einiger Zeit folgende Zeilen auf dem Titelblatt einer Computerzeitschrift finden:

(11) Schnüffelei im Job und Privatleben
Der überwachte PC
Wanzenprogramme finden und eliminieren
(ct 23/2004; Titelblatt)

Auch wenn den Leser/innen vor dem Studieren der entsprechenden Artikel unklar war, was „Wanzenprogramme" sind, konnten sie sicher eine Verbindung zu „Schnüffelei im Job und Privatleben" herstellen; und sich als Extension von „Wanzenprogramm" ein PC-Programm zum Ausspionieren von Computern vorstellen. Genauere Vorstellungen (Intensionen) konnten sie zu diesem Zeitpunkt damit eventuell nicht verbinden. Nach dem Studium der Artikel war jedoch klar, dass dies unsichtbare Tools sind, die alle Tastatureingaben und benutzten Programme protokollieren können, E-Mails speichern, besuchte Web-Adressen und Passwörter sammeln, beim Instant Messenger mitlesen, den Bildschirminhalt abfotografieren und die User obendrein filmen (ct 23/2004, S. 146). Dass diese „Wanzenprogramme" für relativ wenig Geld frei verkäuflich sind, gehört auch zu dem erworbenen Wissen.

Dieses Beispiel zeigt, dass Extension, Intension und Referenz in Verbindung stehen. Nach dem Studium der Artikel, nach dem erfolgten Wissenserwerb, war eine genauere Denotation möglich. Dass Wort-, Satz- und Textsemantik ebenfalls zusammengehören, belegt beispielsweise das Wort „Wanze". Wie die meisten semantischen Wörter ist es mehrdeutig, hat mehrere Bedeutungsvarianten. Welche Variante gemeint ist, zeigt sich erst im Wortverband.

(12) a. Die Flöhe und die Wanzen gehören auch zum Ganzen. (Johann Wolfgang Goethe)
b. Sophos äußert sich besorgt über die elektronische Wanze „Magic Lantern" vom FBI. (www.sophos.de; 29.3.2005)

Die grammatische Bedeutung bei Lexemen meint die Bedeutung der grammatischen Formen. Diese Bedeutungen grammatischer Formen sind meist nicht eindeutig bzw. nicht direkt mit der außersprachlichen Welt, den Denotaten verbunden. Bei der Wahl des Numerus ist dies weitgehend der Fall, trifft aber nicht immer zu. *Die Kirche* ist z. B. eine Singularform und bezeichnet in (13a.) ein Einzelstück in der Welt, in (13b.) angezeigt durch die Pluralendung *-n* mehrere Exemplare, in (13c.) bezeichnet die Singularform aber kein Einzelstück sondern vielmehr etwas Allgemeingültiges, Generelles, die Einrichtung Kirche als Institution. Die Genera beim Substantiv haben im heutigen Deutsch nur bei wenigen Sachgruppen einen Bezug zum natürlichen Geschlecht (*der Mann* vs. *die Frau* aber: *das Weib*). Dass *die Kirche* das Genus feminin trägt, sagt nichts denotativ Semantisches aus.

(13) a. Die Kirche wurde ca. 1251 bis 1300 erbaut. Es ist ein alter Feldsteinbau. (www.all-in-all.com/amt-waren-land; 18.6.2006)
b. Der Förderverein Romanische Kirchen Köln lädt Sie zu einem Besuch in die zwölf romanischen Kirchen Kölns ein. (www.romanische-kirchen-koeln.de; 18.6.2006)
c. Hat die Kirche noch eine Führung? (www.kurier.at; 30.3.2005)

Auf die Bedeutungen der grammatischen Kategorien wird bei der Charakterisierung der deutschen Wortarten im Kapitel 4 näher eingegangen, da es „in der Morphologie um die sprachliche Gestalt, das heißt, um das sprachliche Zeichen als inhaltlich-formale Ganzheit“ geht (Wandruszka, 1997, S. 158).

1.2.4 Wortgrafie

Die Wortgrafie als Teil der Graphematik beschäftigt sich mit dem Zusammenwirken der Schreibung von Wörtern mit der Morphologie. Eisenberg (1998, S. 286) verweist darauf, dass die Syntax, das Flexionssystem und vor allem die sogenannte Standardlautung ohne die Schrifttradition ganz anders aussehen würden; die Dialektlandschaft des Deutschen, sein Verhältnis zu anderen Sprachen und sein Wortschatz ebenfalls.

Ein Beispiel für den Zusammenhang von Graphematik (ermittelt und beschreibt die Regularitäten des normalen Schreibens) und Morphologie ist die Wortstruktur, da die grammatische Analyse die Schreibung bestimmt. „Orthografiefehler sind ja nichts anderes als ein spezieller Typ von Grammatikfehler. Sie beruhen fast immer darauf, daß grammatische Eigenschaften eines Wortes nicht erkannt werden“ (Eisenberg, 1998, S. 289). Wenn beispielsweise Fehler bei der Verwendung von *das* und *dass* passieren, hat der/die Schreibende keine oder eine falsche morphosyntaktische Analyse durchgeführt.

Betont werden muss der enge Zusammenhang zwischen Graphematik, Morphologie und Laut- bzw. Silbenstruktur. Ewald (2005) hat dies beispielhaft in einer Untersuchung zu dem Suffix *in(n)* nachgewiesen. Es geht ihr um die Frage, wieso *-in* (*Lehrerin*) im Plural zu *-innen* wird, weshalb in der Pluralform eine Verdopplung des Konsonanten <*n*> auftritt. Analoge Probleme bei der Durchbrechung der Schemakonstanz gibt es im Deutschen bei dem Suffix *-nis* (*Kümmernisse*). Dabei zeigt P. Ewald u. a., dass die richtige Frage eigentlich ist, wieso sich die Konsonantenverdopplung in der Singularform nicht durchgesetzt hat. Dass sich die vorübergehende und partielle Schreibung mit Konsonantenverdopplung im Singular

(18. Jahrhundert) im 19. Jahrhundert nicht gehalten hat, liegt zum einen im Sprachgebrauch und lässt sich zum anderen „möglicherweise auf den Morphemstatus von *-in* und die generelle Tonlosigkeit der Silbe zurückführen" (Ewald, 2005, S. 83).

Peter Eisenberg: *Grundriss der deutschen Grammatik. Das Wort.* Band 1, J. B. Metzler: Stuttgart, Weimar 1998, Kap. 8

2 Morphologische Kategorien

2.1 Morphologische Wörter und Semiwörter

Da das Objekt der Morphologie die für die Grammatik relevanten Worteigenschaften sind, muss hier auch der Frage nachgegangen werden, was ein Wort ist. Wie in Römer und Matzke (2005) ausgeführt, ist auch beim Wort aus linguistischer Sicht von einem komplexen Phänomen auszugehen, das sich auf den einzelnen Sprachsystemebenen spezifisch darstellt. Ein prototypisches Wort, das auf allen Ebenen Wortcharakter hat, ist gekennzeichnet durch

- seine Isolierbarkeit in Rede und Schrift,
- seinen selbstständigen Bedeutungscharakter,
- seine Morphemstruktur,
- seine Fähigkeit, Phrasenkern sein zu können, und
- seinen kommunikativen Charakter, d. h. etwas darzustellen und/oder Gefühle auszudrücken und/oder eine Intention zu transportieren.

Wie in 1.1 erläutert, muss aus grammatischem Blickwinkel das Lexikonwort (die Grundform/Zitierform) vom Satzwort (der jeweils auftretenden Wortform) unterschieden werden.

Wurzel (2000b) stellt fest, „daß graphematische, phonologische und semantische Kriterien für die Ermittlung von morphologischen Wörtern insgesamt genommen wenig hilfreich sind", weil sie sich nicht auf die morphologischen Eigenschaften bezögen (S. 33).

Dieses kann jedoch nicht so absolut gesagt werden, weil es zum einen Zusammenhänge zwischen den Sprachsystemmodulen/-ebenen gibt und zum anderen die morphologischen Einheiten auch graphematische, phonologische und semantische Merkmale haben.

Was macht nun aber das morphologische Wort aus? Welche Charakteristika hat das morphologische Wort?

> Das prototypische morphologische Wort im Deutschen ist dadurch charakterisiert, dass es im Gegensatz zur Phrase nicht durch lexikalisches Material unterbrochen werden kann, es bildet eine stabile formativische Einheit.

Im Beispiel (1) kann das Wort *in* nicht in den Lautkörper des Wortes *Haus* eingeschoben werden.

(1) das Haus – *Hainus

Nun gibt es bei Komposita mit dieser Definition Schwierigkeiten, da bei ihnen zwischen die Morpheme lexikalisches Material eingeschoben werden kann (vgl. (2)).

(2) das Signal – das Signalsystem – das Signalspeicherungssystem – ...

Diese Einschiebung von lexikalischem Material kann aber nur an Morphemgrenzen erfolgen. Deshalb gilt für die prototypischen morphologischen Komposita:

> Das prototypische morphologische Kompositum ist dadurch charakterisiert, dass nur zwischen Morphembausteinen lexikalisches Material eingebracht werden kann; es bildet eine stabile formativische Einheit.

Eine Reihe von zusammengesetzten Wörtern bildet als Textwort keine stabile formativische Einheit (Beispiele in (3)).

(3) a. abreisen: Sie reiste ab. [Präposition+Verb]
b. hasserfüllt: Hasserfüllt plante er das Verbrechen. Sein Hass erfüllte ihn. [Nomen+Verb]
c. freilegen: Sie legte das übertünchte Gemälde frei. [Adv+Verb]

Diese komplexen Verben sind aus morphologischer Sicht keine Wörter, da sie Syntagmeneigenschaften haben. Sie haben hinsichtlich der Morphologie einen Semicharakter, sie sind morphologische Semiwörter.

Christine Römer/Brigitte Matzke: *Lexikologie des Deutschen: Eine Einführung*. 2. Auflage, narr studienbücher, Gunter Narr: Tübingen 2005, Kapitel 2.2

Wolfgang Ulrich Wurzel: *Was ist ein Wort*? In: Rolf Thieroff et al.: Deutsche Grammatik in Theorie und Praxis. Max Niemeyer: Tübingen 2000

2.2 Listeme

Das Fachwort *Listem* wurde von Di Sciullo und Williams (1988) als Oberbegriff für alle Lexikoneinheiten eingeführt, die im Gedächtnis als Teil einer Liste „gelistet“, d. h. gespeichert sind. Pinker (2000, S. 438) gibt folgende Definition:

> Ungebräuchlicher, aber nützlicher Terminus, der sich auf eine bestimmte Bedeutung von „Wort“ bezieht. Ein Listem ist ein Element der Sprache, das im Gedächtnis gespeichert werden muss, weil seine Lautung oder Bedeutung keiner generellen Regel zu entnehmen sind. Alle Morpheme, Wortwurzeln, irreguläre Formen, Kollokationen sind Listeme.

Welche Einheiten im Gedächtnis gespeichert sind, ist nicht unumstritten. Es wird in der Forschungsliteratur gefragt: Sind es alle Grundeinheiten (Basismorpheme, Wortbildungsmorpheme und Flexionsmorpheme) und alle komplexen Wörter? Wie verhält es sich mit den Mehrwortlexemen (Phraseologismen)? Umfasst das Lexikon neben den aktuellen Wortformen auch die potentiellen? Auch Aitchison (1997, S. 159) betont:

> Eine zentrale Frage der Sprachpsychologie lautet: Ist das mentale Lexikon – das Wörterbuch in unseren Köpfen – ein Lexikon von Wörtern? Speichert man Wörter als quasi gebrauchsfertige Einheiten? Oder zerlegt man sie und speichert sie als Morpheme, die nach Bedarf zusammengefügt werden, wie einige Leute meinen? Und wenn sie zerlegt sind – wie findet man das gewünschte Wort? Wäre *Verkleidung* unter *Ver-* aufgeführt oder unter *Kleidung* oder unter *Kleid* oder auch unter allen dreien? Diese grundlegenden Fragen sind zu beantworten, wenn man verstehen will, wie Menschen mit Wörtern umgehen.

Hier ist nicht der Ort, die psycholinguistische Diskussion zu diesen Fragen aufzuzeigen. Während die Linguistik meist von einem Lexikon ausgeht und bezüglich der Morphologie vor allem diskutiert, ob es eigene morphologische Regeln gibt, nehmen die Psycholinguisten innerhalb des mentalen Lexikons[1] mehrere Lexika an. Die Standardannahme ist, dass es im Langzeitgedächtnis zwei Teilsysteme gibt, das Wörterbuchgedächtnis mit den Wortformen (gespeichert nach den visuellen, graphischen und akustischen Merkmalen) und das semantisch-konzeptuelle Gedächtnis, das individuelles und generelles Wissen speichert und das generative Kraft hat (Langenmayr (1997)).

---

[1] Mentales Lexikon: siehe Glossar.

2.3 Funktionale Kategorien

Der Terminus funktionale Kategorie hatte sich im Rahmen der Generativen Grammatik für die Kategorien Infl(ection), Comp(lementizer) und Det(erminer) etabliert. Im Zuge des Minimalismus vergrößerte sich ihr Inventar. Ehemals unter Infl versammelte Kategorien bekamen selbstständigen Charakter, Infl wurde dekomponiert (vgl. Kapitel 3.4.4).

Felix (1990, S. 48) definiert sie folgendermaßen: „Functional categories are bundles of abstract features which have no uniform representation in the lexicon, i. e. there is no individual lexical item that represents exactly the complete feature bundle of a functional category."

Funktionale Kategorien enthalten grammatische Informationen und haben keinen deskriptiven Gehalt. Sie nehmen genau ein Komplement[2] und selegieren es hinsichtlich der morphosyntaktischen Merkmale.

Unter Einbeziehung der funktionalen Kategorien kann folgende Konstituentenstruktur für den deutschen Satz mit Verbletztstellung angenommen werden (vgl. Abbildung 2.1 auf der nächsten Seite).

Neben den lexikalischen Kategorien N (Substantiv) und V (Verb) treten die funktionalen Kategorien Det, Infl und Comp als Phrasenköpfe auf.

Det steht für Determinierer (determiner) und bildet den Kopf der DP (Determiniererphrase), die der Sitz der grammatischen Merkmale [definitheit, kasus, numerus, genus, ...] der NP (Nominalphrase) ist. Die DP ist also eine funktionale Erweiterung der NP. Der Artikel wird dabei direkt mit Det identifiziert. Er führt, wie die anderen funktionalen Kategorien auch, zu spezifischeren Kategorisierungen (Wunderlich, 1992, S. 1). Zum Beispiel bekommt ein Gattungsnomen im Deutschen durch einen Artikel (Det) eine spezifische Denotatszuordnung. Das referenziell offene Nomen wird durch den Artikel referenziell; man kann mit *der Apfel* auf ein spezifisches Denotat Bezug nehmen wie in (4):

(4) Apfel > der Apfel
Der Attiswiler ist eine neue, gesunde Apfelsorte. **Der Apfel** wird hier beschrieben und im Bild vorgestellt.
(www.mitglied.lycos.de; 11.3.2005)

Der Artikel trägt also neben dem Numerus-, Kasus- und Genusmerkmal ein Definitheitsmerkmal [+ / −]. Allgemein kann man sagen, dass das Defi-

[2] Bei lexikalischen Köpfen dagegen wird die Art und Anzahl der Komplemente lexikalisch festgelegt.

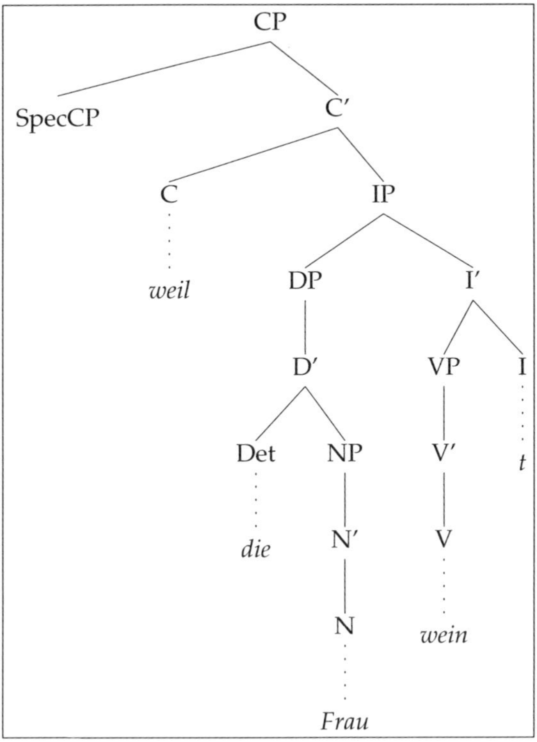

Abbildung 2.1: Konstituentenstruktur des deutschen Nebensatzes

nitheitsmerkmal die Artikelwahl determiniert. „Der Artikel als funktionaler Kopf ist der Träger dieses Merkmals“ (Haider, 1992, S. 313). Außerdem weist der funktionale Kopf „seinem Spezifikator Kasus zu, ist selbst virtuell kasusflektiert und kongruiert mit dem Bezugselement“ (Haider, 1992, S. 318). Der funktionale Kopf der Nominalphrase, der Kasusmerkmale zuweist und von außen welche bekommt, kann auch phonologisch leer sein wie in (5) bei *überflüssiges Problematisieren*.

(5) [$_{NP}$ überflüssiges Problematisieren] schadete.

Der leere Kopf der Determiniererphrase stimmt mit dem Adjektiv und dem Nomen in den grammatischen Merkmalen überein (vgl. Abb. 2.2 auf der nächsten Seite):

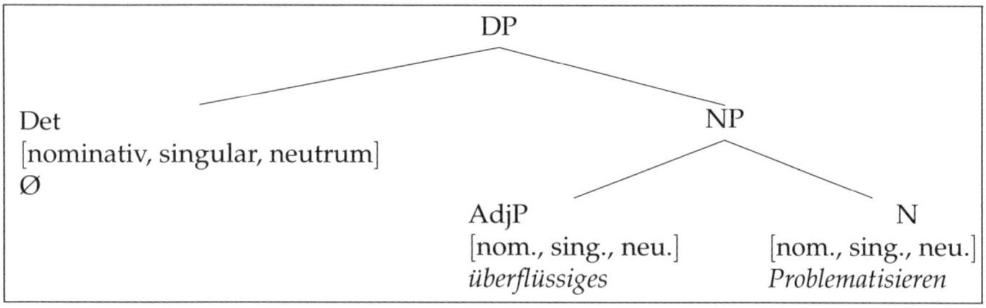

Abbildung 2.2: Merkmalsübereinstimmung in DP

Das Adjektiv flektiert in *überflüssiges Problematisieren* „stark (pronominal)" und bestimmt das Nomen hinsichtlich Genus, Kasus und Numerus. Wenn ein phonologisch realisierter Determinierer vorausgeht, erfolgt diese Kennzeichnung nicht durch das Adjektiv (*das überflüssige Problematisieren*), dieses flektiert dann „schwach" und verdeutlicht damit den syntaktischen Zusammenhang in der Phrase.
Infl steht für Verbalflektion (*inflection*), enthält in seiner klassischen Form im Prinzipien- und Parametermodell[3] mindestens die folgenden Merkmale (6):

(6) Infl = [tempus, genus, modus, person, numerus, ...]

Infl nimmt als Komplement die Verbalphrase, seine Spezifikatorposition ist in der Grundstruktur der Platz des Subjekts (wie in der Abb. 2.1 auf der vorherigen Seite zur modifizierten Nebensatzstruktur angedeutet). I^0 ist verantwortlich für den Erhalt der morphosyntaktischen Merkmale. (vgl. Abb. 2.3 auf der nächsten Seite).

Infl ist eine Erweiterungskategorie des Verbs. Die Realisierung der in den funktionalen Kategorien vereinigten Merkmale ist einzelsprachlich geregelt. Sie können wie im Deutschen durch Flexive realisiert werden. Das Verb erhält beispielsweise von Infl die Kongruenzmerkmale, um mit dem Subjekt zu kongruieren, außerdem die Tempus-, Modus- und Genus verbi-Einordnung. Da im Deutschen die grammatischen Merkmale häufig rechts an den Verbstamm angefügt werden, nimmt man Infl rechts von der VP an.

Comp[4] steht für Komplementierer (complementizer), für eine strukturelle funktionale Kategorie. Comp entspricht im Deutschen der linken Satz-

[3] Prinzipien- und Parametermodell: siehe Glossar.
[4] In neueren Versionen der Generativen Grammatik wird Comp durch C ersetzt, weil man nur einbuchstabige Kategorienkürzel haben möchte.

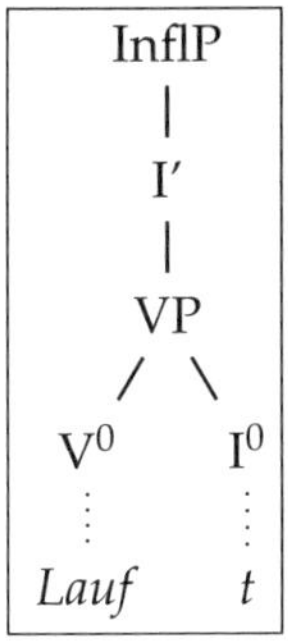

Abbildung 2.3: Infl-Phrase im Deutschen

klammer und ist eine Position im Satz, die den Platz für einleitende subordinierende Konjunktionen bietet. Diese Komplementierer zeigen an, dass im nachfolgenden Nebensatz eine Ergänzung zum übergeordneten Verb folgt.

Das lineare topologische Modell des deutschen Aussagesatzes:

SpecCP Vorfeld	C^0 Linke Satzklammer	IP (ohne I^0, V^0) Mittelfeld	V^0, I^0 Rechte Satzklammer
	Weil	*es heute*	*regnete.*

Im Beispielsatz in der Abbildung 2.4 steht *wenn* an dieser C^0-Position. Comp kann aber auch leer bleiben, wenn der Satz nicht mit einer Konjunktion eingeleitet wird.

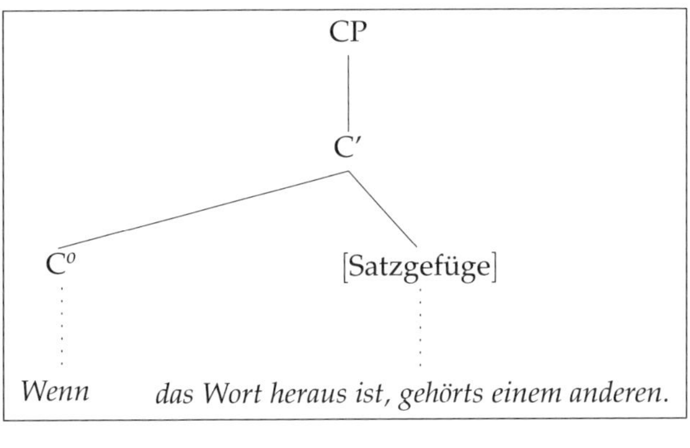

Abbildung 2.4: Comp-Phrase

Die Spezifikatorposition der CP (SpecCP = Vorfeld) ist ein Landeplatz für Bewegungen. Die Bewegung von Phrasen ins Vorfeld von Aussagesätzen wird auch Topikalisierung genannt. So können beispielsweise Fragewörter aus der VP dorthin verschoben werden (vgl. 2.5). Um die Verbzweitstellung des finiten Verbs zu realisieren, wird es über I nach C bewegt.[5]

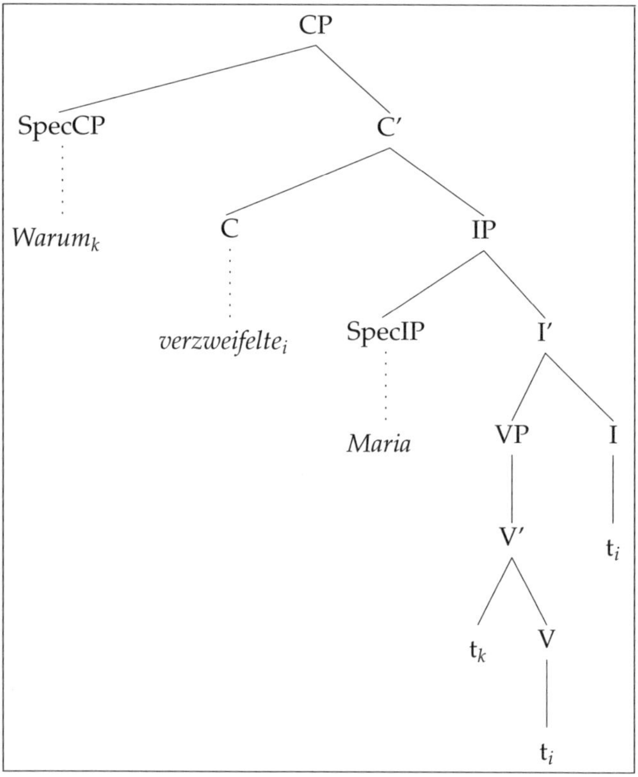

Abbildung 2.5: CompSpec als Landeplatz

Hubert Haider: *Die deutsche Nominalphrase* (Kapitel 2: *Die funktionale Struktur der „Nominalphrase")*. In: Ludger Hoffmann (Hrsg.): Deutsche Syntax. Ansichten und Aussichten. Walter de Gruyter: Berlin, New York 1992, S. 312–326

[5] Auf die Details der Bewegungen in der generativen Grammatik kann hier nicht eingegangen werden.

2.4 Morpheme, Morphe und Allomorphe

Der Terminus *Morphem* wurde „ab etwa 1880 bei Baudouin de Courtenay" in Anlehnung an Phonem zuerst geprägt und definiert (Luschützky, 2000, S. 451). Mit dem Übergang zur strukturalen Linguistik wurde Morphem ein zentraler Fachbegriff, der heute schulenübergreifend als kleinste bedeutungstragende sprachliche Einheit verstanden wird. Was dies aber genau beinhaltet, wird in der Forschung unterschiedlich verstanden.

Bei einigen Autoren wird vom Morphem das *Morph* unterschieden, als Terminus für bedeutungstragende Einheiten der konkreten Analyseebene, „als kleinstes bedeutungstragendes Bauelement der gesprochenen Sprache" (Luschützky, 2000, S. 453). Das Morphem wird dann in Verbindung mit dem Morph definiert, als eine „Menge von Minimalzeichen mit demselben Inhalt (aber möglicherweise verschiedenen Ausdrücken), wobei z. B. distributionelle Kriterien ergänzend herangezogen werden können, um Synonyme vom Typ *Sonnabend/Samstag* auszuschließen; im Deutschen gehören also u. a. *-e, -er, -en, -s, -ta* zum Morphem {PLURAL}." (Luschützky, 2000, S. 455) Das Morphem {PLURAL} existiert nach dieser Auffassung konkret in Gestalt der Morphe *-e, -er, -en, -s, -ta*.

Diese verschiedenen Morphe treten nach diesem Konzept als Morphemvarianten auf und sind als *Allomorphe* klassifizierbar. Für Neef (2000, S. 479) lassen sich für den deutschen Plural neun regelmäßige Allomorphe identifizieren: Ø (*Wagen*), "Ø (*Äpfel*), e (*Hunde*), "e (*Höfe*), n (*Augen*), en (*Frauen*), er (*Felder*), "er (*Wälder*), s (*LKWs*).

Die andere Hauptinterpretation von Morphemen, die hier auch von mir zu Grunde gelegt wird, bestimmt Morpheme als „kleinste bedeutungstragende Einheiten, in die ein Wort aufzuspalten ist: z. B. *Be-nach-teil-ig-ung*" (Pinker, 2000, S. 439).

> Morpheme sind die Grundbausteine der Wörter. Sie sind durch eine einheitlich identifizierbare Form und Funktion und durch eine selbstständige Bedeutung charakterisiert.

Die lautlichen Varianten ohne modifizierte Funktion und Bedeutung (*rot, röt(lich)*), in denen sie teilweise auftreten, werden als *Allomorphe* bezeichnet.

Im Rahmen der kognitiven Linguistik wird auch noch mit der Kategorie *Morphemsplitter*[6] gearbeitet. Gemeint sind einmalig auftretende, unika-

[6] Sie werden auch als Submorpheme oder Morphemfragmente bezeichnet; vgl.Bründl (2001, S. 95–96).

le, verkürzte Morphemteile, die hier zu den Allomorphen gerechnet werden.

Nach den Kriterien

- Funktion/Bedeutung,
- Grad der Selbstständigkeit,
- Stellung/Position und
- Reproduzierbarkeit

können verschiedene Morphemarten unterschieden werden (Schippan (1992)), auf die im Folgenden eingegangen wird.

2.4.1 Freie Morpheme

Freie Morpheme haben eine lexikalisch-begriffliche Bedeutung und können deshalb „frei" auftreten, d. h. allein ein Wort bilden. Beispielsweise besteht das Wort *Tischtuch* aus zwei Basismorphemen, die allein auftreten können: *Tisch + Tuch* (*Das Tuch liegt auf dem Tisch*). Sie werden auch Basismorpheme (= BM) genannt, weil sie die Basis für neue Wortbildungen (*Tisch-ler*) und die grammatischen Wortformen (*Tisch-es, Tisch-e, Tisch-en*) bilden.

Hinsichtlich ihrer „Freiheit" sind im Deutschen die Basismorpheme der Verben und die so genannten unikalen Morpheme Problemfälle. Verben haben eine Zitierform/Infinitivform, die durch die Endung *-(e)n* markiert wird. Wenn sie im Aktiv ihre Präsens- und Präteritumformen bilden, fällt dieses Infinitivflexiv weg und wird durch eine Flexionsendung ersetzt:

(7) tanz-en > sie tanz-t; sie tanz-en

Das Verbbasismorphem (*tanz-*) muss, wenn es alleine auftritt, immer ein Flexiv bekommen[7].

Wortbildungen haben zum Teil sprachkonservierenden Charakter, in ihnen können auch freie Morpheme eingefroren werden, die alleine, als eigenständige Wörter nicht mehr vorkommen und deshalb nicht Ausgangspunkt für neue Bildungen sind. Diese eingefrorenen, erstarrten Basismorpheme werden als unikale Morpheme bezeichnet. Beispielsweise in Komposita mit *Beere* treten solche unikalen Morpheme auf: *Himbeere, Brombeere, Heidelbeere.* Manche Autor/innen (Bhatt, 1991, S. 13) rechnen die unikalen Morpheme zu den „gebundenen Wurzeln".

[7] Bei der Singular-Imperativform (*Tanz!*) wird ein Nullmorphem angenommen.

1.) Ermitteln Sie mit einem etymologischen Wörterbuch die Herkunft der unikalen Morpheme in *Himbeere, Brombeere, Heidelbeere*.

2.4.2 Gebundene Morpheme

Charakterisierung

Gebundene Morpheme können nicht allein ein Wort repräsentieren, sie treten zu einem schon vorhandenen Wort hinzu und modifizieren dieses grammatisch und/oder semantisch. Sie werden auch Affixe benannt. Hinsichtlich ihrer Position, die sie nach dem Hinzutreten einnehmen, werden fürs Deutsche Präfixe, Suffixe und Konfixe unterschieden: Präfixe (= Präf) treten davor (*__be__fahren*), Suffixe (= Suff) dahinter (*Fahr__er__*) und Zirkumfixe (= Zirkum) umschließen das Wort (*__Ge__renn__e__*). Sie werden auch als Wortbildungsmorpheme bezeichnet. Des weiteren gehören die Flexive (= Fl) zur Kategorie der gebundenen Morpheme.

Innerhalb der gebundenen Morpheme gibt es Diskussionen in Bezug auf die Nullmorpheme[8] und den Status der Fugenelemente.

Nullmorpheme (= Ø) werden in der Morphologie dann angenommen, wenn morphologische Inhalte keinen expliziten Ausdruck am sprachlichen Zeichen haben. „Durch das Null-Morphem wird eine klar erkennbare Bedeutungseinheit durch nichts Lautliches ausgedrückt" (Bhatt, 1991, S. 18). Beispielsweise können im Deutschen Nomen im Plural mit Flexiven mit Formativ und ohne (bei Maskulina und Neutra auf *-el, -er, -en*) vorkommen:

(8) a. das Herz – die Herzen, die Frage – die Fragen, ...
    b. (der/die) Hebel, (das/die) Messer, (das/die) Märchen, ...

Wenn man ein Nullmorphem annimmt, kann für das Deutsche folgende einheitliche Regel zur Pluralbildung (9) aufgestellt werden:

(9) Wortstamm + Flexiv [plural]
    (die) Herz + -en

[8] Über die Abgrenzung von leeren Kategorien und Nullmorphemen bzw. -morphen können Sie sich bei Bergenholtz und Mugdan (2000) informieren.

(die) Bänk + e[9]
(die) Messer + Ø

Auch innerhalb der Wortbildungsmorphologie wird mit Nullmorphemen gearbeitet. Die Nullableitung wird angenommen, wenn ein Wort ohne äußere Veränderungen in eine andere Wortart überführt wird. Dabei kann auch eine Flexionsendung beibehalten werden:

(10) a. Sie essen. Das Essen $[_N$V+Ø] dauert lange.
b. Der dicke Politiker, der Dicke$[_N$Adj+Ø], wie er genannt wurde, ...

Fugenelemente[10] werden manchmal auch als „leere Zeichen" (Bergenholtz und Mugdan, 2000, S. 447) angesehen, als leer in Bezug auf die Inhaltsseite von Zeichen.

Fugenelemente treten innerhalb von Komposita an Kompositionsfugen auf (Beispiele in (11) von Fuhrhop (1995)).

(11) a. Amt*s*gericht – Versicherung*s*vertreter
b. Eiweiß – Ei*er*schale, Männ*er*bekanntschaft – Mann*s*bild

Die Beispiele in (11a.) haben beide ein *-s* an der Nahtstelle zwischen den unmittelbaren Konstituenten der Komposita, bei *Amtsgericht* ist das Fugenelement „paradigmisch" und bei *Versicherungsvertreter* ist es „unparadigmisch" (Fuhrhop (1996)). D. h. bei *Amtsgericht* geht das Fugenelement auf ein Flexiv zurück (das Gericht des Amts → Amtsgericht) und bei *Versicherungsvertreter* nicht[11]. Aus kognitiver Sicht wird auch eine Kompositionsstammform für jedes Wort (Wurzel, 1970, S. 96) angenommen (z. B. ***Hilfs***(*-bereitschaft, -dienst*), die im mentalen Lexikon gespeichert sei. Problematisch für diese Annahme ist, dass es öfters Varianten zu Kompositionserstgliedern gibt (wie in (11b)). In den Beispielen treten unterschiedliche Fugenelemente bei gleichem Erstglied auf.

Die Charakterisierung der Fugenelemente als inhaltlich leer ist hinterfragbar, da sie doch spezifische Funktionen haben können:[12]

[9] Innerhalb einer solchen linearen morphologischen Darstellung bereiten die modifikatorischen Flexive (vgl. S. 34) wie der Umlaut Schwierigkeiten.

[10] Bei Fleischer und Barz (1995) Interfixe genannt.

[11] In der diachronen Sprachwissenschaft wurde zwischen echten und unechten Fugenelementen bzw. eigentlichen – ohne Fugenelement – und uneigentlichen Komposita unterschieden.

[12] Vgl. Fleischer und Barz (1995, Kap. 2.2.15).

a. Sie helfen beim Verstehen der Konstituentenhierarchie:

   Universität-s-verwaltung-s-angestellter

b. Sie markieren den Plural des Erstgliedes:

   Frau-en-arzt, Frau-en-versteher, Frau-en-haus.

c. Sie zeigen den Genitiv des Erstgliedes an:

   Staat-s-kasse, Wirt-s-haus.

d. Sie markieren Bedeutungs- und Kategoriendifferenzierungen:

   Land-es-verteidigung = 'Staat' vs. *Länd-er-spiel* = 'Staaten';

   Gut-s-verwalter = Nomen 'landwirtschaftlicher Betrieb' vs.

   Gut-mensch = Adjektiv *gut*[13]

e. Sie zeigen eine stilistische Differenzierung an:

   Mond-schein vs. *Mond-en-schein*

Eine allgemeine Funktion für die Fugenelemente kann aber nicht angenommen werden.

Nanna Fuhrhop: *Fugenelemente.* In: Ewald Lang/Gisela Zifonun (Hrsg.): Deutsch – typologisch. Walter de Gruyter: Berlin, New York 1996, S. 525–550

Wortbildungsmorpheme

Wortbildungsmorpheme (= WBM) treten nicht frei auf, sind aber aus freien Wörtern entstanden. Sie bilden neue Wörter, indem sie an vorhandene Wörter angefügt werden und deren Bedeutung verändern, um ein anderes Denotat benennen zu können.

Es werden folgende Wortbildungsmorpheme unterschieden:

a. Suffixe:

   Sie treten als Endung an den Wortbildungsstamm (vgl. Kapitel 2.5. „Stämme und Wurzeln“) und führen meist einen Kategorien (Wortarten)-wechsel herbei.

   (12) Kind + -chen → Kindchen [Ableitung mit Suffix: kein Wortartenwechsel]

---

[13] Das bei Fleischer und Barz (1995, Kap. 2.2.15) aufgeführte Beispiel *Güteklasse* ist im Zusammenhang mit der differenzierenden Funktion von Fugenelementen verwirrend, weil das *-e* in *Güte* kein Fugenelement ist. Es ist hier ein Wortbildungsmorphem.

Kind + -lich → kindlich [Ableitung mit Suffix: Wortartenwechsel]

Da sie nicht nur die Wortart sondern auch die relevanten grammatischen Merkmale des Gesamtwortes festlegen, bildet das letzte Suffix den Kopf der Wortbildungskonstruktion.

(13) [$_{Adjektiv}$waschbar] + [$_{Nomenaffix}$ -keit] → [$_{Nomen}$ Waschbarkeit]

Sie können nicht an jeden Wortbildungsstamm treten, sind nicht mit jedem Komplement verbindbar (frei selegierbar).
-keit kann nur an adjektivische Wortbildungsstämme treten. *-keit*: hat das Merkmal [$_{Nomen}$ Adjektiv__]. Da, wo in der Klammer ein „Platzhalter" (__) steht, kann ein passendes Adjektiv eingefügt werden.

b. Präfixe:

Sie gehen als „Vorsilbe" an den Wortbildungsstamm und verändern nicht den kategoriellen Wortstatus.

(14) Un- + [$_{Nomen}$Dank] → [$_{Nomen}$Undank],
un- + [$_{Adjektiv}$wahr] → [$_{Adjektiv}$unwahr]

Sie können aber grammatische Modifizierungen vornehmen. Beim Verb, wo Präfigierung das üblichste Verfahren zur Bildung neuer Verben ist, können dies u. a. sein (vgl. Erben (2000, S. 80–82)):

- Aktionsartmodifizierung:

  frieren → gefrieren [Perfektivierung];

- Transitivierung:

  steigen (auf den Berg) → ersteigen (den Berg);

- Reflexivierung:

  laufen (durch die Stadt) → sich verlaufen (in der Stadt);

- Valenzreduktion:

  (Josef) trinkt (zwei Flaschen Wein) → (Josef) ertrinkt.

Bei den Präfixen sind zwei Unterarten zu trennen: echte Präfixe von Partikelpräfixen. Echte Präfixe haben keine freien Homonyme mehr (wie *be-, ent-, ver-*). Partikelpräfixe (wie *über-, wider-, unter-*) haben dagegen freie homonyme Entsprechungen (vgl. auf Seiten 116–118), mit denen sie aber inhaltlich nicht übereinstimmen. Umstritten ist, ob die Partikeln von den Partikelverben Wortbildungsmorpheme oder Basismorpheme sind, da sie unfest beim Verb sind, sich bei der Flexion im Präsens und Präteritum Aktiv im Gegensatz zu den Partikelpräfixen (vgl. das Beispiel (15a.)) abtrennen und wie Basismorpheme betont werden (15b.). Genauer wird auf die Problematik im Kapitel 4.2.1.5 (Wortbildung der Verben) eingegangen. Sie werden hier zu den affixartigen Gebilden gerechnet.

(15) a. widerrufen: Er widerruft die Verleumdung. Wider besseren Wissens wurde er verleumdet.
b. anreisen: Sie reiste gar nicht an.

c. Zirkumfixe:

Sie sind eine Kombination von Präfix und Suffix, die als diskontinuierliches Morphem einen Wortbildungsstamm „umklammern".

(16) $[_{Nomen}$ Ge- -e] + $[_{Verb}$ jammern] → $[_{Nomen}$ Gejammere]

d. Affixoide:[14]

Sie sind Wortbildungsmorpheme, die noch deutlich von einem freien Morphem motiviert sind (beispielsweise metaphorisch wie in 17).

(17) a. Blitz vs. blitz-:
Der Blitz schlug in das alte Haus ein.
Alles geschah blitzschnell ('sehr schnell, schnell wie ein Blitz').
Sie putzte das Silberbesteck blitzblank ('sehr blank').
b. Haupt vs. haupt-:
Sie wollen die Universität an Haupt und Gliedern reformieren.
Instand gesetzt werden müsste die Hauptstraße ('wichtige, so wichtig wie das Haupt beim Menschen'-Straße).

Die Bedeutung der Affixoide ist verallgemeinert und tritt nur in der gebundenen Morphemvariante auf. Sie sind in dieser verallgemeinernden, modifizierenden Bedeutung reihenbildend, so wie das bei Wortbildungsmorphemen üblich ist. Eine Reihe von Linguisten hat sich polemisch mit den Affixoiden auseinander gesetzt und vor allem die schwere Abgrenzbarkeit zu Komposita beklagt (siehe Motsch

[14] Sie werden auch Halbsuffixe bzw. Halbpräfixe oder relative Affixe genannt.

(1996)). Da die Sprachen „lebende Organe" sind, wird es immer wieder solche Übergangserscheinungen geben. Die Affixoide machen allen Sprechern des Deutschen sichtbar, wie die heutigen Wortbildungsmorpheme entstanden sind und sind auch deshalb sehr interessante Phänomene.

Flexive[15]

> Flexive sind gebundene Morpheme, die in der deutschen Sprache prototypischerweise am rechten Wortrand auftreten und eine grammatische Funktion und grammatische Bedeutung haben.

Diese Definition trifft nur auf den Kernbereich der deutschen Flexive zu und wirft eine Reihe von Fragen auf:

Grammatische Funktionen wie das Tempusanzeigen werden im Deutschen nicht nur durch segmentierbare Flexive (abtrennbare Morpheme mit eigenem Lautbild) – wie in (18b.) markiert –, sondern im Präsens durch das Ausbleiben eines speziellen Präsens-Flexivs (18a.):

(18) a. Ich vertrau-Ø[präsens] -e[1. person, singular] ihm.
b. Ich vertrau-t[präteritum] -e[1. person, singular] ihm.

Man nimmt dann in der Regel fürs Präsens Aktiv ein Nullflexiv an.

Zum anderen gibt es auch noch das Problem, dass grammatische Merkmale durch Hilfswörter mit einem selbstständigen Lautkörper bezeichnet bzw. mitbezeichnet werden, beim Nomen durch den Artikel und beim Verb durch Hilfsverben.

In Anlehnung und Erweiterung zu Wurzel (2000a, S. 10) sollen hier deshalb unterschiedliche Arten von Flexiven unterschieden werden:

- Additive Flexive:
  Sie sind segmentierbar (abtrennbar), da sie einen eigenen Lautkörper haben; z. B. in *sie lach-**te***.
- Modifikatorische Flexive:
  Sie sind Alternationen, formale Modifikationen des Stammes, z. B. in *die M**ü**tter*.
- Inhaltliche Flexive:
  Sie sind Flexive ohne eigenen Lautkörper; z. B. in *die Kissen*Ø**[plural]**.

[15] Auch als morphologische Marker, Flexionsmorpheme, grammatische Morpheme und Flexionsaffixe bezeichnet.

- Selbstständige Flexive:
  Sie sind selbstständige Wörter ohne deskriptive, lexikalische Bedeutung (= Hilfswörter), z. B. in ***das*** *Haus* ***hat*** *gebrannt*.

In der Regel wird im Deutschen durch ein Flexiv nicht nur eine grammatische Funktion, nicht nur ein grammatisches Merkmal, sondern ein ganzes Merkmalsbündel angezeigt. In dem Beispielsprichwort (19) werden an dem Nomen *Glück* durch den Artikel und ein Nullmorphem die Funktionen Numerus [Singular], Genus [Neutrum] und Kasus [Nominativ] bezeichnet. Beim Verb *hilft* markiert das Flexiv *-t* die Funktionen Person [3.], Numerus [Singular], Tempus [Präsens], Modus [Indikativ] und Genus [Aktiv].

(19) Dem Kühnen hilft das Glück.

Hinzu kommt noch, dass die Flexive öfters Homonyme haben, beispielsweise kann *-e* als Flexiv oder Wortbildungsmorphem auftreten (20).

(20) liegen → Die Lieg-e
→ Lieg-e nicht rum!

Was die grammatische Bedeutung von Flexiven ist, ist auch umstritten und genau so einzuordnen, wie die Frage, ob es grammatische Bedeutungen gibt (vgl. 1.2.3). Dass die Bedeutung von Sätzen und Texten nicht einfach die Summe der Wortbedeutungen ist, ist unumstritten. Auch die Spezifik der grammatischen Konstruktionen und die Flexive tragen zum semantischen Mehrwert bei. Die beiden Sätze (21) unterscheiden sich nur hinsichtlich der Wortstellung, haben aber einen deutlichen Bedeutungsunterschied:

(21) a. Neonazi-Chef Wiese bedroht Anwalt
(SZ 10.3.2005; S. 1)
b. Anwalt bedroht Neonazi–Chef

In (22) bringen die Kasus Bedeutungsunterschiede ein:

(22) a. Sie erinnert sich nicht gern des früheren Freundes.
b. Er ist leider ein Betrüger.

Speziell über die Bedeutung der Kasus gibt es sehr kontroverse Auffassungen. In jüngerer Zeit hat sich Willems (1997, 1998) mit den Bedeutungen der deutschen Kasus beschäftigt. In (22a.) steht die Nominalphrase im Genitiv, was durch den Artikel und das Flexiv *-es* markiert wird. Der

Genitiv bringt die Information ein, dass es sich um das Objekt des Erinnerns handelt. In (22b.) steht die Nominalphrase im prädikativen Nominativ, wodurch angezeigt wird, dass eine Referenzidentität mit dem Subjekt besteht.

2.5 Stämme und Wurzeln

Die Termini *Stamm* und *Wurzel* wurden bereits im 17. Jahrhundert für eine Ableitung in einer Wortfamilie (Pfeifer, 1989, S. 1693) in die Linguistik eingeführt. Diese metaphorischen Lexeme vergleichen das Naturphänomen ('Stamm: senkrecht gewachsener Teil eines Baumes von dem Äste abgehen') mit verschiedenen Verwandtschaftsbeziehungen in der Sprache. Speziell August Schleicher hat mit Bezug auf Darwins Entwicklungstheorie in einem offenen Brief an Ernst Häckel (1873) eine Analogie zwischen „sprachlichen Organismen" und „den lebenden Wesen überhaupt" (Schleicher, 1977, S. 86) hergestellt und viel zur Propagierung der biologistischen Metaphorik in der Sprachwissenschaft beigetragen. Für ihn waren die Sprachen „Naturorganismen, die ohne vom Willen des Menschen bestimmbar zu sein, entstunden, nach bestimmten Gesetzen wuchsen und sich entwickelten und wiederum altern und absterben" (S. 88). Den Sprachstamm bestimmt er folgendermaßen: „Was die Naturforscher als Gattung bezeichnen würden, heißt bei den Glottikern Sprachstamm, auch Sprachsippe [...] . Die Arten einer Gattung nennen wir Sprachen eines Stammes [...]. Von Sprachsippen, die uns genau bekannt sind, stellen wir eben so Stammbäume auf, wie dieß Darwin [...] für die Arten von Pflanzen und Thieren versucht hat" (S. 92–93).

Bei Hermann Paul, dem theoretischen Kopf der Junggrammatiker, finden wir in der Flexionsmorphologie eine weitere Hauptverwendungsweise von Stamm: „Die vergleichende Grammatik hat zur Zerlegung der Deklinationsformen in zwei Elemente geführt, den Stamm und das Kasusaffix" (Paul, 1917, S. 3). Der Stamm ist also der Wortteil, an den die Flexionsendung tritt.

Außerdem findet Stamm in der Wortbildung Verwendung wie bei Behagel (1911, S. 246), wo auch von „mehrsilbigen Stämmen" die Rede ist, an die beispielsweise „Ableitungssilben" (gemeint sind Wortbildungsaffixe) treten können. In der Wortbildung sind die Stämme bei ihm die Wörter, von denen die Wortbildungen jeweils ausgehen. Diese Wörter können selbst schon Wortbildungen sein (z. B. *entsprechen* → *Entsprechung*) (a.a.O., S. 247).

Bis heute wird Stamm nicht einheitlich verwendet. Es scheint ganz sinnvoll zu sein, eine Unterscheidung zwischen Wortbildungsstamm und Flexionsstamm vorzunehmen.

> Der Wortbildungsstamm ist der Teil eines Wortes an den Wortbildungsmorpheme angefügt werden.

Da die Wortbildung im Deutschen über mehrere Stufen gehen kann, d. h. agglutinierende Züge trägt, kann der Wortbildungsstamm, an den ein Wortbildungsmorphem bzw. ein Wort tritt, aus einem Morphem bestehen (wie in den Beispielen (23b.) aus einem Wetterbericht); er kann aber auch komplex sein (wie in den Beispielen in (24b.) aus einer Biographie).

(23) a. Zwischen Hochrhein und Bayrischem Wald halten sich heute dichte Wolken, und gebietsweise schneit es leicht.
(SZ 28.2.2005; S. 12)
b. hoch → Rhein = Hochrhein
Gebiet(s) ← weise = gebietsweise

(24) a. Nurejew schaffte den zweitrangigen Status des Balletttänzers ab.
(Otis Stuart: Nurejew. Fischer Taschenbuch Verlag 1996, S. 130)
b. zweit → rangig(en) [rang ← ig] = zweitrangig
Ballett → Tänzer(s) [Tänz ← er] = Balletttänzer

> Der Flexionsstamm ist der Teil des Wortes, an den eine Flexionsendung tritt.

Der Flexionsstamm kann ein Simplex (wie in 25a.) oder ein komplexer Stamm sein (wie in 25b.).

(25) a. schaff ← te = schaffte
b. Balletttänzer ← s = Balletttänzers

> Ein Stamm kann gleichzeitig sowohl die Funktion eines Wortbildungsstammes als auch eines Flexionsstammes ausüben, wie im folgenden Beispiel.

(26) a. Ballett → Tänzer
b. Tänzer ← s
c. Ballett → tänzer ← s

Der Terminus Wurzel wird zum Teil überlappend mit Stamm und zum anderen auch mit unterschiedlichen Bedeutungen benutzt. Aus diachronischer, sprachhistorischer Sicht bestimmt man die Wurzel als „historische

Grundform eines Wortes, die in lautlicher und semantischer Hinsicht als Ausgangsbasis entsprechender [...] Wortfamilien angesehen wird" (Bußmann, 2002, S. 758). In synchroner Hinsicht wird damit das Basismorphem bezeichnet, das den Bedeutungskern eines komplexen Wortes bildet.

2.) Zerlegen Sie die Lexeme der folgenden Textüberschrift in die morphologischen Grundeinheiten analog zu den nachfolgenden Beispielen!

In die Falle getreten
Es gibt keinen Anlass, Rolf Hochhut einen Holocaust-Leugner zu nennen. (SZ 5./6.3.2005; S. 17)

In: [$_{\mathit{BM}}$ In]

die: [$_{\textit{selbstständiges Fl}}$ die]

Falle: [$_{\textit{BM/Wortbildungsstamm}}$ Fall] [$_{\textit{WBM/Suff}}$ e]

getreten: [$_{\textit{WBM/Präf}}$ ge] [$_{\textit{BM/Flexionsstamm}}$ tret] ($_{\textit{additives Fl}}$ en)[16]

2.6 Morphologische Regeln oder Wohlgeformtheitsbedingungen

Um korrekte Äußerungen zu produzieren und um Äußerungen richtig zu verstehen, bedarf es umfangreichen Wissens; um grammatisch korrekte Sätze zu bilden bzw. um sie zu begreifen, benötigen wir Wissen über die Wörter und Affixe und über die Art ihrer Strukturierung und Verknüpfung. Das Strukturierungs- und Verknüpfungswissen wird in der Grammatiktheorie zum einen mit der Annahme von Regeln im Item-and-Process-Modell (Wort-und-Regel-Theorie) oder zum anderen mit dem Zugrundelegen von Constraints (Wohlgeformtheitsbedingungen) in deklarativen Theorien beschrieben.

Die Wort-und-Regel-Theorie geht davon aus, dass die Sprache mit Wörtern und Regeln arbeitet (Pinker, 2000, S. 26). Die Morphologieregeln bauen danach die komplexen Wörter und die regulären Wortformen auf. Ob es eigene morphologische Regeln gibt oder ob der Wortbau auch mit den syntaktischen Regeln, die die Phrasen produzieren, erfolgt, war länger in der Generativen Grammatik umstritten.

Deklarationsgrammatiken, wie beispielsweise die „Head-Driven Phrase Structure Grammar" (vgl. Kapitel 3.4.6), nehmen Wohlgeformtheitsbedingungen (dort auch als Prinzipien oder „Regeln" bezeichnet) an.

[16] Man kann auch *ge-* als additives Flexiv auffassen.

> Die Grammatikalität eines sprachlichen Phänomens wird folglich dadurch bestimmt, dass es allen einschlägigen Wohlgeformtheitsbedingungen oder Constraints genügt.
> (Neef, 1998, S. 10)

Die Prinzipien zur Analyse von Syntagmen werden in der HPSG nicht als Ersetzungsregeln formuliert, sondern als Wohlgeformtheitsbedingungen für Merkmalsstrukturen. Beispielsweise werden die Valenzeigenschaften von Verben nicht über die Annahme von Valenzregeln der Art wie in (27), denen die Verben unterzogen werden müssen, erklärt.

(27) Einwertige Verben: VP $\rightarrow$ V (*schlafen*)
Zweiwertige Verben: VP $\rightarrow$ NP, V (*lieben*)
...

Die angelegten Ergänzungen der Verben (= Komplemente) werden dagegen nur in den lexikalischen Repräsentationen der Verbkomplexe, in den Subkategorisierungslisten (SUBCAT), kodiert (28).

(28)

Verb	SUBCAT
schlafen	< NP >
lieben	< NP, NP >
...	

Die Kombination der Verben mit ihren Aktanten wird als Verknüpfung von Subkategorisierungslisten erklärt, die dem generalisierten Subkategorisierungsprinzip und der Obliqueness-Hierarchie[17] entsprechen muss (Müller (2002)).

Vereinfachend formuliert, lautet das Subkategorisierungsprinzip:

(29) Simplifiziertes Subkategorisierungsprinzip
In einem phrasalen Zeichen resultiert der SUBCAT-Wert des Zeichens aus der Verkettung der SUBCAT-Werte der Konstituenten. Ein phrasales Zeichen ist nur dann wohlgeformt, wenn es gesättigt ist, wenn die SUBCAT-Liste leer ist.

Auch regelbasierte Grammatiken (Item-and-Process-Modell) können Wohlgeformtheitsbedingungen (hier auch Beschränkungen genannt) integrieren. So gibt es im Rahmen der X-Bar-Theorie Wohlgeformtheitsbedingungen für die Regeln des Phrasenstrukturaufbaus. Beispielsweise wurde eine Koordinationsbeschränkung formuliert: „keine Phrase darf aus einer

[17] Vgl. Seite 78.

Koordination extrahiert werden“ (Fanselow und Felix, 1993, S. 157), wie auch folgendes Beispiel belegt:

(30) a. Für die Frauen oder wenigstens für mich sieht das Leben doch anders aus.
(Hermann Hesse: Die Marmorsäge. In: W. Kirsten, K. Paul (Hrsg.): Das Rendezvous im Zoo. Aufbau-Verlag: Berlin. Weimar 1984, S. 28)
b. *Oder wenigstens für mich sieht das Leben doch anders aus.

Für die deutsche Wortbildung kann u. a. folgende allgemeine Regel für Präfigierungen angenommen werden:

(31) Präfigierungsregel
Präfix + Wort$_x$ = Wort$_y$

Diese Regel kann aber nicht auf alle deutschen Wörter angewendet werden. Hier könnte es hilfreich sein, Beschränkungen zu formulieren. So ist es nicht möglich, von Wörtern mit Hilfscharakter (Hilfsverben, Artikelwörter) Präfigierungen abzuleiten.

(32) Präfigierungsbeschränkung
Präfixe können nur mit Lexemen verbunden werden.

Eine speziellere Präfigierungsregel betrifft die Ableitung mit dem Präfix *un-*.

(33) *un-* Präfigierungsregel
un- + Wort$_x$ = Wort$_y$

Das Präfix *un-* kann z. B. mit Adjektiven und Substantiven kombiniert werden (*unsinnig, Unsinn*) aber nicht mit Verben. Eine *un-* Beschränkungsregel könnte lauten:

(34) *un-* Beschränkung
Das Präfix *un-* kann nicht mit Verben kombiniert werden.

Bezüglich der Präfigierungen gibt es in der germanistischen Wortbildungsforschung unterschiedliche Auffassungen, wie man mit von Substantiven und Adjektiven abgeleiteten Präfixverben (z. B. *vergolden, verarmen*) umgehen soll. Die Hauptfrage, die sich stellt, ist die, ob sie gegen die *Righthand Head Rule*, gegen das Prinzip der Rechtsköpfigkeit verstoßen, wie Donalies

(2005, S. 27) behauptet. Sie nimmt bei den von Substantiven und Adjektiven abgeleiteten Präfixverben Linksköpfigkeit an. Sie fasst also in diesen Fällen die Präfixe als grammatische Köpfe auf.

Das Prinzip der Rechtsköpfigkeit in der Wortbildung geht von einer binären Wortstruktur aus und sieht in der rechten unmittelbaren Konstituente den grammatischen Kopf des Wortes, der die morphosyntaktischen Eigenschaften des Gesamtwortes festlegt. Diese Prinzip kann formalisiert werden als:

(35) Regel der Rechtsköpfigkeit für deutsche Wortbildungen
$X \rightarrow YX \quad ([_{Adjektiv}[_{Nomen}\, gift\,][_{Adjektiv}\, grün\,]])$

Die Lösung von Donalies birgt eine Reihe von Problemen, speziell die uneinheitliche Behandlung der Präfigierungen ist sehr ungünstig und das Zulassen von Linksköpfigkeit sowieso.

Eschenlohr (1999) und andere nehmen bei den Problemfällen eine Bildung von virtuellen Verben als Zwischenstufe an. Das desubstantivische Präfixverb *vergittern* wird unter Beibehaltung der Righthand Head Rule folgendermaßen abgeleitet (S. 106):

(36) $[\text{Gitter}]_N \rightarrow \#[[\text{gitter}]_N \varnothing]_V \rightarrow [\text{ver}[[\text{gitter}]_N \varnothing]_V]_V$ (n)

In diesem Derivationsprozess wird ein nicht existierendes, ein virtuelles Verb *#gittern* mit einem Nullmorphem als rechten Kopf abgeleitet, das dann präfigiert wird. Gegen die Regel der Rechtsköpfigkeit und die Binärität wird nicht verstoßen, allerdings werden nicht existierende Lexeme abgeleitet.

Römer und Matzke (2005) nehmen für die besprochenen Problemfälle eine kombinatorische Derivation mit einem Zirkumfix an:

(37) $[_V[_{Aff/Präf}\text{ver}][_N\text{gitter}][_{Aff/Suff}\varnothing]]$(n)

Auch hier wird die Regel der Rechtsköpfigkeit für deutsche Wortbildungen beibehalten, allerdings gibt es eine diskontinuierliche Konstituente, die die Wurzel *Gitter* umschließt, was als Verstoß gegen die Binärität angesehen werden könnte.

Alle drei aufgezeigten Ansichten zu von Substantiven und Adjektiven abgeleiteten Präfixverben zeigen, welche Probleme das Aufzeigen von Regeln mit sich bringt.

3 Wortarten: Ein Problem der Grammatiktheorie

3.1 Herkunft der Kategorie Wortart

Wörter einer Sprache zu klassifizieren wurde schon in der Antike versucht. Platon (428 – 348 v. Chr.) unterschied die beiden Klassen Onoma (Namen von Dingen: Nomen) und Rhema (Aussagen: Verben) nach ihrem Beitrag für die Logik des Satzes. Allerdings muss man festhalten, dass „es bei Platon noch keine genauen grammatischen Begriffe gibt und es sie nicht geben kann, da sein Beobachtungsgegenstand gar nicht die Sprache allein ist und ihm ständig Ding, Gedanke, Wort und Sachverhalt, Urteil und Satz durcheinander gehen“ (Arens, 1969, S. 12).

Auch den Schüler Platons Aristoteles (384 – 322 v. Chr.) interessierten die Sprachzeichen nicht in grammatischer Hinsicht, sondern vielmehr als Ausdruck der Gedanken und als Elemente der Dichtkunst:
„Ein Onoma ist ein Lautgebilde mit einer durch Übereinkunft festgesetzten Bedeutung, ohne Zeitbestimmung, [...] Rhema ist ein Lautgebilde, das (zu dem Begriffe des Hauptwortes) noch eine Zeitbestimmung hinzufügt, [...] z. B. Gesundheit ist ein Hauptwort; aber: ist gesund ein Zeitwort: denn es fügt noch hinzu, daß dieses jetzt stattfindet.“ (Aristoteles zitiert nach Arens (1969, S. 13)).
Er nahm noch die Klasse der Partikel, der Bindewörter bzw. „Bedeutungslosen“ hinzu

Dionysios Trax (ca. 170 – 90 v. Chr.) gilt als „der Verfasser der ersten Grammatik im Abendland“ (Arens, 1969, S. 121); bei ihm finden wir das System der acht Wortarten, das noch heute das Fundament für die Wortartenklassifikationen der deutschen Sprache bildet[1]: „Das Wort ist der kleinste Teil des auf Zusammenfügung beruhenden Satzes. Der Satz ist eine Verbindung von Wörtern, welche einen in sich vollendeten Sinn darstellt. Es gibt acht Redeteile: Nomen, Verbum, Partizip, Artikel, Pronomen, Präposition, Adverb, Konjunktion“.

[1] Auf ihn geht auch die Bezeichnung Redeteil für Wortart zurück.

3.2 Kriterien für Wortarten

Wie schon festgestellt, gilt die Grammatik von Dionysios Trax als erste Grammatik einer indoeuropäischen Sprache. In Bezug auf die griechische Sprache beschreibt Trax die angenommenen grammatischen Wortklassen hinsichtlich der Flexion („Das Nomen[2] ist ein kasusbildender Satzteil".), der grammatischen Kategorien („Das Nomen hat fünf Begleiterscheinungen: Geschlecht, Art, Form, Zahl, Kasus"), der Bedeutung („Das Nomen ist ein kasusbildender Satzteil, welcher ein Ding, z. B. Stein, oder eine Handlung, z. B. Erziehung, bezeichnet und allgemein, z. B. Mensch, Pferd, und besonders, z. B. Sokrates, gebraucht wird."), der Ableitung (Beim Nomen gibt es „7 Arten der Ableitung: die patronymische, die possessive, die komparative, die superlative, die deminutive, die denominale, die verbale.") und der Struktur („Die Nomina treten in 3 Formen auf: einfach [Simplex], zusammengesetzt [Compositum] und abgeleitet von einem zusammengesetzten [Decompositum]") (Trax zitiert nach Arens (1969, S. 23-24)).

Diese Charakteristika verwendet Trax zum Teil auch für die anderen Redeteile; dies geschieht aber nicht systematisch oder geordnet.

Vielfach wurde dies in der Vergangenheit kritisiert und kriterienreine Wortartensysteme wurden gefordert (vgl. Knobloch und Schaeder, 2000, S. 676). Da die deutsche Sprache sowohl flektierende als auch nicht flektierende Wortklassen beinhaltet, sind Systeme, die nur auf einem Kriterium basieren, nicht sehr hilfreich. Deshalb finden in der Regel Mischsysteme Anwendung, die mehrere Kriterien verwenden. Dies geschieht zum Teil systematisch, aber auch unsystematisch, d. h.: „In solchen Mischsystemen werden zwei oder mehr Kriterien für alle in Frage kommenden Klassenbildungen insgesamt oder in Auswahl, gleichzeitig oder sukzessiv, gewichtet oder ungewichtet bzw. in bestimmter oder unbestimmter Rangfolge verwendet" (Knobloch und Schaeder, 2000, S. 678).

In den neueren deutschen Grammatiken gibt es, auch wenn der Bezug auf Trax immer sichtbar ist, vielfältige Wortartensysteme und Unterschiede bei der Art und der Anwendung der angelegten Kriterien.

In der Zusammenschau gesehen, werden folgende Kriterien angewendet:

- das semantische,
- das morphologische,

[2] Als Beispiel möchte ich in den einführenden Kapiteln zur Wortartenproblematik hauptsächlich das Nomen (Substantiv) verwenden und greife auf Ausführungen in Römer (1990) und Römer (1989) zurück.

- das syntaktische und
- das pragmatische Kriterium.

Das semantische Kriterium ist für die Bestimmung von grammatischen Wortklassen umstritten und m. E. wenig geeignet, weil es keine eindeutige Zuordnung von formalen und semantischen Charakteristika gibt.

Auch ist unklar was eine semantische Wortartenklassifikation sein soll. Stepanowa und Helbig (1981, S. 45) unterscheiden in Anlehnung an Erben (1972) zwei Formen des semantischen Kriteriums:

> In der einfachsten Form meint das semantische Kriterium, dass den Wörtern einer bestimmten Wortart in direkter Entsprechung in der Außenwelt bestimmte Sachverhalte zugeordnet sind. ‚Die Welt der Dinge findet ihren sprachlichen Niederschlag in den ‚Dingwörtern' [...]' und differenzierter formuliert [...]: Wortarten ergeben sich nicht mehr unmittelbar und direkt aus der Sachbedeutung der Wörter, sondern aus der verallgemeinerten Bedeutung, wie sie im Prozess des menschlichen Denkens entsteht. Demnach wären Substantive (‚Dingwörter') nicht mehr einfach Wörter, die Dinge bezeichnen, sondern Wörter, die vom Denken als ‚Dinge' oder ‚Größen' gefasst und abgebildet werden, Adjektive nicht mehr einfach Wörter, die Eigenschaften bezeichnen, sondern Wörter, die bestimmte Sachverhalte als Eigenschaften fassen bzw. darstellen usw.

Dass die erste Form des semantischen Kriteriums nicht zutreffend ist, liegt auf der Hand. Dass Wörter, die auf Grund ihres morphologischen und syntaktischen Verhaltens als so genannte ‚Dingwörter' bezeichnet werden, nicht nur Dinge benennen, ist eine Binsenweisheit. So bezeichnen beispielsweise Substantive mit dem Suffix *-ung* sowohl

a. Tätigkeiten

   Die *Anwendung* der Normen bleibt jedoch freiwillig!
   (www.stmwivt.bayern.de; 29.12.2004)

b. Vorgänge

   Achtung, die Kurve!
   (www.games.acont.de; 27.12.2004)

c. Zustände

   Gute *Erziehung* besteht darin, dass man verbirgt, wieviel man von sich selber hält und wie wenig von den anderen.
   (Jean Cocteau)

d. Resultate

Der Durchbruch dieser *Entwicklung* gelang der Deutschen Kriegsmarine nicht mehr.
(www.zdf.de; 29.12.2004)

e. Quantitäten

Vorlesungen werden in den meisten Fällen von *Übungen* begleitet.
(www.learninglab.de; 29.12.2004)

d. Qualitäten

In der zitierten Textpassage, dem Anfang des zweiten Kapitels, betont Spielhagen die tiefe *Bedeutung* des Romans für den modernen Menschen.
(www.de.encarta.msn.com (Friedrich Spielhagen); 31.12.2004)

e. Ideelles

Immer sind es ganz besondere Charakteristika, welche mich beeindrucken und die besondere *Stimmung* einer Landschaft ausmachen.
(www.poeschel.net/fotos/landschaft; 31.12.2004)

d. Konkretes

Doch die Elitetruppe irrte sich in der *Wohnung*.
(www.spiegel.de/panorama; 31.12.2004).

Man kann bei diesen Beispielen – mit Ausnahme des letzten – meines Erachtens auch nicht davon sprechen, dass im Denken damit Dinge abgebildet werden. Die Aussage, dass damit Größen abgebildet werden, ist sicherlich nicht falsch, aber auch nicht hilfreich, weil sie auch auf andere Wortklassen als Substantive angewendet werden kann.

In der zweiten Form geistert das semantische Kriterium in den meisten Grammatiken herum; es ist jedoch in der Regel kein Einteilungskriterium mehr. Ein Anachronismus ist allerdings, dass in der deutschen Rechtschreibung die rein semantisch geprägte Klasse „Numeralia" (= Zahlwörter) noch präsent ist, obwohl diese Klasse morphologisch-syntaktisch sehr heterogen ist (*der Erste, der erste Läufer, erstmals, das erste Mal* etc.). So sind eine Reihe von Regeln aus dem Bereich der Groß- und Kleinschreibung mit Bezug auf diese Wortklasse formuliert – beispielsweise:
Klein schreibt man nach § 58 der neuen Orthografie von 1998 die folgenden Zahladjektive mit allen ihren Flexionsformen: *viel, wenig; (der, die, das) eine, (der, die, das) andere* (Beispiele: *Das haben schon viele erlebt. ...*), auch wenn sie formale Merkmale einer Substantivierung haben.

Das morphologische Kriterium spielt in der indoeuropäischen Grammatikentwicklung mit Recht eine große Rolle. Es nahm eine zentrale Rolle für die typologische Klassifikation aller Sprachen ein. Dies wird heute berechtigterweise kritisch gesehen, da für nicht indoeuropäische Sprachen andere Aspekte wichtiger sein können. Ca. die Hälfte der Weltsprachen sind beispielsweise so genannte Tonsprachen (z. B. Chinesisch oder Vietnamesisch), bei denen „Töne" auf der Wortebene der lexikalischen und grammatischen Differenzierung dienen[3].

> Das morphologische Kriterium ist eindeutig fassbar und auf seiner Basis sind Klassenbildungen möglich. Es ist jedoch nur auf solche Wörter anwendbar, die im Satz ihre Form variieren und entfällt natürlich bei Sprachen ohne Flexionsmorphologie.

Es ist deshalb auch nicht ein Kriterium mit universalem Charakter, wobei sich bei den Wortarten grundsätzlich die Frage stellt, ob es eine Universalität der Wortarten gibt; Meier (1979) verneint dies energisch.

Auch wenn die deutsche Sprache in der Regel als flektierende Sprache typologisiert wird, gibt es in ihr viele nicht flektierende Lexeme, die mittels dem Merkmal [+/−flektiert] als [−flektierbar] von denen mit [+flektierbar] abgegrenzt werden können. Damit ist nur eine Unterteilung des deutschen Wortschatzes in zwei Klassen möglich.

Die Klasse mit dem Merkmal [+ flektierbar] kann Wortformen bilden. Diese Flektierbaren können mit speziellen morphologischen Merkmalen weiter subklassifiziert werden. Flämig (1966) verwendet beispielsweise die Kriterien

[+/−konjugierbar], [+/−deklinierbar],

[+/−artikelfähig], [+/−komparierbar]

und bestimmt dann das Substantiv positiv durch die ‚Deklinierbarkeit' und ‚Artikelfähigkeit'. Negativ wird es morphologisch durch ‚Nichtkonjugierbarkeit' und ‚Nichtkomparierbarkeit' charakterisiert.

Das syntaktische Kriterium bezieht sich auf das Verhalten der Wörter im Satz. Aber was ist damit speziell gemeint? Ist es so gemeint, dass Wortarten erst im Satz deutlich werden? Hier soll diesbezüglich an die Unterscheidung von Nennform und Wortformen erinnert werden. Jedoch gerade bei den Unflektierbaren ist diese Frage nicht so einfach zu entscheiden. Was soll beispielsweise die Grundform von *etwa* sein?

---

[3] Genauer zu den Grenzen der typologischen Klassifikation: Arntz (1998).

(1) a. Sind Sie *etwa* auch ein stresssüchtiger Yettie?
(career-newsletter; Juli 2001)
b. Soko: *Etwa* 30 vermisste Hamburger
(Hamburger Abendblatt; 31.1.2005)

In dem Beispiel (1a.) hat die Partikel *etwa* eine illokutive Funktion, in (1b.) nicht. Helbig und Buscha (1991, S. 495) nehmen hier Homonymie an, was aber nicht zwingend ist. Auf diese Problematik soll in 4.3.2 näher eingegangen werden.

Syntaktisch klassifizieren zu wollen, heißt, syntaktische Merkmale anzuwenden und bei unterschiedlichen syntaktischen Merkmalen auch unterschiedliche Wortklassen anzunehmen. Die syntaktische Funktion und das Distributionsverhalten sind solche Merkmale.

Syntaktisch-funktionell definierte Wortklassen bilden zu wollen, setzt eine Klärung des vieldeutig verwendeten Terminus *funktionell*[4] voraus. Wenn man Funktionen aus den Relationen der Konstituenten in der Phrasenstruktur ableitet, müsste eine entsprechende Wortklassenbildung von den Positionen der Wörter in der Struktur des Satzes ausgehen und danach fragen, welche Strukturpositionen für einzelne Klassen typisch sind. Man kann so aus der Konstituentenstruktur drei funktionell definierte Grundklassen ableiten:

1. Die Satzrepräsentanten[5]:

   Wörter, die logisch-funktionell allein einen ‚Satz' vertreten können, die Prädikationen über Propositionen vornehmen (Satzadverbiale, Interjektionen, ...) (vgl. nachfolgendes Beispiel (2)).

   (2) Später *vielleicht*, später komme ich mit.
   (Sigfried Lenz: Deutschstunde. SZ/Bibliothek 2004, Band 28, S. 474)
   → Es ist möglich, dass ich später mitkomme.

2. Die Wortgruppenrepräsentanten:

   Wörter, die in der Phrasenstruktur allein eine Wortgruppenkonstituente vertreten können (Verben, Substantive, Adjektive und Adverbien) (vgl. Beispiel (3)).

---

4 Vgl. Ausführungen auf S. 51 und in 3.4.3.

5 Sie sind zu unterscheiden von den Satzäquivalenten.

(3) Ich bekenne, ich brauche Geschichten, um die Welt zu verstehen.
(Sigfried Lenz: Deutschstunde, a.a.O., Schutzumschlag)
Ich = Subjekts-NP, bekenne = Prädikats-VP, . . . ,
Geschichten = Objekts-NP

3. Die Funktionsträger:

Wörter, die nicht allein Repräsentanten eines Satzes oder einer Wortgruppenkonstituente sein können (Partikel, Fügewörter und Hilfswörter) (vgl.4).

(4) Fast einen Tag lang sitze ich nun so, [. . .]
(Sigfried Lenz: Deutschstunde, a.a.O., S. 17)

Solche Beispiele werden zum Teil als so genannte Mehrfachvorfeldbesetzung angesehen: Unser Beispielsatz hat im Vorfeld die Konstituenten „fast" = Gradpartikel, die immer in attributiver Funktion (unselbstständig) auftritt und „einen Tag lang" = eine NP in adverbialer Funktion. Obwohl im konkreten Beispielsatz von dieser NP keines der Wörter allein das Vorfeld besetzen kann, ist nur der unbestimmte Artikel ein Funktionsträger, da er niemals allein eine Konstituente sein kann.

Mit untergeordneten Fragestellungen funktioneller Art, beispielsweise danach, ob ein eindeutiges oder mehrdeutiges Verhältnis zwischen Kategorie und Relation, also zwischen Wortklasse und Satzglied besteht, oder ob das Wort zur Wortgruppenkonstituente gehört oder nicht, können noch weitere Subklassifikationen erfolgen. Da jedoch keine eindeutige Beziehung zwischen Relation und Kategorie besteht, ist keine weitere funktionelle Unterscheidung möglich. Dies trifft besonders auf die Gruppe der Wortgruppenrepräsentanten und damit auch auf das Substantiv zu; Substantivgruppen sind mehrfunktional. Sie sind der Wortgruppentyp, der die meisten syntaktischen Funktionen übernehmen kann. Sie können als Konstituenten des Satzes innerhalb aller Phrasen mit Satzgliedstatus oder als Attribute auftreten; so auch in (5):

(5) Der Bund erwartet in diesem Jahr gut drei Milliarden Euro an Mauteinnahmen.
(SZ 3.1.2005; S. 23)

In der nachfolgenden Abbildung (3.1 auf der nächsten Seite) sehen wir, dass Substantive in der Satzhierarchie an ganz verschiedenen Stellen vorkommen können.

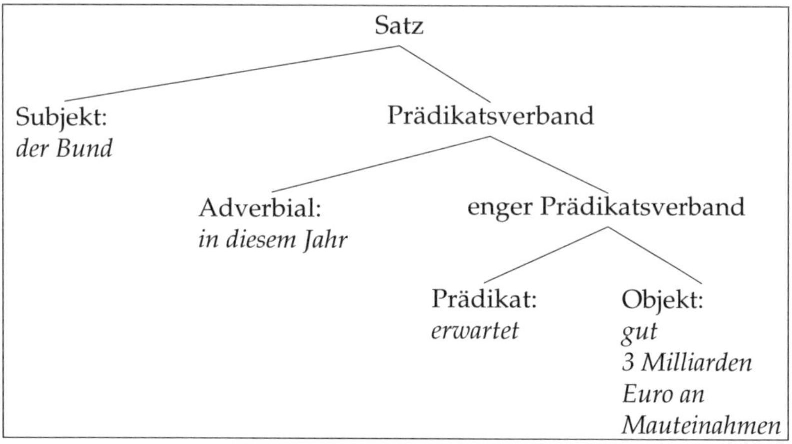

Abbildung 3.1: Substantive in der Satzhierarchie

Die distributionell definierten Wortklassen sind von funktionell bestimmten dadurch zu unterscheiden, dass sie nicht aus der Phrasenstruktur des Satzes abgeleitet werden, sondern dass jedes Wort nach seiner linearen Umgebung charakterisiert wird. Während die funktionelle Bestimmung hierarchisch ist, ist die distributionelle linear. Voraussetzung für die distributionelle Beschreibung des Wortschatzes der deutschen Sprache wäre eine induktive Untersuchung; es müsste jedes Element nach möglichen Vorgängern und Nachfolgern befragt werden. Dies ist für ein offenes System, wie es die Sprache ist, schwer durchführbar. Vorliegende distributionelle Wortklassensysteme (z. B. Helbig und Buscha (1991)) arbeiten deshalb mit vorgegebenen Substitutionsrahmen und bilden die Wortklassen nach der Einsetzbarkeit in diese.

Das Substantiv wird bei Helbig und Buscha (1991, S. 229) distributionell folgendermaßen beschrieben:

> Die Subklasse 'Substantiv' kann normalerweise ein Artikelwort und ein Adjektiv vor sich und in unbeschränktem Maße ein weiteres Substantiv (als Attribut im Genitiv oder im Präpositionalkasus) nach sich haben: der neue *Mantel* des Vaters.

Diese Beschreibung ist positionell und inhaltlich. Sie setzt die Kenntnis der Wortklasse voraus und ermöglicht es nicht, Substantive positionell eindeutig zu bestimmen und zu erkennen.

Der pragmatische Aspekt wurde von Schmid (1997) in die germanistische Wortartendiskussion eingebracht. Jedem Zeichen (Z) ordnet er ein Merkmalsbündel zu (Schmid, 1997, S. 86):

Z = [+/– SEM, +/– SYN, +/– PRAG, +/– AUT]

Unter [+/– SEM] versteht Schmid die semantische Zeichenfunktion, unter [+/– SYN] die syntaktische und unter [+/– PRAG] die pragmatische; [+/– AUT] (= ‚autonom') beinhaltet die Eigenschaft, ob das Zeichen allein einen Satz oder eine Satzkonstituente bilden kann. Mit der pragmatischen Funktion werden „alle diejenigen Funktionen des sprachlichen Zeichens umfasst, die es nicht in Relation zu irgend einem Gegenstand oder Sachverhalt setzen, sondern in Bezug zu Sprecher und Sprechersituation" (Schmid, 1997, S. 85).

Substantive werden durch das Fehlen der pragmatischen Komponente charakterisiert: Substantiv = [+SEM, +SYN, –PRAG, +AUT]

Speziell bei der Charakteristik der Partikeln wird heute in der Regel nach pragmatischen Eigenschaften gefragt (genauer dazu in 3.4.3 und 4.3.2). In Zifonun u. a. (1997) werden auch die Pronomina (dort Proterme genannt) nach pragmatischen Kriterien folgendermaßen subklassifiziert (S. 66):

- *Anapher*: <themafortführend>
- *Indefinitum*: <typisierender Person-/Objektbezug>
- *Persondeixis*: <Zeigen auf Sprecher/Hörer>
- *Objektdeixis*: <Zeigen auf Objekte/Personen im Raum>
- *Possessivum*: <Gegenstandsrelationierung>
- *Quantifikativum*: <Quantifizierung über Gegenstandsbereich>
- *Relativum*: <Einbindung von Propositionen in Charakteristik>
- *W-Objektdeixis*: <Umriss gesuchter Größe im Wissen>

Auffällig ist hier, dass die Kriterien sehr unterschiedlicher Art sind und damit der Charakterisierungsblickwinkel nicht einheitlich ist. Auch Gallmann (2000, S. 134) weist in einer Rezension darauf hin, dass die gewählte Terminologie für die Wortarten teilweise nicht einleuchtet und zeigt das am traditionellen Personalpronomen auf, das „unter den Termini Prodeixis und Anapher auftaucht. Das Problem an der Verwendung dieser Termini ist, dass sie Formklasse und Funktion zugleich bezeichnen." Und analog zu der Problematik bei semantisch motivierten Wortartenbenennungen, hat man auch hier das Problem, dass „das Personalpronomen der 1. und der 2. Person prototypischer als der Personaldeixis dient und das

Personalpronomen der 3. Person als Anapher" bei nicht prototypischen Verwendungen die Terminologie aber störend bzw. irreführend ist.

Welche Wortarten in den verschiedenen Grammatikmodellen heute angenommen werden und auf Grund welcher Kriterien sie gewonnen werden, wird im Kapitel 3.4 aufgezeigt werden.

Abschließend zu diesem Kapitel soll festgehalten werden:

> Wortarten sind Klassen von Wörtern mit gemeinsamen grammatischen Eigenschaften. Grammatische Wortklassencharakterisierungen verwenden vorrangig morphologische und syntaktische Merkmale. Für die Subklassifizierung werden auch sinnvollerweise pragmatische und semantische Kriterien herangezogen.

1.) Inwiefern werden in der „Grammatik der deutschen Sprache" von Zifonun u. a. (1997) unterschiedliche Kriterien zur Subklassifizierung der Pronomina angewendet?

2.) Charakterisieren Sie die Wortarten Verb und Adverb mit relevanten Kriterien!

Clemens Knobloch/Burkhard Schaeder: *Kriterien für die Definition von Wortarten.* In: Morphologie. Ein internationales Handbuch zur Flexion und Wortbildung. Walter de Gruyter: Berlin, New York 2000, S. 674–692

3.3 Wortarten – Kategorien der *langue* oder *parole*?

F. de Saussure hat in seinem „Cours de linguistique générale" die Wichtigkeit der Objektbestimmung für die Linguistik hervorgehoben und diskutiert, ob *langage* (die menschliche Sprachfähigkeit), *langue* (das einzelsprachliche System) oder *parole* (die individuelle Sprachverwendung) das Objekt ist und nur in der *langue* den Gegenstand gesehen, da nur sie für die Sprachgemeinschaft von Interesse sei, da sie das Regelhafte beinhaltet.

Auch bei der Bestimmung von Wortarten fragt man, ob diese aus der *parole*, der jeweils individuellen Verwendung im Satz, oder aus der systemhaften, usuellen Charakterisierung, aus dem Lexikonwort mit seiner Gesamtheit von grammatischen Eigenschaften, aus der *langue* abzuleiten sei. Je nachdem, ob die Wortartenklassifikationen primär vom morphologischen oder syntaktischen Kriterium ausgehen, ist ihre Meinung bezüglich des Trägers der Wortart bestimmt. So geht Radford (2004, S. 58) davon aus, dass die Wortart („grammatical category") von der Position in der Phrasenstruktur abhängt: „the same word may have a different categorial status in other positions, in other structures." Diese Auffassung ist dahingehend problematisch, weil es keine Isomorphie zwischen dem Vorkommen in der Phrasenstruktur und den anderen grammatischen Worteigenschaften gibt. U. a. Forsgren (2000, S. 666) hat sich damit auseinander gesetzt und nochmal darauf verwiesen, „dass eine Wortart in einem Satz mehrere Funktionen erfüllen kann [...] und umgekehrt [...] auch eine bestimmte Funktion durch verschiedene Wortarten erfüllt werden" kann (wie in (6) die Subjektfunktion):

(6) Das Richtige / Es / Zu Vertrauen ist schön.

Es scheint sinnvoller, wie es beispielsweise auch Gallmann und Sitta (1996) tun, das syntaktische Wort (Textwort) vom lexikalischen Wort (Lexikonwort, auch als Nennform oder Zitierform bezeichnet) zu unterscheiden (vgl. auch 2.1) und dann zwischen syntaktischen und lexikalischen Wortarten zu differenzieren. In einer Sprache wie der deutschen, wo wichtige Wortklassen ihre Form in der Verwendung verändern können (= flektieren), ist m. E. das Lexikonwort der Träger der Wortart, sind Wortarten Phänomene der *langue*. Gemeinsam sind dem Lexikonwort und seinen Wortformen (seinen Textwörtern) die lexikalische Bedeutung und die morphosyntaktischen Charakteristika. Diese Sichtweise birgt keine Probleme bei den Substantiven, da alle Wortformen dieselben morphosyntaktischen Eigenschaften haben, beim Verb treten jedoch schon Fragen auf, speziell beim Partizip, das ja in der Verwendung, als Textwort, adjektivisch auftreten kann:

(7) a. Die abgebrochene Partie wurde analysiert.
b. Die spannende Partie brach sie ab.
c. Da unfair gespielt wurde, war der Abbruch nötig geworden.

In (7) verhalten sich *abgebrochen* und *spannend* parallel, genauso *analysieren* und *abbrechen* und *gespielt* und *geworden*. Wie später noch ausgeführt wird, sehe ich es als günstig an, je nach ihrem Auftreten die Partizipien den Wortarten Verb oder Adjektiv zuzuordnen. Man kann das Problem auch wie Gallmann und Sitta (1996) lösen und sagen, dass die lexikalische Wortklasse Verb mehrere syntaktische Wortklassen enthält: Verben, Adjektive und durch Konversion abgeleitete Nomen (*Abbruch*).

3.) Welche gemeinsamen grammatischen Merkmale haben die oben genannten Wortpaare aus den Beispielen (7)?

3.4 Wortarten in verschiedenen Grammatiktheorien

3.4.1 Vorbemerkung

Ein Blick in die Geschichte der Linguistik zeigt, dass die Auffassungen, was die Gegenstände und angemessenen Methoden für sie seien, starken Veränderungen unterworfen waren. Um die Spannbreite anzudeuten, sollen zwei schulenbildende Vertreter kommentarlos zitiert werden:

(8) a. Es ist eingewendet, dass es noch eine andere wissenschaftliche betrachtung der sprache gäbe, als die geschichtliche. Ich muss das in abrede stellen. (Paul, 1886, S. 19)

b. Unsere Definition der Sprache setzt voraus, daß wir von ihr alles fernhalten, was ihrem Organismus, ihrem System fremd ist. (de Saussure, 1931, S. 24)

Wenn spätestens nach 1960 der Schwerpunkt der Grammatikbeschreibung auch in Deutschland auf der synchronen Darstellung liegt, so konkurriert eine Reihe von Modellen um den Anspruch, die adäquate Beschreibung und Erklärung zu liefern. Wie die heute wichtigsten Modelle mit dem Phänomen der Wortarten umgehen, soll in diesem Kapitel vorgestellt werden.

Obwohl heute in der Regel davon ausgegangen wird, dass die „Einteilung in Wortarten [...] ein 'essential stage in the construction of an adequate grammar of a language'" ist und „Wortartensysteme auf Grund struktureller Eigenheiten der Einzelsprachen nur für die jeweilige Einzelsprache Gültigkeit haben" (Kaltz, 2000, S. 693), verwenden nicht alle neueren Modelle die nötige Sorgfalt darauf, die Spezifika der Wortarten der Einzelsprachen zu ermitteln. Sie übernehmen einfach die fürs Englische entwickelten Systeme und Kriterien, ohne darüber zu reflektieren.

3.4.2 Deskriptive Grammatik

Die traditionelle deutsche Grammatik hatte in der Regel 10 Wortarten angenommen, die nicht mittels konsequenter und logisch sauberer Anwendung von Kriterien gebildet worden waren. Mal war das semantische Kriterium verantwortlich für die Wortart; so wurden die *Numerale* auf Basis des Merkmals ‚Zahl' gebildet, obwohl es sich morphosyntaktisch um völlig verschiedene Wortklassen handelt, wie schon im Zusammenhang mit dem semantischen Merkmal auf Seite 46 dargestellt.

Ein andermal wurden morphologische Merkmale herangezogen für die Klassenbildung; dies war bei *Substantiv, Pronomen, Adjektiv* und *Verb* der Fall. Primär wurde die Frage nach der Veränderbarkeit im Text gestellt, also vom Lexikonwort ausgegangen. Bei den nicht Flektierbaren erfolgte dann ein problematischer Perspektivenwechsel, da nun nach dem Verhalten in der Wortverwendung gefragt wurde, nun also das Textwort, das syntaktische Wort bei der Wortartbestimmung zu Grunde gelegt wurde. Dies trifft auf die *Artikel, Adverbien, Präpositionen, Konjunktionen* und *Interjektionen* zu.

Ein Beispiel für diese Vorgehensweise ist die „Kurze deutsche Grammatik" vom Verlag Volk und Wissen, die in der DDR im Deutschunterricht Verwendung fand. Starke und Zech bestimmen dort:

> Die Einteilung der Wörter in Wortarten: Die Wörter unserer Sprache haben bestimmte Merkmale, nach denen sie sich ordnen lassen. Diese Merkmale sind entweder Merkmale ihrer Bedeutung oder Merkmale ihrer äußeren Form.
> (Bütow, 1982, S. 44)

Es werden dann zehn Wortarten mit folgenden Merkmalen unterschieden (Bütow, 1982, S. 46–47):

- Deklinierbare Wörter
  - *Substantiv* mit *Artikel*: Bezeichnung für Lebewesen, Sachen und gegenständlich Gedachtes; deklinierbar; Verwendung meist mit (bestimmtem oder unbestimmtem) Artikel; Schreibung mit großem Anfangsbuchstaben
  - *Pronomen*: Stellvertreter oder Begleiter des Substantivs; allgemeiner Hinweis auf Lebewesen, Sachen oder gegenständlich Gedachtes; (meist) deklinierbar
  - *Adjektiv*: Bezeichnungen für Eigenschaften und Merkmale; überwiegend deklinierbar; meist komparierbar (steigerungsfähig)

    - *Numerale*: Bezeichnung für eine bestimmte Anzahl oder für einen Platz in einer Reihe. Ihrer jeweiligen Verwendung entsprechend können Numeralia in Zahladjektive, Zahlsubstantive und Pronomen aufgeteilt werden

- Konjugierbare Wörter
    - *Verb*: Bezeichnungen für Vorgänge und Zustände; konjugierbar
- Wörter, die weder deklinierbar noch konjugierbar sind
    - *Adverb*: Bezeichnung für Umstände des Ortes, der Zeit, der Art und Weise, des Grundes und der Folge, der Bedingung und der Einräumung
    - *Präposition*: Kennzeichnung von Beziehungen des Ortes, der Richtung, der Zeit, des Grundes usw.; Kasusforderung (Rektion)
    - *Konjunktion*: Kennzeichnung von Zusammenhängen; nebenordnende (koordinierende) K. verbinden Wörter, Wortgruppen oder Sätze; unterordnende (subordinierende) K. leiten Nebensätze ein
    - *Interjektion*: Ausdruck von Gefühlen; Satzcharakter

Die Klassen werden hier nicht konsequent und einheitlich gebildet, es kommt vielmehr zu Perspektivenwechseln.

4.) Welche Inkonsequenzen in Bezug auf die Kriterien zur Wortartenbestimmung können Sie bei Bütow feststellen?

Die Duden-Grammatik wurde in ihrer 7. Auflage (2005) völlig neu erarbeitet. Dabei wird von Gallmann sehr klar verdeutlicht, dass zwischen syntaktischen und lexikalischen Wörtern zu unterscheiden ist. Der Wortarteneinteilung werden von ihm die lexikalischen Wörter (Lexeme) zu Grunde gelegt, die „nach den grammatischen Merkmalen, die bei den Flexionsformen eine Rolle spielen" in fünf „lexikalische Wortarten" eingeteilt werden (vgl. Tabelle 3.1 auf der nächsten Seite), die typischen Flexionseigenschaften wurden hervorgehoben (Dudenredaktion, 2005, S. 132). Nur indirekt wird aus dem Text deutlich, dass die Artikelwörter wohl zu den Pronomen gehören.

WORTARTEN	FLEXIONSMERKMALE
Verb	Konjugation nach Person, Numerus, **Tempus**, Modus
Substantiv	Deklination nach Numerus und **Kasus** lexikalisch festgelegt: **Genus**
Adjektiv	**Komparation** Deklination nach Numerus, **Genus, Kasus**
Pronomen	Deklination nach Person, Numerus, **Genus, Kasus**
Unflektierbare	nicht flektierbar

Tabelle 3.1: DUDEN: lexikalische Wortarten

Für die nicht Flektierbaren besteht für Nübling (Dudenredaktion (2005)) das wichtigste Klassifikationskriterium „in den Funktionen, die sie ausüben (z. B. die Satzverknüpfung bei Junktionen. Daneben sind weitere syntaktische Kriterien für ihre Untergliederung heranzuziehen, beispielsweise in welcher Position sie im Satz stehen, ob sie Satzgliedwert oder Satzwert haben, ob sie Kasus regieren oder nicht, ob sie Sätze verbinden oder nicht, ob sie weglassbar sind, ohne dass der entsprechende Satz ungrammatisch würde" (Dudenredaktion, 2005, S. 573).

Ohne ähnlich systematisch bzw. übersichtlich vorzugehen wie, bei den fünf lexikalischen Hauptklassen, werden „die nicht Flektierbaren in vier größere Gruppen geteilt" (Dudenredaktion, 2005, S. 574):

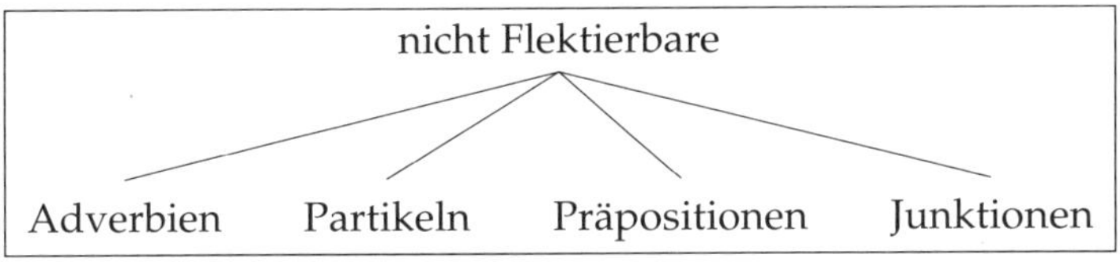

Abbildung 3.2: DUDEN: nicht Flektierbare Wortarten

5.) Lesen Sie die Seiten 573–640 der Duden-Grammatik (Dudenredaktion, 2005) zu den nicht flektierbaren Wortarten und versuchen Sie eine Tabelle mit den wichtigsten Merkmalen der nicht Flektierbaren aufzustellen!

6.) Bestimmen Sie die Wortarten aller Wörter im folgenden Textausschnitt entsprechend der Duden-Grammatik!

Nette Botschaften
Im Maileingang sind wir Reklamebotschaften gewohnt. Auch ungewollt aufpoppende Webseiten regen uns längst nicht mehr auf. Doch nun kommt Werbung ganz ohne Surfen auf den Schirm; die Rechner müssen nur am Internet hängen. Die Botschaften sehen aus wie Meldungen des Windows-Betriebssystems. Für umgerechnet 700 Euro gab es auf www.directadvertiser.com eine Software, die eine Messaging-Funktion ausnutzt, mit der eigentlich nur Systemverwalter die Nutzer vor aktuellen Gefahren warnen sollen ... (Frankfurter Rundschau 31.10.2002; S. 11)

3.4.3 Funktionale Grammatiken

Der Terminus Funktion wird in der Linguistik extrem mehrdeutig verwendet. An der Feststellung von Helbig (1968, S. 274) vor fast vier Jahrzehnten hat sich kaum etwas verändert:

> Gerade in dieser Frage gibt es in der Linguistik wenig Einhelligkeit und beträchtliche Differenz zwischen den verschiedenen Richtungen.

Damit wird den elementaren Anforderungen an einen Terminus nicht entsprochen, der idealerweise exakt definiert sein sollte. Auch unter der Bezeichnung *Funktionale Grammatik* verbirgt sich Verschiedenes. Ihre Entwicklung in der Vergangenheit aufzuzeigen, führt hier zu weit[6]. In Bezug auf die Gegenwart kann man unter Funktionalen Grammatiken Theorien verstehen, die auf handlungsorientierten, pragmatischen Ideen basieren. Besonders im angelsächsischen Raum erfreut sich das funktionale Beschreibungsmodell zunehmender Aufmerksamkeit. In der germanistischen Linguistik der jüngeren Zeit sind m. E. für die Grammatik die funktional-kommunikative Sprachbeschreibung der DDR und die funktionale Syntax relevant.

Die funktional-kommunikative Sprachbeschreibung wurde in der DDR unter der Führung der Pädagogischen Hochschule Potsdam entwickelt[7]. Es wurde versucht, die sprachlichen Mittel den kommunikativen Wirkungen (= Funktionen) zuzuordnen. Die theoretischen Grundlagen stammen vor allem von Wilhelm Schmidt (1973), der seiner Deutschen Grammatik auch den programmatischen Untertitel „Eine Einführung in die funktionale Sprachlehre“ gegeben hatte. Er definiert dort *funktional* folgendermaßen:

[6] Vgl. dazu Hoffmann (2003a).

[7] Auf eine kritische Auseinandersetzung mit dieser Schule soll hier verzichtet werden. Dies wird bei Siehr u. a. (1997) vorgenommen.

> Das charakterisierende Beiwort „funktional" meint also eine bestimmte, auf die Wechselbeziehungen zwischen Form und Funktion der sprachlichen Mittel gerichtete Methode der sprachwissenschaftlichen bzw. grammatischen Forschung. (Schmidt, 1973, S. 24)

Es wird also von einem direkten Zusammenhang zwischen Funktion und Form ausgegangen. Bei den grammatischen Mitteln nahm er eine „logisch-grammatische" und eine „kommunikativ-grammatische Funktion" an. Mit der „logisch-grammatischen Funktion" wird die begriffliche Prägung und mit der „kommunikativ-grammatischen Funktion" wird die Leistung, der Zweck in der Kommunikation verstanden. Helbig (1968, S. 285) hat hier mit Recht kritisiert, dass daraus „notwendig eine Vermengung inner- und außersprachlicher Elemente im Funktionsbegriff" resultiert. Dies trifft m. E. auch auf die Wortartenklassifikation in Schmidts „Grundfragen der deutschen Grammatik" zu. So geht er bei den Wortarten auch von einer begrifflichen, kategorialen Grundprägung (= „logisch-grammatischen Funktion") aus: „Die Wortarten sind die sprachlichen Formhüllen für die wichtigsten Denkkategorien." „Eine Funktion der Wortart besteht darin, daß die Bedeutungsinhalte der Stammorpheme eine begrifflich-kategoriale Ausprägung erhalten" (Schmidt, 1973, S. 49).

Es werden vier Grundprägungen unterschieden: Gegenstände, Eigenschaften, Geschehen und Beziehungen, die in eindeutiger Relation zu den grammatischen Eigenschaften stünden. Beispielsweise wird festgestellt: Als Ausdrucksform „des Gegenständlichen ist die Wortart Substantiv entstanden" (Schmidt, 1973, S. 49). Auf die nicht vorhandene Eindeutigkeit von Bedeutung und morphosyntaktischen Eigenschaften wurde schon beim semantischen Klassifikationskriterium (vgl. Seite 45) eingegangen.

Bezüglich der Wortarten stellt W. Schmidt der funktional-kommunikativen Grammatikbeschreibung folgende Aufgabe:

> Neben den Wortarten, die immer unverändert bleiben, gibt es andere, deren Gestalt differenziert und bei ihrer Verwendung in der zusammenhängenden Rede unterschiedlichen regelmäßigen Veränderungen unterworfen ist. Es ist eine interessante Aufgabe der wissenschaftlichen Beschäftigung mit Sprache, die Wechselbeziehungen zwischen den Funktionen und der morphologischen Struktur der Wortarten zu untersuchen. Offensichtlich sind Formenreichtum oder Formenarmut der einzelnen Wortarten nicht zufällig, sondern hängen mit der Funktionsbreite zusammen. (Schmidt, 1973, S. 49)

Bei dieser Aufgabenformulierung und auch generell bemerkt man, dass es bei Schmidt eine Verbindung zur neohumboldtianischen, inhaltsbezogenen Sprachwissenschaft gibt. Auch dort wurde die unzutreffende Höherschätzung der Flexion vertreten. Jedoch haben auch beispielsweise die Partikeln als nicht flektierende Wortklasse im Deutschen ein breites funktionales Spektrum.

Letztlich treten bei Schmidt die traditionellen Wortarten auf. Folgendes „System der deutschen Wortarten" nimmt er an (Schmidt, 1973, S. 76):

1. Substantiv
2. Adjektiv
3. Verb
4. „Stellvertreter und Begleiter des Substantivs"
„Funktionsklassen" a) Artikel
b) Pronomen
5. „Kennzeichnungswort" a) Adverb
b) Partikel
6. „Fügewort" a) Präposition
b) Konjunktion
7. Interjektion

Die funktionale Syntax hat u. a. ihren Niederschlag in der „Grammatik der deutschen Sprache" des Instituts für deutsche Sprache (Zifonun u. a. (1997)) gefunden. Einer ihrer Herausgeber hat sich zu der Konzeption geäußert und u. a. ausgeführt:

> Die „Grammatik der deutschen Sprache" von Zifonun, Hoffmann und Strecker (1997) basiert auf einem funktionalen und semantischen Konzept. Sie sieht im Zugang über die kommunikative Funktion oder die semantisch bestimmte Kombinatorik (im Sinne der Kategorialen Grammatik) keine sich ausschließenden, sondern komplementäre Alternativen: Einerseits sei auszugehen von den elementaren Funktionen, für die sprachliche Mittel ausgebildet sind (etwa der Funktion, Sachverhalte oder Gegenstände zu entwerfen, zu thematisieren oder thematisch fortzuführen); andererseits sei auszugehen von konkreten Formen und Mitteln [...]. Ansatz ist hier jeweils eine spezifische Formausprägung oder ein spezifisches Mittel, das in seiner Formstruktur zu analysieren und soweit möglich in einen funktionalen Erklärungszusammenhang einzuordnen ist. (Hoffmann, 2003b, S. 10)

Bei der Wortartenklassifikation zeigt sich dies in der Charakterisierung der Wortarten nach ihren prototypischen Funktionen, beispielsweise bei den Verben: „Die prototypische Funktion von VERBEN ist die Bildung des Prädikatsausdrucks“ (Zifonun u. a., 1997, S. 49).

Die Wörter werden in zwei Gruppen geteilt: in „Wörter mit Wortartenmerkmalen“ und „interaktive Einheiten“. Die interaktiven Einheiten haben im Gegensatz zu den Wortarten-Wörtern nicht das Merkmal <Teil einer kommunikativen Einheit>:

> Im Unterschied zu den Wortarten sind INTERAKTIVE EINHEITEN dadurch gekennzeichnet, daß ihre Elemente als selbständige Einheiten der Interaktion fungieren und nicht zum Aufbau von Sätzen oder kommunikativen Minimaleinheiten beitragen.
> (Zifonun u. a., 1997, S. 62)

Zwei Unterklassen werden angenommen: Interjektionen und Responsive (z. B. *jawohl*). Die Klassen werden mittels grammatischen und funktionalen Kriterien voneinander getrennt, die in der nachfolgenden Übersicht angegeben werden sollen (vgl. Zifonun u. a. (1997, S. 66):

Interaktive Einheiten:

- *die Interjektionen*: <+distinktive Töne>, <−propositionsbezogen>
- *die Responsive*: <−distinktive Töne>, <+propositionsbezogen>

Das Merkmal <+/− distinktive Töne> meint, dass bei den Interjektionen Tonmuster vorkommen, die distinktiv sein können. Die Interjektion *hm* z. B. mit fallend-steigendem Tonmuster ausgesprochen, drückt Verstehen bzw. Akzeptanz aus, mit steigendem Tonmuster dagegen wird eine Divergenz angezeigt (genauer a.a.O., S. 368–369).

Bei den Wortarten werden folgende Merkmale angenommen:

- *Substantive*: <+deklinierbar>, <−komparierbar>, <pot. selbstständig>, <+attributfähig>, <+inhärentes Genus>, <+/−Term>[8]
- *Determinative*: <+deklinierbar>, <−komparierbar>, <−selbstständig>, <−attributfähig>
- *Proterme* („*Pronomina*“): <+deklinierbar>, <−komparierbar>, <pot. selbstständig>, <+attributfähig>, <−inhärentes Genus>, <+Term>
- *Präpositionen*: <−flektierbar>, <+kasusregierend>

---

8 Term wird im Glossar erläutert.

- *Adjektive*: <+deklinierbar>, <+komparierbar>, <attribuierbar>
- *Adkopula*: <−flektierbar>, <−kasusregierend>, <+nur mit Kopulaverb>
- *Adverb*: <−flektierbar>, <−kasusregierend>, <−nur mit Kopulaverb>, <−konnektiv/anschließend>, <+syntaktisch integriert>, <+Phrasenkopf>, <+Antwort auf W-Frage>
- *Partikeln*: <−flektierbar>, <−kasusregierend>, <−nur mit Kopulaverb>, <−Phrasenkopf>, <−Antwort auf W-Frage>
- *Verben*: <+konjugierbar>
- *Junktoren*: <−flektierbar>, <−kasusregierend>, <−nur mit Kopulaverb>, <− konnektiv/anschließend>, <+/−syntaktisch integriert>

Speziell bei den Unterklassen, die hier nicht alle aufgeführt werden sollen, kommen funktionale Kriterien sinnvoll zur Anwendung. Beispielhaft sei nur die Partikelnklassifikation vorgestellt:

Partikeln:

- *Abtönungspartikel*: <erwartungs-/wissensbezogen>
- *Gradpartikel*: <Gesagtes gradierend>
- *Intensitätspartikel*: <Eigenschaften spezifizierend>
- *Konnektivpartikel*: <relationierende Integration von Satz/KM[9]>
- *Modalpartikel*: <Sachverhaltsgeltung spezifizierend>
- *Negationspartikel*: <Sachverhaltsgeltung negierend>

3.4.4 Generative Grammatik

Die Generative Grammatik hat ausgehend von ihrem theoretischen Kopf, Noam Chomsky, verschiedene Entwicklungen durchlaufen, die mit „Syntactic Structures“(1957) begannen; diese sollen hier nicht nachgezeichnet werden. Eingehen möchte ich nur auf die Wortartenbehandlung in den letzten beiden theoretischen Modellen, auf das Prinzipien- und Parametermodell und auf das Minimalistische Programm. Allen Phasen dieses Grammatikmodells ist gemeinsam, dass ihnen ein mentalistischer Ansatz zu Grunde gelegt wird, der versucht „jene abstrakten strukturellen Gemeinsamkeiten aller natürlichen Sprachen zu ermitteln, an denen sich die genetischen Grundlagen einer angeborenen Sprachfähigkeit erkennen lassen“ (Grewendorf, 2002, S. 7).

[9] KM = kommunikative Minimaleinheit.

Das Prinzipien- und Parametermodell von Chomsky (1993) geht von der These aus, dass bei allen Menschen im genetischen Erbmaterial sehr abstrakte Prinzipien und Parameter (= Universalgrammatik) angelegt sind, die die Möglichkeiten aller natürlichen Einzelsprachen begrenzen. Ein Universalgrammatikprinzip könnte nach Linke, Nussbaumer und Portmann (1994, S. 95) lauten:

> „Eine Sprache hat (mindestens zwei) Wortarten." Ein entsprechender Parameter dazu wäre: „Es sind möglich die Wortart 1 mit den Kennzeichen [...], die Wortart 2 mit den Kennzeichen [...], die Wortart 3 mit den Kennzeichen [...], [...]." Ein spracherwerbendes Kind hätte so lediglich herauszufinden, welche Wortarten in ‚seiner' Sprache vorkommen, und dazu müsste positive Evidenz (d. h. Input von realen Äusserungen) ausreichen.

Der Wortartenstatus von Wörtern ist sehr wichtig für das Auftreten in den Phrasen und Sätzen. In ‚Remarks on Nominalisation' charakterisiert Chomsky die lexikalischen Hauptkategorien – bei ihm, vom Englischen ausgehend, Substantiv, Adjektiv, Verb, Präposition – mit den Merkmalen [+/– N], [+/– V], die verstanden werden als die universelle Eigenschaft, Verb oder Substantiv zu sein. Dabei werden die Kategorisierungen als Merkmalsbündel verstanden, die Klassen definieren (von Stechow und Sternefeld, 1988, S. 144). Nachfolgend sehen wir die vier sich ergebenden Merkmals(bündel)kombinationen:

Kategorien	Merkmale	
Verb	[+ V]	[– N]
Substantiv	[– V]	[+ N]
Adjektiv	[+ V]	[+ N]
Präposition	[– V]	[– N]

Unklar bleibt bei dieser Klassifikation, was nun [+/– N] und [+/– V] konkret sein sollen. Sie sind wohl für die Einzelsprachen als spezifisch anzunehmen. Problematisch scheint allerdings die Benennung der Merkmale mit Nomen und Verb zu sein. Für das Englische legen von Stechow und Sternefeld (1988, S. 145–146) folgende syntaktische Interpretation nahe:

+ N = nicht kasuszuweisend,
– N = kasuszuweisend,
+ V = mit pränominalen Modifikatoren,
– V = ermöglichen ‚cleft-sentence'.

Diese Interpretationen treffen nicht alle auf das Deutsche zu bzw. sind im Deutschen nicht gebräuchlich. So gibt es zwar im Englischen kein direktes nachgestelltes Objekt beim Substantiv und Adjektiv, jedoch sind sehr wohl pränominale Modifikatoren beim Nomen im Deutschen möglich (z. B. *die seiner Unehrlichkeit überdrüssige Frau*). ‚Cleft-sentence' sind in der englischen Grammatik Sätze, bei denen zur Hervorhebung eines Satzgliedes (nicht beim Prädikat) ein Hauptsatz aufgespalten wird (z. B. *Dr. Brown operated on my brother last night. → It was Dr.Brown that/who operated on my brother last night*).

Im Rahmen des Prinzipien- und Parameter-Modells hat besonders I. Zimmermann (1988) das – zumindest für das Deutsche – zu geringe Merkmalssystem von Chomsky kreativ erweitert bzw. die Merkmalsbündel fürs Deutsche spezifiziert.

Zimmermann verwendet neben den syntaktischen Wortklassenmerkmalen [α V] und [β N] noch [γ A] (Adjektiv), [δ Adv] (Adverb), [ϵ Spez] (Spezifikator), [ζ Q] (Quantor), [η K] (Konjunktion).

Die griechischen Buchstaben stehen für die Merkmalsspezifikationen. In den Repräsentationen werden nur die positiv spezifizierten Merkmale aufgeführt, „alle anderen für die jeweilige Wortklasse charakteristischen differentiellen Merkmale gelten unmarkierterweise als negativ spezifiziert" (Zimmermann, 1988, S. 166).

Sie unterscheidet daneben zwischen lexikalischen (offenen) und funktionalen (grammatischen), relativ geschlossenen Wortklassen.

Zur ersten Gruppe (lexikalischen, offenen) gehören:
Verben [+ V],
Substantive [+ NαA],
Adjektive [+A ...] und
Adverbien [+A+Adv].

Zur zweiten Gruppe (grammatischen, relativ geschlossenen) werden zugeordnet:
Präpositionen,
adverbielle Konjunktionen [+ Adv],
Artikel [+ Spec, +N, +A],
nicht adverbielle Konjunktionen [+Spec ...],
koordinierende Konjunktionen [+K],
Quantorenausdrücke [+Q ...].

Den Vorteil ihres Vorschlags sieht Zimmermann in der Möglichkeit syntaktische, morphologische und semantische Generalisierungen auszudrücken. Als Beispiel führt sie u. a. attributiv verwendete Adjektive (z. B. *das rote Auto*) und Partizipien (z. B. *das verschenkte Buch*) an, bei denen auch durch diese Merkmalscharakterisierung deutlich wird, dass sie wesentliche syntaktische, morphologische und semantische Eigenschaften teilen: attributiv verwendete Adjektive haben die Merkmale [+V+N+A−Adv] und Partizipien [+V−N+A−Adv].

In Zimmermann (2000, S. 249) wird diese Kategorisierung genauer begründet. Attributiv verwendete Partizipien, die einen verbalen Bezug haben, bekommen [+A] und [−N], weil sie eine adjektivische Flexion in dieser Verwendung haben. Problematisch erscheint mir die [−N]-Kategorisierung, die auch nicht recht begründet wird. Es wird dazu nur geäußert: „Eine Kategorisierung modifikatorischer Partizipialkonstruktionen als Adjektivphrase [+V+N] liegt nur vor, wenn das Partizip lexikalisch als Adjektiv verzeichnet ist oder wenn Konversion erfolgt ist." (S. 249)

Wichtig bzw. offen ist auch bei Zimmermann, wie die einzelnen Merkmale auf den verschiedenen Grammatikebenen konkret interpretiert werden. In morphologischer Hinsicht kann für deutsche Substantive angegeben werden, dass sie hinsichtlich Kasus und Numerus flektieren und für Verben, dass sie die Tempuskategorisierung tragen.

> Die Wortartenbehandlung in dem Prinzipien- und Parametermodell hat den Vorteil, dass sie nicht starr ist, dass gemeinsame Charakteristika von Wortklassen sichtbar werden. Die grammatischen Merkmale der Wörter werden in Form von ‚sets of grammatical features' aufgeführt. Indirekt wird außerdem sichtbar, dass die Wortartencharakteristika nicht universell sind. Wortarten sind einzelsprachlich definiert.

7.) Erläutern Sie an je einem Beispiel genauer, welche syntaktischen, morphologischen und semantischen Eigenschaften attributiv benutzte Adjektive und Partizipien haben!

8.) Welche Merkmale haben die Wörter in dem folgenden Teilsatz? *Arbeitslos im Ausland wohnend …*

Das Minimalistische Programm, dessen zentrale theoretische Schrift „The Minimalist Program" (Chomsky, 1995) ist, ist eine Etappe, die „durch eine noch radikalere Hinwendung zur Erforschung der universellen Eigenschaften natürlicher Sprachen charakterisiert" ist (Suchsland, 1999, S. 26).

Dabei wird die Annahme verstärkt, dass sich die syntaktischen Unterschiede zwischen den Sprachen auf wenige Parameter zurückführen lassen. Diese Unterschiede werden besonders bei den funktionalen Kategorien gesehen (Mensching, 2003, S. 171). Bierwisch (2004, S. 422) meint dazu:

> Möglicherweise ist dabei, einer bedeutsamen Vermutung entsprechend, eine begrenzte Gruppe funktionaler Elemente identifizierbar, in denen die einzelsprachlichen Momente der Kombinatorik lokalisiert sind. Sie wären dann der Ort der Parameter für variierende Werte in den Einzelsprachen.

Funktionale Kategorien gab es auch schon in den Vorgängermodellen der Generativen Grammatik, sie sind im Gegensatz zu den lexikalischen Kategorien eine geschlossenen Klasse und müssen nicht lexikalisch belegt sein; sie können jedoch durch abhängige Morpheme ausgefüllt werden. Sie haben im Gegensatz zu den lexikalischen Kategorien keine Referenzträger und stellen die Referenz von lexikalischen Kategorien her (Brandt u. a., 1999, S. 171–172). Bereits im Prinzipien- und Parametermodell gibt es die funktionalen Kategorien Comp(lementizer) und Infl(ection) als Verbprojektionen und Det(erminer) am Nomen (vgl. Kapitel 2.3). Seit Chomsky (1986) wird nachfolgende universelle Satzstruktur (siehe Abb. 3.3) angenommen:

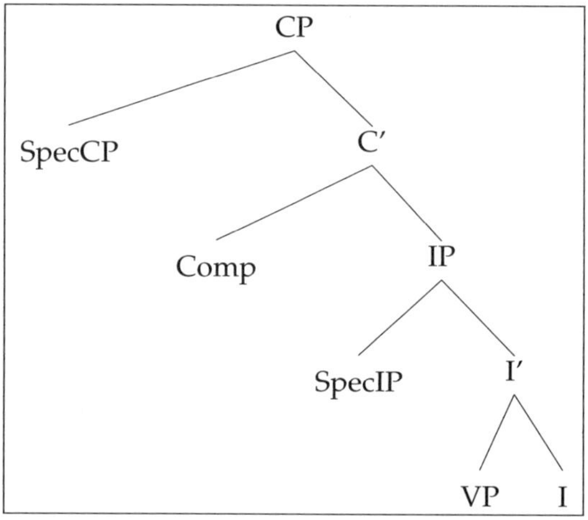

Abbildung 3.3: Universelle Satzstruktur

Analog dazu hatte Abney (1987) eine universelle Nominalphrasenstruktur (Termphrasen), wie in Abbildung (3.4), vorgeschlagen:

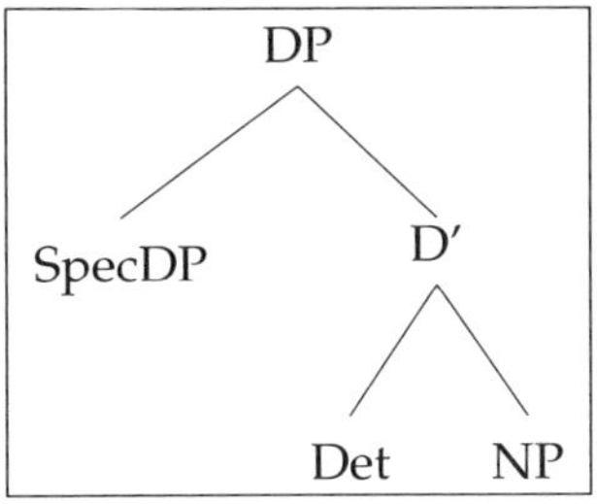

Abbildung 3.4: Universelle NP-Struktur

Comp und Infl sind Erweiterungskategorien des Verbs und Det eine des Nomens, und sie führen, wie in Kapitel 2.3 ausgeführt, zu spezifischeren Kategorisierungen.

Jedes Lexem hat Kopfmerkmale (Head-features: HF); weiterhin Spezifikator-Merkmale (Specifier-features: SF; sie bestimmen die Eigenschaften seines Spezifikators) und Komplement-Merkmale (Complementizer-features: CF; sie legen Charakteristika seiner Komplemente fest). Die zum Lexem tretenden Spezifikatoren und Komplemente müssen übereinstimmende Merkmale haben (wie im Beispiel 9).

(9) *Sie* [HF: 3. Person, Femininum, Singular]
strickt [. . . ; SF: 3. Person, Singular; CF: DP [Akkusativ]]
Socken [HF: Akkusativ].

Da diese Merkmale aus dem Lexikon mitgebracht werden, muss überprüft werden, ob sie in den konkreten Äußerungen benötigt werden, ob sie interpretierbar sind, wenn dies nicht der Fall ist, werden sie nach einer Überprüfung beseitigt.

Mit dem Minimalistischen Programm sind zahlreiche funktionale Kategorien hinzugekommen, die Inflectionphrase[10] wurde beispielsweise dekomponiert. Die funktionalen Kategorien Tempus (TP) und Agreement[11] (AgrP) traten an ihre Stelle. Dadurch wurde es möglich, die morphosyntaktischen Eigenschaften differenzierter zu beschreiben.

[10] Die Inflectionphrase ist eine abstrakte Repräsentation der relevanten morphologischen Merkmale von Subjekt und Prädikat im Strukturbaum. Sie enthält u. a. die Kongruenzmerkmale und die Tempuseinordnung.

[11] Die Agreementphrase beinhaltet die Kongruenzmerkmale, die die morphosyntaktische Übereinstimmung von Subjekt und Prädikat realisieren.

Nachfolgende Satzstruktur 3.5 wird nun angenommen:

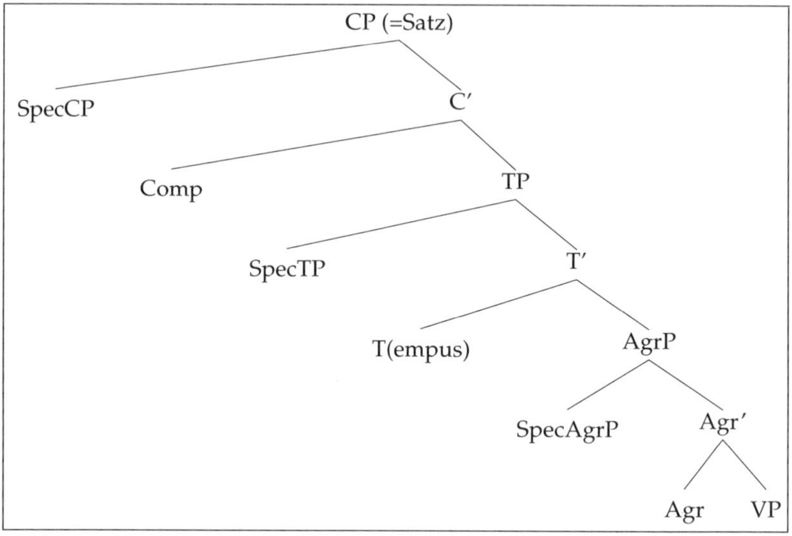

Abbildung 3.5: Modifizierte Satzstruktur

In der Theorie des Minimalismus begrenzt Chomsky die Bewegungen[12] stark und macht die Annahme, dass alle Bewegungen durch die Morphologie motiviert sein müssen. Bei jeder Bewegung müsse mindestens ein Merkmal überprüft werden. Wenn wir für das Deutsche, wie in der Generativen Grammatik üblich, die Verbletztstruktur als „Grundstruktur" ansehen wollen, da wir hier das komplexe Prädikat zusammen haben, müssen wir das finite Verb an die zweite Konstituentenstelle bewegen. An dem ursprünglichen Platz bleibt eine Spur („t") zurück.

(10) a. weil Josef sich bei Maria entschuldigen müsste →
b. Josef müsste$_i$ sich bei Maria entschuldigen t$_i$.

Diese Bewegung ist durch die verbalen Merkmale motiviert. Wenn wir mit dem erweiterten funktionalen Kategorienmodell genauer hinsehen, wird deutlich, dass mehrere Bewegungen stattfinden[13]. Da Verbkomplexe im Deutschen die Kongruenzmerkmale [Person + Numerus] benötigen, um in Kongruenz zum Subjekt zu stehen, wird das flektierende Verb nach Agr

[12] Bewegungen sind „Verschiebungen" von Konstituenten im Strukturbaum.
[13] Auf die Bewegungen des Subjekts wird hier nicht genauer eingegangen.

bewegt. Danach holt es sich bei T die Tempus-, Modus- und Genusmerkmale ab. In einem deutschen Hauptsatz finden also mehrere Bewegungen des finiten Verbs statt: $V^o \rightarrow Agr^o \rightarrow T^o \rightarrow C^o$ (vgl. nachfolgendes Beispiel 3.6).

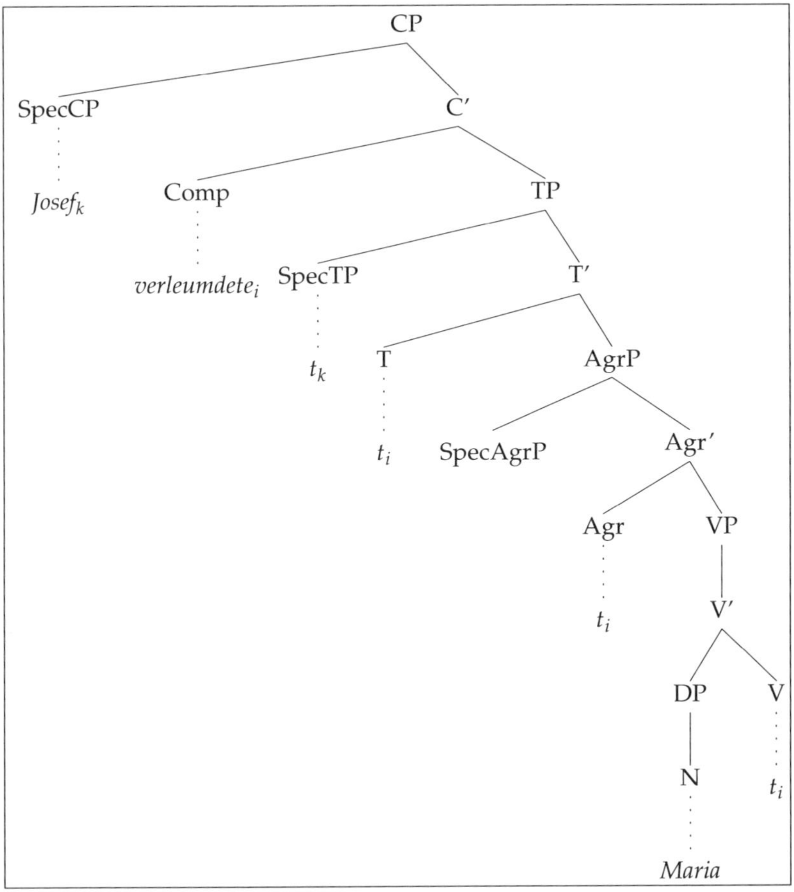

Abbildung 3.6: Morphosyntaktisch veranlasste Bewegungen

Auch die DP bzw. NP[14] wurde funktionell erweitert. So erwies es sich als sinnvoll, die Kongruenz zwischen Artikelwort, attributiven, adjektivischen Determinatoren und Nomen über eine AgrNP, wie in Abbildung 3.7 auf der nächsten Seite, zu beschreiben.

Im Rahmen des Minimalistischen Programms hat sich im letzten Jahr-

14 Inwieweit das NP- bzw. DP-Modell besser geeignet ist, kann nicht diskutiert werden.

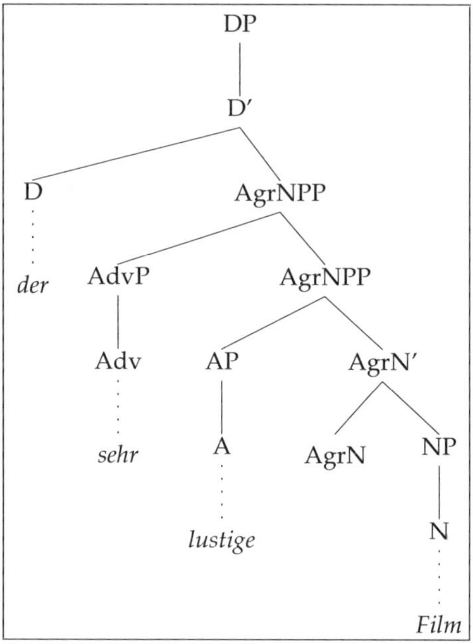

Abbildung 3.7: Erweiterte DP

zehnt in Anlehnung an Halle und Marantz (1994) die „Distribuierte Morphologie " herausgebildet, die u. a. dadurch gekennzeichnet ist, dass sie morphologische Marker dekomponiert und post-syntaktisch in abstrakte Morpheme einsetzt. Wie generell in der Generativen Grammatik üblich wird die Morphologie in die Syntax integriert.

Angelika Linke/Markus Nussbaumer/Paul R. Portmann: *Studienbuch Linguistik*. Max Niemeyer Verlag: Tübingen 1994, zweite Auflage, Kap. I.3.

Wolfgang Sternefeld: *Syntax. Eine morphologisch motivierte generative Beschreibung des Deutschen*. 2 Bände, Stauffenburg Verlag: Tübingen, erscheint 2006.

3.4.5 Dependenzgrammatik

Valenz- bzw. Dependenzgrammatik sind Bezeichnungen für eine einflussreiche Grammatiktheorie, die in den 60er Jahren des 20. Jahrhunderts innerhalb der strukturalistisch geprägten Linguistik entstanden ist.

Die Termini Dependenz (Abhängigkeit) und Valenz werden oftmals synonym verwendet, sind es aber im strengen Sinne nicht. Valenz, von Tesnière eingeführt, bezeichnet die Bindungsfähigkeit von Lexemen, besonders vom satzgründenden Verb. Der Begriff Dependenz kennzeichnet darüber hinaus auch die Abhängigkeitsbeziehungen zwischen Wörtern in Sätzen, die über die Valenzbeziehungen hinausgehen. Die Fähigkeit von einzelnen Wörtern andere als Ergänzung zu fordern, wird schon in frühen Grammatikdarstellungen beschrieben, aber erst der Strukturalismus hat sie ins Zentrum einer Grammatiktheorie gestellt. Als Begründer der Dependenzgrammatik wird der französische Linguist Lucien Tesnière (1893 – 1954) angesehen. Obwohl er sich mehrere Jahrzehnte mit der Ausarbeitung seiner Dependenzgrammatik beschäftigt hatte, konnte er das Erscheinen seines Hauptwerkes „Eléments de syntaxe structurale" 1959 nicht mehr erleben[15]. Diese Grundzüge einer strukturalen Syntax sind universell angelegt, auf die Grundstrukturen aller Sprachen ausgerichtet und reflektieren die praktische Umsetzung bzw. Überprüfung in der Unterrichtspraxis. Im deutschsprachigen Raum haben vor allem W. Bondzio, H. Brinkmann, U. Engel, J. Erben, W. Flämig, G. Helbig, H.-J. Heringer und K. H. Welke dieses Modell auf die deutsche Sprache angewendet, wobei sie wie Tesnière vor allem den Sprachvermittlungsaspekt im Blick hatten.

Hier möchte ich den Standpunkt Tesnières bezüglich seiner Hauptklassen kurz skizzieren. Er nimmt eine kritischen Haltung gegenüber den „traditionellen zehn Wortarten" ein:

> Diese Klassifikation, die auf vagem und unergiebigem Empirismus und nicht auf einer exakten und fruchtbaren Theorie beruht, hält strenger Prüfung nicht stand. Eine brauchbare Klassifikation darf nämlich nicht offensichtlich verschiedene Kriterien zugleich verwenden. Man hat daher wesentliche von unwesentlichen Merkmalen oder, um in der Sprache der Logiker zu reden, übergeordnete von untergeordneten Merkmalen zu unterscheiden.[...] Die traditionelle Klassifikation nach zehn Wortarten beruht aber gleichzeitig auf den drei Kriterien der Art, der Funktion und der Stellung. [...] Die traditionelle Wortartenklassifikation muss heute als überholt gelten.
> (Tesnière, 1980, S. 62)

Tesnière geht bei seiner eigenen Wortartenklassifikation von der „semantischen Funktion" aus und unterscheidet zwei Hauptwortarten: volle Wörter und leere Wörter. Volle Wörter haben die semantische Funktion mit

[15] Vgl. U. Engel in Tesnière (1980).

Vorstellungen verbunden zu sein, leere Wörter sind dagegen mit keiner semantischen Funktion verbunden. „Sie sind bloße grammatische Hilfsmittel, deren Aufgabe einzig darin besteht, die Kategorie der vollen Wörter anzugeben, zu präzisieren oder auch zu ändern und die Beziehungen zwischen vollen Wörtern zu regeln" (Tesnière, 1980, S. 64).

Nach der Art des „kategorialen Gehalts" unterscheidet Tesnière vier Arten von vollen Wörtern (S. 74), denen er die in Klammern angegebenen Symbole (S. 75) zuordnet, die mit den Endungen der entsprechenden Wortarten im Esperanto übereinstimmen:

	Substanz (*Nomen*)	Geschehen
Konkret	*Substantiv* (O)	*Verb* (I)
Abstrakt	*Adjektiv* (A)	*Adverb* (E)

Substantive bezeichnen nach Tesnière die Substanz, Adjektive Attribute bzw. Merkmale der Substanzen, Verben Geschehen und Adverbien Attribute oder Merkmale von Geschehen (S. 77–78).

Die leeren Wörter werden als grammatische Werkzeuge angesehen und deshalb nach „der Art der Funktion, die ihnen zukommt" (S. 78) klassifiziert. „Gemeinsam ist ihnen, daß sie die Struktur des Satzes spezifizieren, indem sie seinen Aufbau modifizieren; diese Aufgabe übernehmen die einen in quantitativer, die anderen in qualitativer Hinsicht." (S. 79)

Junktive (j) ändern den Aufbau des Satzes in quantitativer Hinsicht, sie verbinden (jungieren). Translative (t) verändern volle Wörter in qualitativer Hinsicht. Beispielsweise liege bei *das Haus der Eltern* bei dem Attribut *der Eltern* ein Wechsel von einem Substantiv in ein Adjektiv (auf Grund der attributiven Funktion) vor. Dieser sogenannte Wortartenwechsel ist doch ziemlich problematisch und wird heute in dependenziellen Beschreibungen des Deutschen kaum übernommen. Über die Probleme, die eine solche semantisch-funktionelle Klassifikation bei im Sinne der Klassifikation nicht prototypischen Wörtern bereitet, wurden schon Ausführungen gemacht.

Die meisten dependenziellen Beschreibungen des Deutschen übernehmen diesen semantisch-funktionalen Wortartenklassifikationsansatz auch nicht. Heringer (1996, S. 36) nimmt wie andere auch eine syntaktische, grammatische Klassifikation vor:

> Eine lexikalische Kategorie ist eine Menge von Lexemen, die sich syntaktisch analog verhalten, im Prinzip kommutieren[16].

[16] Kommutieren kommt von lat. commutatio und bedeutet austauschbar sein. (Ch. Römer)

> Nicht-Kommutation muss durch distributionelle Beschränkungen erklärt werden. Im Gegensatz zu den traditionellen Wortarten spielen dabei semantische Gesichtspunkte keine Rolle, [...] Die Definition einer lexikalischen Kategorie muss sich auf Distribution, d.h. kombinatorische Gegebenheiten beschränken.
> (Heringer, 1996, S. 56)

Er unterscheidet 6 Hauptkategorien:

V = Verb	N = Nomen	A = Adjektiv	D = Determinierer	P= Präposition	Ä = Äquation

und 4 Nebenkategorien (S. 36):

ADV = Adverb	PTL = Partikel	KON = Konjunktion	SUB = Subjunktion

Hinzu kommt dann noch das Satzwort (SZW), das vereinzelt auftritt. Bei der Beschreibung der einzelnen Wortarten schlägt sich dieser Anspruch, die Klassen syntaktisch abzugrenzen, allerdings nicht konsequent nieder.

9.) Studieren Sie bei Heringer (1996) das Kapitel 2.2 „Lexikalische Kategorien" und analysieren Sie die Wortarten hinsichtlich der zu Grunde gelegten Kriterien!

10.) Bestimmen Sie für das nachfolgende Sprichwort die Wortarten nach dem System bei Heringer (1996):
Wer das Laub fürchtet, bleibe aus dem Walde.

Helbig und Buscha (1991) haben in ihrer Grammatik das, was Heringer bezüglich der Wortarten postuliert hat, konsequent umgesetzt, indem sie distributionell definierte Wortklassen unterscheiden. Nach der Einsetzbarkeit in vier Grundmuster (siehe (11)) werden vier Hauptwortarten – *Substantiv, Verb, Adjektiv* und *Adverb* – unterschieden:

(11) a. Der ... arbeitet fleißig.
b. Der Lehrer ... fleißig.
c. Er sieht einen ... Arbeiter.
d. Der Lehrer arbeitet ...

Außerdem werden noch Funktionswörter klassifiziert, diese Subklassifizierungen werden mit Hilfe von weiteren syntaktischen, morphologischen und semantischen Merkmalen vorgenommen. Dabei wird der Systematik logisch folgend von den Distributionseigenschaften ausgegangen.

Beispielsweise sind die Artikelwörter durch folgende Merkmale charakterisiert (Helbig und Buscha, 1991, S. 355–356) :
1. Die Artikelwörter stehen immer vor einem Substantiv.
2. Mit einem Artikelwort kann kein anderes Artikelwort koordinativ verbunden werden.
3. Das Artikelwort kann seine Position im Satz niemals allein, sondern immer nur zusammen mit dem zugehörigen Substantiv ändern.
4. Die Artikelwörter kongruieren mit dem zugehörigen Substantiv (und einem dazwischenstehenden Adjektiv) in Genus, Kasus und Numerus.
5. Das Auftreten der Artikelwörter ist obligatorisch; das gilt auch für den Nullartikel.

Bezüglich der Hauptklassenbildung über die Rahmen soll kritisch angemerkt werden, dass die distributive Beschreibung jeder Klasse durch andere Klassen (Vorgänger und Nachfolger) zu einer Zirkeldefinition führt. Ausnahmen bilden die Satzrandstellungen am Anfang und Ende des Satzes. Da bestehen kaum eindeutige Zuordnungen im Deutschen. Problematisch ist besonders der vierte Rahmen, weil hier nicht primär eine Wortklasse erfasst wird, sondern vielmehr eine syntaktische Funktion, die Funktion Adverbialbestimmung zu sein.

Es muss aber hervorgehoben werden, dass es sich bei Helbig und Buscha (1991) um eine konsequente grammatische Wortklassenbildung handelt. Bei der Charakterisierung der einzelnen Klassen wird dies auch bei der durchgängigen Benutzung von grammatischen Tests sehr deutlich.

3.4.6 HPSG

Die „Head-Driven Phrase Structure Grammar" (Kopfgesteuerte Phrasenstrukturgrammatik/HPSG) ist ein formales und beschränkungsbasiertes Grammatikmodell, das besonders im Rahmen der Computerlinguistik Anwendung findet (ausführlicher in Levine und Meurers (2006)). Sie wurde von Carl Pollard und Ivan A. Sag (1987, erste Gesamtdarstellung) für das Englische entwickelt. Sie kann mit der Konstruktionsgrammatik und der Kategorialen Grammatik als „Typed Feature Structure Grammar" bezeichnet werden[17], weil sie getypte Merkmalsstrukturen ins Zentrum stellt.

Die HPSG beschreibt sprachliche Entitäten als Zeichen mit Merkmalsstrukturen, die analog zu de Saussures bilateralem Zeichenmodell mindestens zwei Attribute haben: PHON (= die Lautseite) und SYNSEM (= die Inhaltsseite mit syntaktischen und semantischen Charakteristika).

Wörter wie auch Phrasen werden als Zeichen aufgefasst und als hierarchisch geklammerte Merkmalsstrukturen an Hand sogenannter Attribut-Wert-Matritzen („*attribute-value-matrices*“ = AVMs) dargestellt. Über die Merkmale werden den linguistischen Objekten Sorten („*types*“) zugeordnet. Merkmalsdeklarationen legen fest, wie die einzelnen Sorten definiert sind. Die allgemeine Zeichenstruktur hat folgendes Aussehen:

$$\begin{bmatrix} \text{PHON } \textit{phonologische Struktur} \\ \text{SYNSEM} \begin{bmatrix} \text{LOC} \begin{bmatrix} \text{CAT } \textit{syntaktische Eigenschaften} \\ \text{CONTENT } \textit{semantische Eigenschaften} \end{bmatrix} \\ \text{NONLOC } \textit{nicht lokale Eigenschaften} \end{bmatrix} \end{bmatrix}$$

Abbildung 3.8: *sign*

Lokale Merkmale sind den Zeichen inhärent (Wortart, Subkategorisierungseigenschaften, Kasus, ...) und nicht lokale Eigenschaften betreffen z. B. Fernabhängigkeiten und Bindungen.

Um bestimmte grammatische Phänomene aufzuzeigen, ist es nicht immer nötig, die vollständige Zeichenstruktur herzustellen. Es werden dann nur Teilstrukturen angegeben. So zeigt die nachfolgende Teilstruktur auf, dass Verben das Kopfmerkmal [HEAD *verb*] haben, das unterspezifiziert ist (erst in der Verwendung mit den speziellen Merkmalen wie [person] und [numerus] bei finiten Verben angereichert wird) und dekomponiert werden kann.

$$V = \begin{bmatrix} \textit{word} \\ \text{HEAD } \textit{verb} \end{bmatrix}$$

Abbildung 3.9: Teilzeichen

Dieses Kopfmerkmal [HEAD *verb*] teilt das Verb mit seinen Projektionen (= verbhaltige phrasale Zeichen wie *Sie liest das Buch*. In dem Beispielsatz ist *liest* der Kopf des phrasalen Zeichens, der ein Objekt-Komplement und

[17] Diese Einordnung wird von Anders Sogaard in seiner Einladung zum „Workshop on typed feature structure grammars“ (19.-22.6.2006 in Aalborg) vorgenommen.

ein Subjekt-Komplement zur Absättigung seiner Subcat-Liste genommen hat. Die spezifischen Person- und Numerusmerkmale bringt das Verb u. a. in die Gesamtphrase ein).[18]

In der verbalen Merkmalsstruktur ist auch der Wert Valenz (VAL) enthalten, der wiederum eine Merkmalsstruktur vom Typ *val-cat* ist. Innerhalb von VAL ist als erstes Merkmal COMP (für complements = angelegte Argumente) enthalten (Sag, Wasow und Bender 2003, S. 62). COMP hat als mögliche Werte itr = intransitiv, str = strikt-transitiv (verlangt immer zwei Komplemente) oder dtr = ditransitiv (verlangt drei Komplemente). Das Verb *kommen* ist beispielsweise intransitiv, es hat nur ein angelegtes Subjekt-Argument, deshalb hat es folgende Zeichenteilstruktur (3.10):

$$\textit{kommen} = \begin{bmatrix} \textit{word} \\ \text{HEAD } \textit{verb} \\ \text{VAL} \begin{bmatrix} \textit{val-cat} \\ \text{COMPS itr} \end{bmatrix} \end{bmatrix}$$

Abbildung 3.10: *kommen*

Zu den Merkmalen von Wörtern gehören die Informationen über die Wortarten (*Part-of-Speech*), die unter dem Pfad SYNSEM | LOC | CAT stehen. Den Kategorisierungen von Wörtern wird in diesem Modell wenig Aufmerksamkeit zugewendet, obwohl eine genauere Beschäftigung mit ihnen zumindest für die deutsche Sprache Erkenntnisgewinn bringen könnte, da ja vielfältige Zusammenhänge zwischen dem kategorialen Status von Wörtern und ihren grammatischen Eigenschaften bestehen. Speziell die Behandlung der nicht flektierbaren Wörter ist unbefriedigend.

Zu den Annahmen der HPSG gehört auch, dass die lexikalischen Informationen auf der Basis von Typhierarchien organisiert sind, „die alle Wörter entsprechend ihrer morphologischen, syntaktischen und semantischen Eigenschaften klassifiziert." Die Zugehörigkeit zu einer lexikalischen Klasse, einem Typ, ist mit einer identischen Merkmalsmenge verbunden, die dann nicht jedes Mal angegeben werden muss (Müller, 1999, S. 63). Sag, Wasow und Bender (2003, S. 118) nehmen die „parts of speech" wie in Abbildung 3.11 auf der nächsten Seite an.

Sechs Wortklassen (Nomen, Verben, Determinierer, Präpositionen, Adjektive und Konjunktionen) werden (ausgehend vom Englischen) unterschieden.

[18] Vgl. St. Müller (1999, Kapitel. 1.3; S. 14).

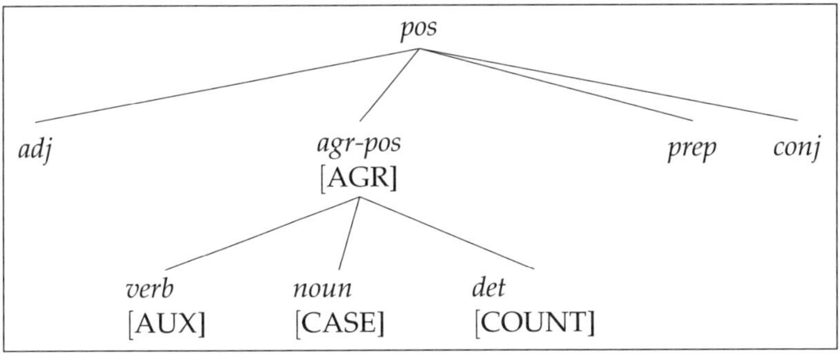

Abbildung 3.11: parts of speech

Das Merkmal [AGR(EEMENT)] für Nomen, Verben und Determinierer reflektiert, dass Nomen, Verben und Determinierer (Artikelwörter) morphologisch mit ihren Spezifizierern (das finite Verb mit der Subjektsnominalgruppe und Nomen mit Artikeln und attributiven Adjektiven) übereinstimmen. Die *agr-cat* sind deshalb hinsichtlich der Merkmale PER (Person), NUM (Numerus) und GEN (Genus: im Englischen nur bei der 3. Person Singular) markiert. Die Verben werden mit dem Merkmal [±AUX], die Nomen mit [CASE{*nom, acc*}] und die Determinierer mit [±COUNT] subklassifiziert (Sag u. a., 2003, S. 119).

Das Merkmal [±AUX] trennt die finiten von den infiniten Verben. Mit dem Merkmal [CASE{*nom, acc*}] wird der eingeschränkten Kasusmarkierung in der englischen Sprache Rechnung getragen. Das Determinierer-Merkmal [±COUNT] (± konkret) ist im Englischen vor allem in Hinblick auf die Massennomen, die Spezifika bei der Artikel- bzw. nicht Artikelführung haben, relevant.

Die Darstellungen zur deutschen Sprache im HPSG-Framework übernehmen in der Regel diese Wortartenklassifikation, ohne sie zu hinterfragen. Die Wortartenklassifikation in der HPSG ist offenbar weitgehend an die der Generativen Grammatik angelehnt; dies macht Netter (1998, S. 122) deutlich:

> For the definitions of the part-of-speech of the major categories noun, adjective, verb, and preposition/adverb, we follow the traditional representation in terms of two binary features [N ±] and [V ±].

Netter (1998) nimmt z. B. den Typ *nominal* an, der definiert ist über ein *complex-valued*MAJOR *feature* AGR. AGR schließt NUMBER, GENDER and CASE ein und hat die Teilzeichenstruktur (3.12 auf der nächsten Seite):

$$AGR = \begin{bmatrix} \text{NUM } \textit{number} \\ \text{GEN } \textit{gender} \\ \text{CASE } \textit{case} \end{bmatrix}$$

Abbildung 3.12: AGR

Das Besondere am deutschen Nominalsystem ist nun, dass die nominalen Merkmale wiederum als Typen aufgefasst werden und CASE für die Kombination von zwei booleschen[19] Merkmalen (OBL= oblique und GOV = governed) steht (Netter, 1998, S. 123). Daraus ergibt sich die nachfolgende Merkmalsverteilung:

	Nom	Acc	Dat	Gen
GOV	–	+	+	–
OBL	–	–	+	+

Tabelle 3.2: features CASE

Der Nominativ ist demgemäß ein nicht obliquer und nicht regierter Kasus. Was dies genauer bedeuten soll, erläutert Netter nicht [20]. Er versteht die Merkmale OBL und GOV als unterspezifiziert.

M. E. ist das so zu interpretieren: Oblique Objekte (mit [+ OBL]) sind solche, die nicht primär erforderlich sind. Da die Subjekte und Akkusativobjekte von Verben verlangt werden, tragen sie das Merkmal [– OBLIQUE]. Wörter mit Valenzpotential haben auch das Subkategorisierungsmerkmal SUBCAT, dessen Wert eine Liste ist. Die Elemente der SUBCAT-Liste[21] sind angeordnet nach einer „obliqueness hierarchy“ (Argumentstruktur-Hierarchie), die Keenan und Comrie (1977) aufgestellt haben (Müller, 2003a, S. 9). Sag u. a. (2003, S. 219) nehmen als unmarkierte Argumentfolge an:

Subjekt > Direktes Objekt > Zweites Objekt > Andere Komplemente

Das Subjekt ist also am wenigsten oblique.

[– GOV] bedeutet m. E., dass diese Nomen strukturellen Kasus erhalten. Strukturelle Kasuszuweisung wird über die grammatische Funktion/Position geregelt und vom Phrasenkern vergeben. In der Generativen Grammatik nimmt man folgende strukturelle Kasusvergabe an:

[19] Siehe Glossar.

[20] Er verweist nur allgemein, ohne Literaturangabe auf Bierwisch.

[21] Sag, Wasow und Bender (2003) verwenden an Stelle von SUBCAT ARG-ST (= ARGUMENT-STRUCTURE).

Finites $I^o \rightarrow$ Nominativ $\rightarrow$ Subjektposition (SpecIP);
$V^o \rightarrow$ Akkusativ $\rightarrow$ Objektposition (Komplementposition);
$N^o \rightarrow$ Genitiv $\rightarrow$ Attribut.

Lexikalischer/inhärenter Kasus ist idiosynkratisch[22], er wird auch vom Phrasenkern vergeben. Genitiv und Dativ bei Verben und Adjektiven wird als lexikalisch zugewiesen verstanden. Bei Netter entspricht die lexikalische Kasusvergabe dem Merkmal [+ GOV]. Innerhalb der HPSG müssen dann für die Zuordnungen der Kasus zu den Nomen Kasusprinzipien (-beschränkungen) formuliert werden.

St. Müller (1999, S. 278) geht für die deutsche Sprache davon aus, dass Merkmalsstrukturen vom Typ *case* die folgende Struktur (vgl. 3.13) haben:

$$\begin{bmatrix} \textit{case} \\ \text{CASE-TYPE } \textit{case-type} \\ \text{SYN-CASE } \textit{syn-case} \\ \text{MORPH-CASE } \textit{morph-case} \end{bmatrix}$$

Abbildung 3.13: Typ CASE

Der CASE-TYPE wird in den Subtypen strukturell und lexikalisch realisiert. MORPH-CASE: entspricht dem morphologischen Kasus einer deklinierten Konstituente. Er kann unterspezifiziert sein, wie in $\textit{das}_{nom \vee acc}$ *gelesene Buch*. Je nachdem ob die Phrase in Subjekt- oder Objektposition auftritt, erfolgt die Vergabe des Nominativs oder Akkusativs. SYN-CASE ist der jeweils zugewiesene Kasus (Subtypen in 3.14):

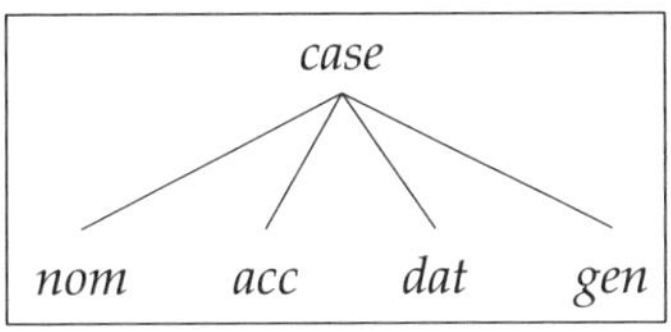

Abbildung 3.14: Subtypes: CASE

Beispielsweise haben die finiten Formen von *helfen* und *unterstützen* die folgenden Subcat-Listen (Müller, 1999, S. 279):

hilft: $<$ NP $[_{str}]$, NP $[_{dat}]$ $>$

unterstützt: $<$ NP $[_{str}]$, NP $[_{str}]$ $>$

22 Idiosynkratische Merkmale sind nicht durch Regeln vorhersagbar.

Kasusprinzipien[23] legen die Vergabe der strukturellen Kasus fest. So wird für die deutsche Subjektnominalphrase bestimmt, dass das erste Element auf der Subcat-Liste mit strukturellem Kasus den Nominativ erhält.

Bei den finiten Verben *hilft* und *unterstützt* bekommt also die erste NP auf der Subcat-Liste mit dem Index *str* (= strukturell) den Kasus *nom* (Nominativ). Das zweite Argument bei *hilft* bekommt den lexikalischen Kasus *dat* (Dativ). Die Vergabe des zweiten strukturellen Kasus bei *unterstützen* ist über das Prinzip, dass finite Verben dem zweiten strukturellen Argument den *acc* (Akkusativ) zuweisen, geregelt.

Abschließend sei zur Head-Driven Phrase Structure Grammar angemerkt, dass Sag, Wasow und Bender (2003) eine interessante Trennung zwischen Lexemen und Parts-of-Speech in die HPSG eingeführt haben. Den Lexemen, den prototypischen Wörtern, werden jeweils Wortformenfamilien zugeordnet. Damit wird der wichtigen Trennung von Lexikonwörtern und syntaktischen Wörtern Rechnung getragen.

Robert D. Levine/Walt Detmar Meurers:
Head-Driven Phrase Structure Grammar. Linguistic Approach, Formal Foundations, and Computational Realization. In: K. Brown: Encyclopedia of Language and Linguistics. Elsevier: Oxford 2006, Second Edition

[23] Auf die formale Formulierung der Prinzipien wird hier verzichtet.

4 Grammatisch relevante Wortarten im Deutschen

4.1 Eine grammatische Wortartenklassifikation fürs Deutsche

4.1.1 Einführendes

Wie schon ausgeführt, vereinen Wortarten Wörter mit gemeinsamen grammatischen (primär morphologischen und syntaktischen) Merkmalen. Diejenigen Wörter, die einer gemeinsamen Klasse zugeordnet werden, müssen alle mindestens ein wesentliches Merkmal gemeinsam haben. Außerdem muss sie die Menge der gemeinsamen Merkmale von Vertretern anderer Klassen unterscheiden. Die Wortarten umfassen also Klassen von Wörtern mit gemeinsamen Bündeln von Merkmalsspezifikationen (Merkmalswerten), die Prädikate für grammatische Charakteristika sind. Zwischen den Merkmalen bestehen logische Beziehungen, sie bilden Hierarchien und können deshalb vererbt werden. Ein „Untermerkmal" erbt von den über ihm stehenden Merkmalen diejenigen Informationen, die es nicht selbst spezifiziert.

So steht im Deutschen beispielsweise die Person- und Numerus-Information über der Tempus-Information bei Verben mit Subjektkongruenz. Die Präteritumform übernimmt das Merkmal für die Person von der Präsensform und markiert zusätzlich das Präteritum (1).

(1)	Du lach-st.	Du lach-te-st.
	+2. Sg.	+Prät. +2. Sg.

Wörter besetzen syntaktische Positionen entsprechend ihrem Kopfwert, der in der Merkmalshierarchie am höchsten steht. So hat die Form *lachst* in (1) das Kopfmerkmal [+V] und kann damit die Prädikatsposition besetzen und das Subjektsargument selegieren, das für das Lexem *lachen* spezifiziert ist. Dieses Argument ist u. a. dadurch spezifiziert, dass es das semantische Merkmal [+ belebt] hat.

Die Wortartenkategorisierung erfasst die im Lexikon kodierten grammatischen Eigenschaften. Innerhalb der einzelnen Wortartenkategorien kann man prototypische Vertreter annehmen, die alle Eigenschaften der Klasse besitzen. „Die einer Kategorie zugehörigen Wörter können jedoch in unterschiedlichem Maße von diesem Prototyp abweichen. Die Frage stellt sich also, welche Eigenschaften ein Wort mindestens haben muss, damit es einer bestimmten Wortart zugeordnet werden kann" (Eschenlohr, 1997, S. 29).

Der nachfolgenden Charakterisierung der deutschen Wortartenkategorisierung wird eine Übersicht vorangestellt, die zu den einzelnen Klassen die typischen grammatischen Merkmale in hierarchischer Form aufführt. Die prototypischen Vertreter der einzelnen Kategorien besitzen alle angeführten Merkmale. Einzelne Vertreter, die nicht prototypisch sind, haben nicht alle Merkmale. Im Sinne von kategorieller „Familienähnlichkeit" können einzelne Merkmale ausfallen. Beispielsweise kann bei Pronomen in nicht nominaler Verwendung das Merkmal der Deklination wegfallen, das in der Hierarchie oben steht.

4.1.2 Das Wortartensystem

Es werden auf Grund des morphosyntaktischen Verhaltens nachfolgende Wortarten angenommen. Die angefügten Merkmale spiegeln die wesentlichen grammatischen Klassencharakteristika, die in den folgenden Kapiteln vorgestellt werden, wider. Die Wortklassenmerkmale sind vom Allgemeinen zum Speziellen gehend angeordnet und bauen aufeinander auf.

- Die Flektierbaren: [+ flektierbar]
  - Verben:

    [+ flektierbar], [+ konjugierbar]
  - Substantive:

    [+ flektierbar], [– konjugierbar], [+ deklinierbar], [+ artikelfähig]
  - Adjektive:

    [+ flektierbar], [– konjugierbar], [+ deklinierbar], [– artikelfähig], [+ komparierbar]
  - Pronomen:

    [+ flektierbar], [– konjugierbar], [+ deklinierbar], [– artikelfähig], [– komparierbar]

- Die Unflektierbaren: [– flektierbar]
  - Adverbien:

    [– flektierend], [+ selbstständig], [+ Prädikatsbezug]
  - Partikeln:

    [– flektierend], [– selbstständig], [+ modifizierend]
    * Abtönungspartikeln

      [– flektierend], [– selbstständig], [+ Illokution modifizierend]
    * Gradpartikeln

      [– flektierend], [– selbstständig], [+ modifizierend], [+ skalierend]
    * Vergleichspartikeln

      [– flektierend], [– selbstständig], [+ modifizierend], [+ vergleichend]
    * Negationspartikeln

      [– flektierend], [– selbstständig], [+ Wahrheitswert modifizierend]
  - Satzwörter:

    [– flektierend], [+ selbstständig], [+ Satzbezug]
    * Satzadverbien

      [– flektierend], [+ selbstständig], [+ Satzbezug], [+ Sprechereinstellung]
    * Reaktive

      [– flektierend], [+ selbstständig], [+ Satzbezug], [+ Handlungsbezug]
    * Interjektionen

      [– flektierend], [+ selbstständig], [+ Satzbezug], [+ Emotion]
  - Die Fügewörter:

    [– flektierend], [– selbstständig], [+ verbindend]
    * Konjunktoren:

      [– flektierend], [– selbstständig], [+ koordinierend verbindend], [– kasusfordernd]

* Subjunktoren:
  [– flektierend], [– selbstständig], [+ subordinierend verbindend], [– kasusfordernd]
* Präpositionen: [– flektierend], [– selbstständig], [+ subordinierend verbindend], [+ kasusfordernd]

4.2 Die flektierbaren Wortklassen

4.2.1 Verben

4.2.1.1 Semantische Verbklassen

In den germanistischen Gebrauchsgrammatiken werden die Verben in der Regel in Tätigkeits-, Vorgangs- und Zustandsverben eingeteilt. Diese semantische Klassifikation geht auf Brinkmann zurück (Thieroff, 1992, S. 36).

- Tätigkeiten haben einen aktiven Handlungsträger, der zielgerichtet etwas tut.
  Josef arbeitet / spielt Schach / ...
- Vorgänge haben keinen bewusst agierenden Handlungsträger.
  Maria errötet / stürzt von der Leiter / ...
- Zustände sind etwas Bestehendes, Statisches. Beim Subjekt vollzieht sich keine offensichtliche Veränderung.
  Das Buch liegt auf dem Tisch / steht im Regal / ...

Vendler (1967) hat mit seiner Unterscheidung von den vier semantischen Prädikatsklassen „state", „activity", „accomplishment" und „achievement" die Grundlage für alle neueren semantischen Vollverbklassifikationen gelegt. Für „state" hat sich im Deutschen „Zustand" etabliert und für „activity" „Prozess". Für „accomplishment- und achievement"-Prädikate gibt es keine allgemein akzeptierten deutschen Termini. Eine kurze Charakteristik in Anlehnung an Egg (2004, S. 107–108) soll dennoch versucht werden:

• Zustandsverben stellen Sachverhalte als statisch, veränderungslos, homogen dar. (Z. B. *Liegen im Liegestuhl.*)
Sie sind verknüpfbar mit Zeitdaueradverbien, aber nicht mit der „rheinischen Verlaufsform"[1]

[1] Bei der rheinischen Verlaufsform wird statt einer hochdeutschen Konstruktion wie z. B. *Ich telefoniere gerade.* eine der englischen Verlaufsform ähnliche Phrase verwendet: *Ich bin am telefonieren.* oder *Als es an der Haustür klingelte, war ich gerade am telefonieren.*

Eine Stunde lang im Liegestuhl liegen.
* *Am Liegen im Liegestuhl sein.*

• Prozessverben benennen homogene dynamische Sachverhalte. (Z. B. *Nachdenken über die Vergangenheit.*)
Sie sind verknüpfbar mit Zeitdaueradverbien und mit der „rheinischen Verlaufsform“:
Wochenlang über die Vergangenheit nachdenken.
Am Nachdenken über die Vergangenheit sein.

• Accomplishmentverben bezeichnen einen ausgedehnten Zustandswechsel, der einen vorbereitenden Prozess als Ursache hat. (Z. B. *Ein Haus bauen.*)
Sie sind kompatibel mit Zeitrahmenadverbien und der „rheinischen Verlaufsform“:
In zwei Jahren ein Haus bauen.
Ein Haus am Bauen sein.

• Achievementverben benennen nicht ausgedehnte, punktuelle Zustandswechsel. (Z. B. *Die Bombe explodiert.*)
Sie sind mit Zeitrahmenadverbien und der „rheinischen Verlaufsform“ inkompatibel:
Die Bombe explodiert in zwei Stunden.
Die Bombe ist am Explodieren.

4.2.1.2 Grammatische Charakteristika der Verben

> Verben stellen die logischen und grammatischen Zentren der deutschen Sätze dar und haben als einzige Wortklasse die Fähigkeit zur Konjugation.

Da sie sich im Satz zu Komplexen verbinden können und sie dabei unterschiedliche Funktionen übernehmen, werden funktional verschiedene Klassen unterschieden; darauf soll im nachfolgenden Kapitel 4.2.1.3 eingegangen werden.

Bezüglich der Konjugation sind zu differenzieren:

• finite und infinite Verben;

• starke, schwache und unregelmäßig konjugierte Verben.

„Der Tradition der lateinischen Grammatik folgend, werden die finiten Verbformen des Deutschen seit je her nach Numerus, Person, Tempus, Modus und Genus verbi bestimmt“ (Thieroff, 1992, S. 3). Diese traditionelle Vorgehensweise wird seit geraumer Zeit in verschiedener Hinsicht kritisiert. Leiss (1992) hebt beispielsweise die Notwendigkeit hervor, vom additiven Verständnis der Verbalkategorien abzukommen und betont den Gedanken „daß die verschiedenen grammatischen Kategorien einer Sprache einen jeweils unterschiedlichen Status haben, was ihre Komplexität betrifft. Die einfacheren Kategorien stellen die elementaren Bausteine der komplexeren Kategorien dar und bilden so das Fundament für die kategoriale Architektur einer Sprache" (Leiss, 1992, S. 1–2).

Finite und infinite Verben:

Das Verbum finitum ist im Satz die personengebundene Verbform (auch Personalform genannt), d. h. sie ist hinsichtlich Person (1.,2.,3.) und Numerus (Singular, Plural) bestimmt, wie nachfolgende Beispiele auch zeigen:

(2) a. In Europa **sterben** jeden Tag **vier Kinder** an den Folgen von Gewalt und Misshandlungen.
b. **Jedes sechste Kind** in Äthiopien **stirbt** schon in den ersten fünf Lebensjahren – viele von ihnen aufgrund des verseuchten Wassers.
(UNICEF-Nachrichten 3, 2005; S. 5, 12)

Das Verbum infinitum (personenungebundene Verbform) kann auftreten als Infinitiv, Partizip I und Partizip II. Die Infinitive stehen im Satz ohne eine direkte Beziehung zu einem Subjekt.
Als Infinitiv wird die Grundform (Nennform) im Lexikon bezeichnet. Sie trägt ein Flexiv, die Infinitivendung *-en* oder *-n*:

(3) handel**n**, agier**en**, tu**n**, mach**en**

Nach *l* oder Vokal kann das *e* also ausfallen[2].

Partizipien können als Verben und Adjektive auftreten.
Das Partizip I (Präsenspartizip) wird aus dem Präsensstamm und dem Flexiv *-nd* gebildet:

(4) handelnd, agierend, machend

Das Partizip II (Perfektpartizip) wird bei den starken Verben mit dem Flexiv *-en* und bei den schwachen Verben mit *-t* gebildet. Häufig wird es kombiniert mit *ge-*:

(5) gehandelt, agiert, getan, gemacht, geflohen

[2] Genauer dazu Dudenredaktion (2005, Kap. 4.2.5).

Nach *l* oder Vokal im Stamm starker Verben kann das *e* im Flexiv *-en* ausfallen.

Die Verbinfinitive und -partizipien haben die verbale Funktion, Verbkomplexe (zusammengesetzte Verbformen) zu bilden.

Starke, schwache und unregelmäßig konjugierte Verben:

Die Verben bilden ihre Formen nach unterschiedlichen Konjugationsmustern. Aus der diachronen (sprachhistorischen) Sicht unterscheidet man die starke, die schwache und die unregelmäßige Konjugation. Aus gegenwartssprachlichem Blickwinkel ist die schwache Konjugation der unmarkierte, regelmäßige Fall. Bei der Zuordnung der Verben zu den Konjugationsmustern wird von drei Formen ausgegangen: dem Infinitiv, dem Präteritum und dem Partizip II.

Die schwache Konjugation ist in der Gegenwartssprache der produktive Konjugationstyp für alle neuen Verben. Seine Charakteristika sind:

(i) gleichbleibender Stammvokal in den drei Leitformen (Infinitiv, Präteritum, Partizip II)

(6) surfen, surfte, gesurft

(ii) Präteritum 3. Person Singular mit Flexiv *-te*

(7) surfte

(iii) Partizip II mit *ge- -(e)t*

(8) gesurft

Die starke, historische Konjugation, zu der „heute noch etwa 160 Verben" gehören (Sommerfeld u. a., 1985, S. 62), ist hauptsächlich gekennzeichnet durch:

(i) regelmäßigen Wechsel des Stammvokals (Ablaute)

(9) singen – sang – gesungen

(ii) Präteritum 3. Person Singular ohne Flexiv *-te*

(10) laufen – lief

(iii) Partizip II auf *-en*

(11) gelaufen

Als unregelmäßige Konjugation wird eine Flexionsmischung bezeichnet, bei der im Präteritum *-te*-Flexive auftreten und es zu Ablauten kommt. Dazu rechnet man auch die Verben mit unterschiedlichen Stämmen bei den Konjugationsformen.

(12) a. wissen – wusste – gewusst
b. bin/bist – ist/sind/seid – war/gewesen

4.2.1.3 Verbalkomplexe

A. Der Begriff Verbalkomplex

Der Verbalkomplex tritt in Sätzen mit finitem Verb auf; zu den finiten Verben treten eines oder mehrere infinite Verben (Beispiele dafür in (13)) oder nominale Elemente (wie in (14)) hinzu und gehen mit dem finiten Verb eine enge grammatische Verbindung ein.

(13) a. Ob es jeder **geglaubt hat**?
b. Was sie alles **erlebt haben muss**!
c. Sie **wird** natürlich **gepflegt werden.**
d. Sie **wird geliebt werden müssen**.

(14) a. Manche **sind leichtgläubig**.
b. Sie **stellen sich dumm**.
c. Er **nannte sich Karl der Große**.

Für die grammatische Beschreibung werfen die deutschen Verbalkomplexe zahlreiche Fragen auf. Dies betrifft u. a. neben den auftretenden Formen und ihren Charakteristika, die Erklärung der Reihenfolge bei den infiniten Teilen oder die Problematik des Umgangs mit diskontinuierlichen Konstituenten bei unfesten Verben.

Teubert (2005, S. 14ff.) nimmt nach primär semantischen Gesichtspunkten eine Abstufung von Vollverben (Zeichen mit eigener Semantik) über Periphrasenverben (finite Verben in Periphrasen mit funktionaler Bedeutung) zu echten Hilfsverben ohne eigene Wortbedeutung vor; nur mit letzteren würden analytische Formen gebildet. Die Vollverb-Hilfsverb-Kombination bildet zusammen eine Konstituente.

Den Verbalkomplex subklassifiziert er wie in Abbildung 4.1.

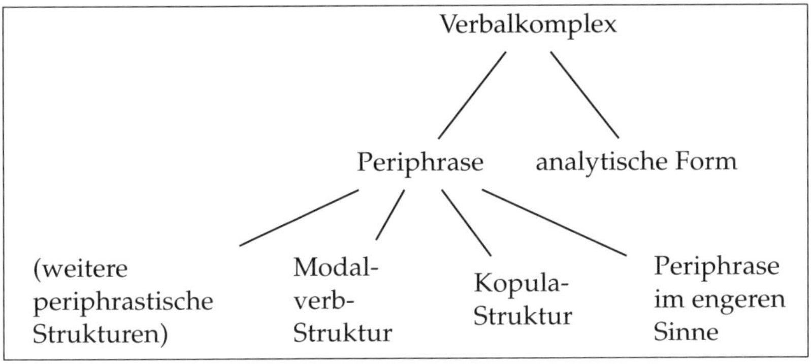

Abbildung 4.1: Subklassifizierung des Verbalkomplexes nach Teubert

Modal- und Kopulakonstruktionen sind danach keine analytischen Verbformen, weil die Modal- und Kopulaverben nicht bedeutungsleer sind, nach dem logisch-semantischen Kompositionalitätsprinzip bringen sie Bedeutungsteile in den Verbalkomplex ein. So ist z. B. *müsste schlafen* keine analytische Verbform, weil *müsste* die ‚Konjunktiv-Präteritum-Bedeutung' einbringt (Teubert, 2005, S. 11).

Die Verbformen eines Verbalkomplexes sind obligatorisch kohärent miteinander verbunden. In dreiteiligen Verbalkomplexen beispielsweise wird das Vollverb von einem infiniten Verb regiert, das seinerseits von einem infinitregierten Verb in finiter Form abhängt. Für die Beispiele *Was sie alles erlebt haben muss*! und *Sie wird natürlich gepflegt werden.* kann dies folgendermaßen veranschaulicht werden:

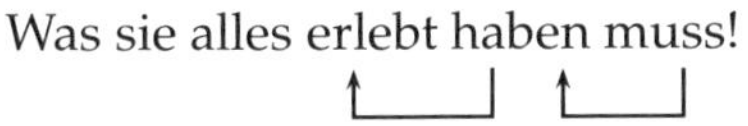

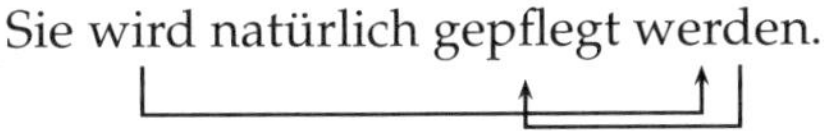

Dabei legt die Infinitivrektion (vgl. Dudenredaktion (2005, S. 467)) die Rangordnung der Verben fest.

Grundsätzlich möchte ich vier strukturelle Grundformen des deutschen Verbalkomplexes unterscheiden (4.2 auf der nächsten Seite):

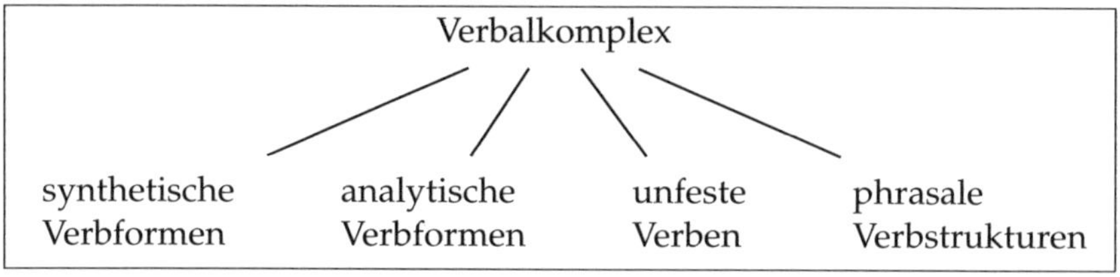

Abbildung 4.2: Formen des Verbalkomplexes

Die Formen des phrasalen Verbalkomplexes sind in 4.3 aufgelistet.

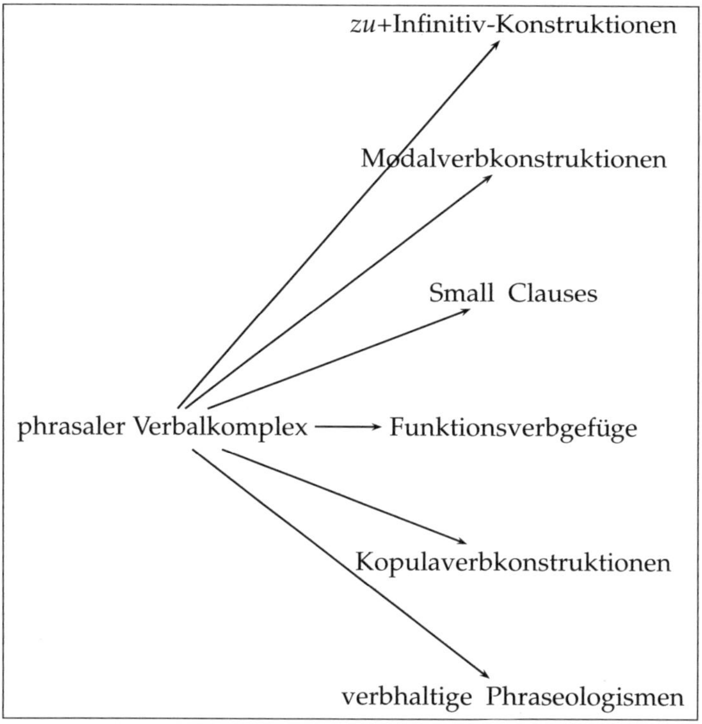

Abbildung 4.3: Formen des phrasalen Verbalkomplexes

B. Charakterisierung der Verbalkomplexe

Die komplexen Formen des Verbalkomplexes sollen in den nachfolgenden Abschnitten in der Reihenfolge, in der sie in den obigen Übersichten (4.2, 4.3) aufgeführt wurden, vorgestellt werden[3].

[3] Die Phraseologismen werden im Kapitel 6.4 besprochen.

Analytische Verbformen:

Von analytischen Verbformen spricht man dann, wenn mehrere Wortkörper eine grammatische Form bilden. Diejenigen, die nur aus einem Wortkörper bestehen werden als synthetische Formen bezeichnet.

(15) a. Sie **schläft**. = synthetische Form
 b. Sie **hat geschlafen**. = analytische Form

In dem Beispiel (15) sind sowohl *schläft* als auch *hat geschlafen* als jeweils ein Verb, genauer als jeweils eine Verbform anzusehen. Sie sind Elemente des Wortformenparadigmas von *schlafen*. In analytischen Formen legt das finite Hilfsverb (= Auxilar) den paradigmatischen Status der komplexen Form fest. In dem Beispiel *hat geschlafen* bringt das Hilfsverb beispielsweise die Merkmale [Indikativ, 3.Person Singular] ein und führt gemeinsam mit dem Partizip II des Vollverbes zu der Tempusmarkierung [Perfekt aktiv], wie im Folgenden (4.4) graphisch dargestellt.

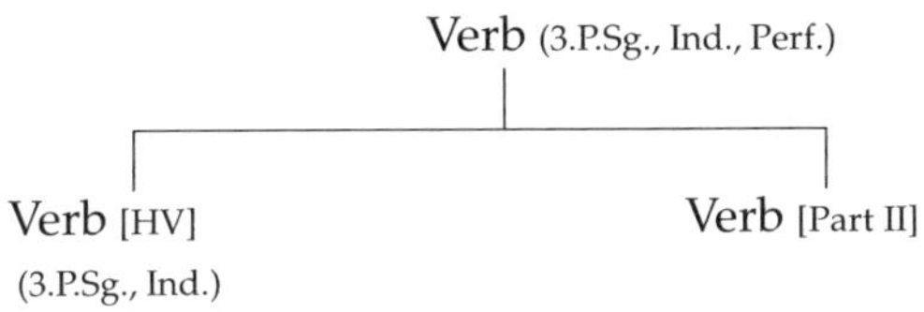

Abbildung 4.4: Analytische Verbform

Unfeste Verben:

Verbindungen wie in (16), die aus einem nominalen Lexem und Verb bestehen, werden zum Teil zu den unfesten Verben bzw. zu den Partikelverben gerechnet. Sie stellen auch einen Streitgegenstand bei der Orthografieregelung, bei der Frage der Getrennt- oder Zusammenschreibung dar.

(16) a. tot stellen
 b. totschweigen
 c. Anteil nehmen
 d. Auto fahren
 e. Maß halten
 f. Eis laufen
 g. Angst machen

Gallmann (1999) unterscheidet „unter syntaktischer Perspektive [...] drei Fallgruppen" (S. 10):

1. Die nominale Konstituente ist ein Wort, das zu einer Phrase projiziert. Sie hat Satzgliedwert. (*Sie liest eine Zeitung.*)
2. Die nominale Konstituente ist ein Kopfadjunkt; d. h. es ist eine Konstituente, die nicht zu einer Phrase projiziert und keinen vollen Satzgliedwert hat, eine Inkorporation des Artikels hat stattgefunden. (*Sie läuft Eis/liest Zeitung.*)
3. Die nominale Konstituente ist ein morphologischer Wortbestandteil. (*Sie gewährleisten eine Zusatzgarantie.*)

Die erste Gruppe gehört nicht zu den phrasalen Verbstrukturen, da es sich beim Verb und der Nominalphrase um jeweils unabhängige Konstituenten handelt.

Infinitive mit *zu*:

Die Infintivformen mit *zu* sind auch ein interessantes syntaktisches Phänomen, dem hier in einer Morphologiedarstellung nicht vertiefend nachgegangen werden kann.

Ijbema und Abraham (2000) versuchen *zu* in dieser Konstellation als Präfix in der VP zu analysieren (S. 123), indem sie in Anlehnung an Haider (1984) eine Analogie zwischen dem Passiv-/Perfektpräfix *ge-* und dem infinitivischen *zu* herstellen (S. 126). Die Annahme, die gemacht wird, ist die, dass das zweiwertige Verb *lesen*, durch die mittels dem Präfix *ge-* erfolgte Partizip-Bildung (*gelesen*) eine Argumentstellenreduzierung erfährt (wie in (17b.) bei der Passivierung). Beim Beispiel (17c.), der Perfektform, wird ebenfalls diese Argumentstellenreduzierung gesehen, die reduzierte Subjektstelle würde vom Hilfsverb vergeben. In (17d.) und (17e.) wird *zu* auch diese Funktion der Argumentstellenreduzierung zugesprochen; *zu* blockiere das Subjektargument des nachfolgenden Verbinfinitivs[4].

(17) a. Er liest das Buch.
b. Das Buch wird gelesen.
c. Er hat das Buch gelesen.
d. Das Buch ist zu lesen.
e. Er hat das Buch zu lesen.

[4] Erklärt wird das Absorbieren des Subjektaktanten durch die Blockierung der Subjektposition durch *zu*. Die technischen Aspekte des zugrunde gelegten Grammatikmodells können hier nicht besprochen werden.

Analog verhalte sich auch das attributiv gebrauchte Partizip (Ijbema und Abraham, 2000, S. 127):

(18) a. ein lesendes Kind
b. ein gelesenes Buch
c. * ein gelesenes Kind

Auch hier bewirke das mit *ge-* gebildete Partizip II eine Blockierung des Subjektaktanten.

Modalverbkonstruktionen:

Wenn man im Deutschen von den Modalverben spricht, meint man in der deutschen Gegenwartssprache in der Regel *„können, müssen, dürfen, mögen, (möchten,) wollen, sollen"* (Reis, 2001, S. 287). Am häufigsten bilden sie im einfachen Satz den finiten Teil des Prädikats, der durch den Infinitiv eines Vollverbs ergänzt wird, wie in den beiden nachfolgenden Überschriften:

(19) a. Medion kann Börsianer nicht überzeugen
(www.heise.de; 22.11.2004)
b. In der Hölle darf man Rache nehmen
(www.zeit.de; 22.11.2004)

Modalverben können aber auch ohne eine Infinitivergänzung auftreten:

(20) Sie fühlt sich so allein und ausgebrannt,
und sie kann nicht mehr.
(Bernhard Brink: Der Morgen kommt bestimmt;
www.geocities.com; 2.11.2004)

In einigen wenigen Fällen kann es auch den infiniten und das Vollverb den finiten Teil des Prädikats bilden.

(21) Um dieses Forum benützen zu können, müssen die Benutzer einen Benutzernamen, ein Passwort und eine Email-Adresse angeben.
(www.aspforum.de; 22.11.2004)

Insgesamt fällt auf, dass die Modalverben keine einheitliche grammatische Klasse sind; dies betrifft sowohl die Bedeutung als auch die Syntax:

So können Sätze mit Modalverben eine epistemische und eine nicht epistemische Lesart[5] haben:

(22) Josef kann später gehen.
→ Josef geht vielleicht später. (= epistemische Lesart)
→ Josef ist fähig, später zu gehen. (= nicht epistemische Lesart)

Außerdem haben Modalverben unterschiedliche Distributionsrestriktionen; man kann sie zwei syntaktischen Klassen zuordnen: *dürfen, können, mögen, sollen, müssen* zu den Hebungsverben und *wollen, möchten* zu den Kontrollverben.

Wenn ein Modalverb als Hebungsverb auftritt, wie in (23),

(23) Maria kann gut tanzen.

geht man davon aus, dass das Modalverb dem Subjekt keine semantische Rolle zuweisen kann und das Subjekt in der logisch-semantischen Grundstruktur nicht vorhanden ist. Dies wird u. a. damit begründet, dass der eingebettete Infinitiv nicht in einen Nebensatz mit einem finiten Hauptverb umgeformt werden kann (vgl. (24)).

(24) * Maria kann, dass sie gut tanzt.

Man spricht deshalb dem Modalverb oftmals nur Hilfsverbcharakter zu. In der morphologisch-syntaktischen Satzstruktur wird „das Subjekt des eingebetteten infiniten Satzes in diese leere Subjektposition ‚gehoben'" (Öhlschläger, 1989, S. 105), weil nur hier das Subjekt einen Kasus, den Nominativ, erhalten kann. Man kann dies auch einfacher ausdrücken, weil nur hier eine Subjekt-Prädikat-Kongruenz hergestellt werden kann. In einer vereinfachten Phrasenstrukturdarstellung, kann nachfolgende syntaktische Struktur angenommen werden (siehe Abbildung 4.5).

Das Negationsverhalten unterstützt die Hebungsverbanalyse. Negierte Sätze mit diesen Modalverben sind skopusambig, d. h. sie haben eine „weite" und eine „enge" Lesart wie auch im Beispiel (25).

(25) a. Maria kann nicht gut tanzen.
b. 'Folgendes ist nicht der Fall: Maria kann gut tanzen.'
c. 'Maria kann Folgendes: (Sie kann jetzt) nicht gut tanzen.'

---

[5] Für die Unterscheidung der oppositionellen Lesarten haben sich mehrere Bezeichnungen etabliert, beispielsweise „objektiv vs. subjektiv", „subjektbezogen vs. sprecherbezogen". Nicht epistemisch meint die objektive, subjektbezogende Lesart und epistemisch die subjektive, sprecherbezogene.

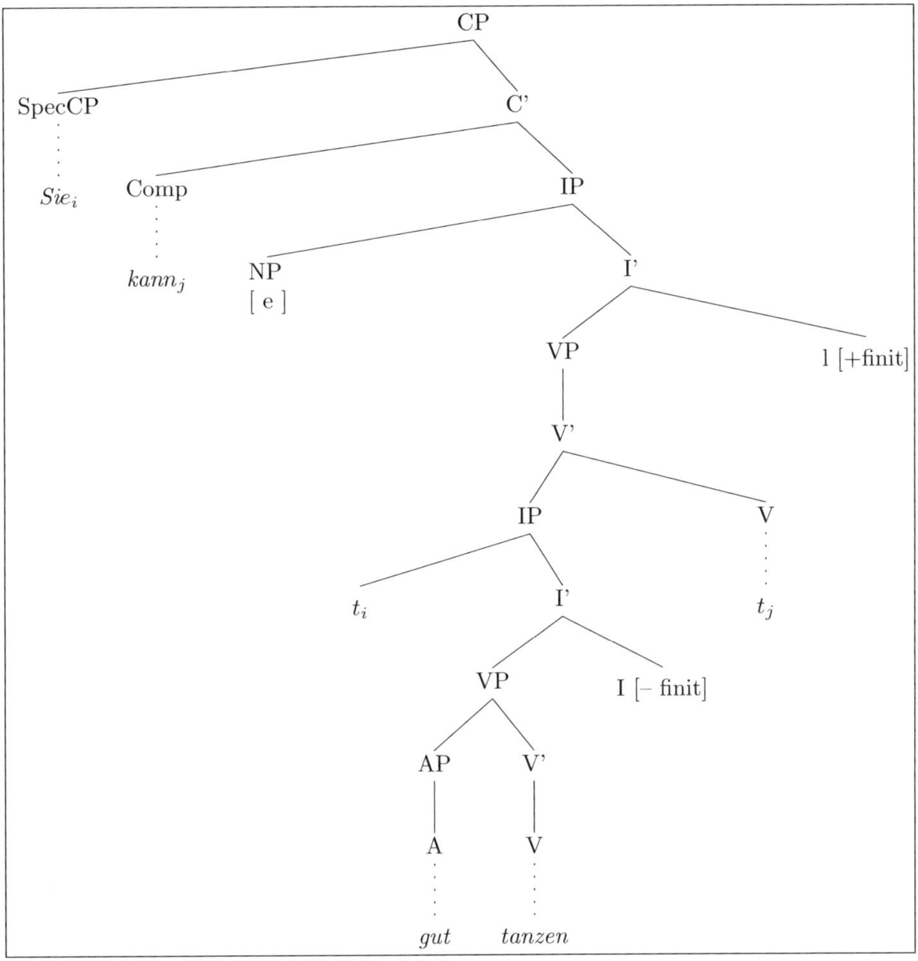

Abbildung 4.5: Hebungsverb

Die Lesart mit weitem Skopus (25b.), die in der Regel bei Modalverben präferiert wird, vermittelt, dass 'Maria gar nicht die Fähigkeit zum guten Tanzen hat'. Diejenige mit engem Skopus (25c.) besagt nur, dass 'Maria in einer bestimmten Situation nicht in der Lage war, gut zu tanzen'. Die weite Lesart „erfolgt" quasi nach der syntaktisch notwendigen Hebung und die enge ohne Einbeziehung der Anhebung.

Wenn die Modalverben *wollen* und *sollen* Verwendung finden, ändert sich einiges: dann ist die Umwandlung der eingebetteten Infinitivkonstruktion in einen Nebensatz möglich (wie in (26)).

(26) Josef möchte gut tanzen. → Josef möchte, dass er (Josef) gut tanzt.

Diese Modalverben lassen also finite Sätze als Komplemente zu, man analysiert sie deshalb als Kontrollverben. Das Subjekt wird als Komplement des Modalverbs angenommen, da ja das Vollverb in der eingebetteten Infinitivkonstruktion selbst ein eigenes Subjekt zu sich nehmen könnte. Hier liegt also eine andere Satzstruktur vor (vergleiche Darstellung 4.6 auf der nächsten Seite):

Auch das Negationsverhalten ist anders: Hier sind nach Öhlschläger (1989), der sich auf Bech (1951) bezieht, keine engen und weiten Skopuslesarten möglich.

Small Clauses:

Small Clauses (‚Sätzchen') sind nicht finite Konstruktionen mit postverbalen Nominalphrasen (vgl. Beispiel (27)), die mit satzfinalen Phrasen zusammen eine syntaktische Konstituente bilden (Staudinger, 1997, S. 43).

(27) Maria macht **die Küche sauber**.
(Maria macht, dass die Küche sauber ist.)

Formalisiert handelt es sich um Konstruktionen der Art:

$[_{SC}$ NP XP]

X= Adj, Adv, N, P, V

Diese postverbalen Nominalphrasen werden mit Adjektiv-, Adverb-, Nominal-, Präpositional- oder Verbalphrasen zu Small Clauses zusammengefasst und als eine gemeinsame syntaktische Konstituente SC verstanden.[6] Bezugnehmend auf den dependentiellen Charakter der Small Clau-

[6] Alternative Auffassungen sehen in solchen Konstruktionen „sekundäre oder komplexe Prädikate". Darauf kann hier nicht weiter eingegangen werden.

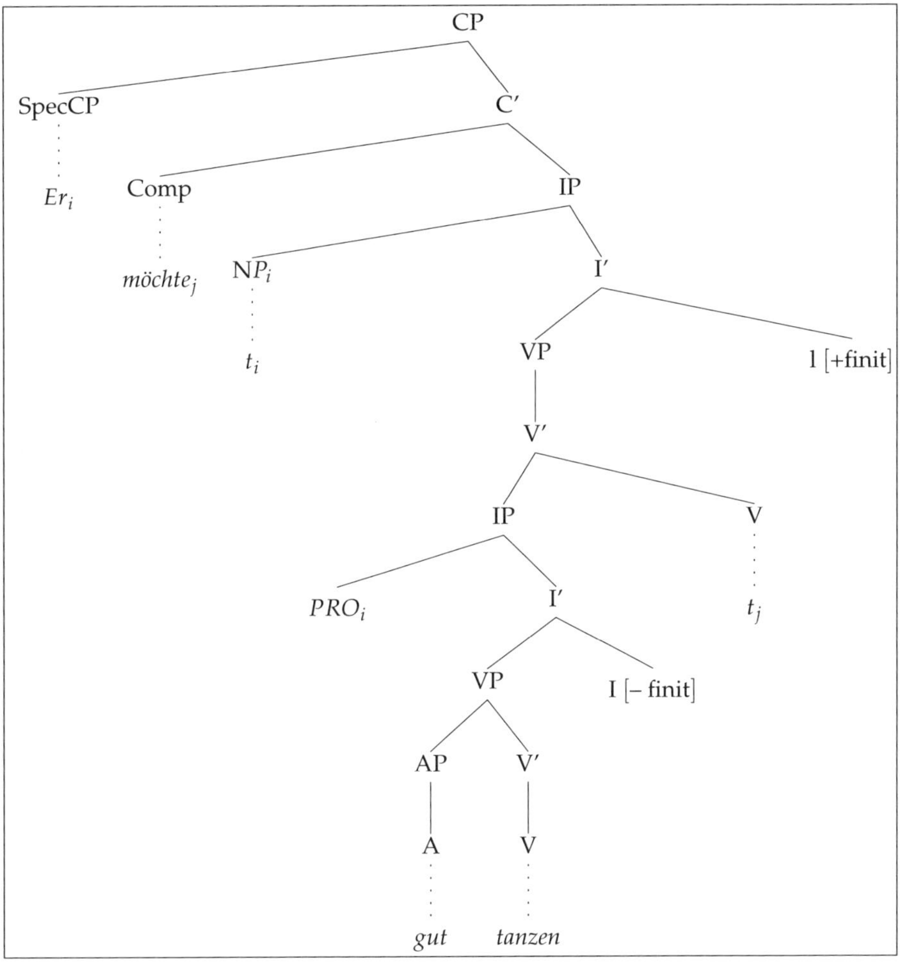

Abbildung 4.6: Kontrollverb

ses werden SCs mit Argumentstatus (logisch-strukturell vom Satzverb gefordert) – wie in (28a.), mit Angabestatus (logisch-strukturell vom Satzverb nicht gefordert) – wie in (28b.) und mit Resultativcharakter (traditionell auch als prädikatives Attribut oder Objektsprädikativ bezeichnet. Sie benennen ein Resultat, einen resultativen Zustand) – wie in (28c.) unterschieden:

(28) a. Kurt hat [$_{SC}$ mich schön, klug und interessant] gefunden, ... (www.witzepur.de; 4.10.2005)
b. Pfefferminztee wird kühlen, auch wenn er [$_{SC}$ heiß] getrunken wird.
(www.ag-tcm.de; 4.10.2005)
c. Stolz zeigt Horst seiner Petra, wie er [$_{SC}$ sein Auto neu] gespritzt hat.
(www.andreas-armbrust.de; 4.10.2005)

Im Fall der SCs mit Argumentstatus haben wir im SC ein logisches Subjekt, das im Akkusativ erscheint:

(29) Kurt hat [$_{SC}$ mich interessant] gefunden. → Kurt hat gefunden, dass ich interessant sei.

Bei den SCs mit Angabestatus fehlt im SC das logische Subjekt. So wird in der Regel ein phonetisch leeres Subjekt (PRO) angenommen, das mit dem Subjekt oder Objekt des Matrixsatzes referenzidentisch ist. Dies wird in (30) durch Koindizierung angezeigt:

(30) Pfefferminztee$_i$ wird [$_{SC}$ PRO$_i$ heiß] getrunken.

Bei den resultativen SCs, die Angabe- aber auch Argumentstatus haben können, liegt ein Bezug auf das Objekt des Matrixsatzes vor; sie prädizieren über ein Objekt:

(31) Josef hat[$_{SC}$ das Glass leer] getrunken.[7]

[7] Beispiel aus Staudinger (1997, S. 789).

Funktionsverbgefüge:

Die Funktionsverbgefüge (FVG) wie *in Ordnung bringen* von anderen engen Nomen-Verb-Verbindungen abzugrenzen, scheint manchen unmöglich, trotzdem hat es sich durchgesetzt. Es handelt sich um Verb-Nomen-Kombinationen aus einer Präpositionalphrase bzw. Nominalphrase und einem Funktionsverb. Am häufigsten treten die Verben *bringen* und *kommen* als Funktionsverben auf.

Winhart (2002, S. 73) nimmt als Objekt ihrer Untersuchungen die Funktionsverben (FV)[8]

anstellen, aufnehmen, ausüben, sich befinden, bekommen, besitzen, bleiben, bringen, erfahren, erhalten, erheben, erteilen, finden, führen, geben, gehen, gelangen, genießen, geraten, haben, halten, holen, jagen, kommen, leisten, liegen, machen, nehmen, schreiten, sein, setzen, stehen, stellen, stürzen, treffen, treten, üben, unternehmen, versetzen, vornehmen, ziehen, zuziehen.

Im Vergleich zu den entsprechenden Vollverben haben die Funktionsverben eine reduzierte Bedeutung[9], die vor allem einen Beitrag zur Aktionsartmarkierung leistet. Die Hauptbedeutung liegt jeweils bei dem Nomen des FVG. Bei den nicht umstrittenen Hauptvertretern der FVG kann das FVG durch das Verb, das dem FVG-Nomen zugrunde liegt, ersetzt werden:

Josef ***bringt*** *die Bücher* ***in Ordnung****.* vs.
Josef ***ordnet*** *die Bücher.*

Diese Möglichkeit der Ersetzung liegt aber nicht immer bzw. bei allen FVG vor. Auch gibt es nach manchen Auffassungen im „Bereich der zu den FV gezählten Verben [...] eine Abstufung hinsichtlich des eigenständigen Bedeutungsanteils. Je idiomatischer die Verbindung ist, desto spezifischer kann das Verb sein" (Winhart, 2002, S. 90). Z. B. sei dies bei folgender FVG-Reihe der Fall: *liegen: unter Beschuss / in Scheidung / im Streit.*

Bei diesen idiomatischen Wendungen stellt sich m. E. die Frage, ob es sich nicht vielmehr um Idiome und nicht um FVG handelt. Beispielsweise haben Wotjak und Heine (2005, S. 148) berechtigterweise hervorgehoben, dass bei FVG das Substantiv weder idiomatisiert noch eine unikale Komponente ist, wenn dies so ist, handelt es sich um ein verbales Idiom.

Wie Helbig und Buscha (1991) sehe ich die FVG zusammen als komplexe Prädikate (Verbkomplexe) an, die Aktanten nehmen können. In dem

---

8 M. E. wird hier der FV-Bereich zu weit gefasst.

9 Winhart (2002) ist dagegen der Meinung, dass es bei Funktionsverben keine signifikante Bedeutungsreduzierung gebe (S. 90).

Beispiel (32) nimmt das FVG *zum Abschluss bringen* zwei Aktanten: ein Subjekt und ein Akkusativobjekt.

(32) Merck bringt Verkauf des Geschäfts mit Elektronikchemikalien zum Abschluss.
(www.chemietechnik.de; 13.10.2005)

Dass Verb und Substantiv zusammen der Träger der (äußeren) Valenz sind, wird auch an der Nichtersetzbarkeit des Nomens durch Pronomen deutlich, wie in dem Beispiel (33).

(33) a. Anabole Steroide sind Dopingmittel, die häufig Anwendung finden.
(de.wikipedia.org/wiki/Doping; 20.3.2006)
b. * Anabole Steroide sind Dopingmittel, die häufig sie finden.

Wie auch bei Phraseologismen üblich, ist bei den FVG eine Trennung von innerer und äußerer Valenz vorzunehmen. Die innere Valenz betrifft die PräpP bzw. NP des FVG, die obligatorisch ist und die Hauptbedeutung trägt. Die äußere Valenz bezieht sich auf die Aktanten, die das FVG fordert.

Man unterscheidet aktivwertige und passivwertige FVG.

(34) a. Ihr bringt mich nicht zum Schweigen.
(www.scifi-forum.de; 13.10.2005)
→ aktivische Bedeutung (das Subjekt ist „aktiv“)
b. Kurdenfrage lässt Türkei nicht zur Ruhe kommen – Kein Dialog in Sicht. (www.glaubeaktuell.net/portal/journal; 30.4.2006)
→ passivische Bedeutung (das Subjekt ist „passiv“)

Kopulaverbkonstruktionen:

Kopulative Verben (*sein, werden, bleiben, gelten, nennen, finden*[10]) bilden gemeinsam mit einem Nomen, Adjektiv oder einer Präpositionalgruppe (= Prädikative) einen Prädikatskomplex. Die prädikativen Ergänzungen können sich auf das Subjekt oder das Akkusativobjekt beziehen, d. h. sie referieren auf den selben Gegenstand wie diese:

(35) a. Josef ist ein Lügner.
b. Josef hat Maria eine Stalkerin genannt.

[10] Diese Verben müssen aber nicht als Kopulativverben verwendet werden.

c. Sie ist des Streites müde.
d. Die Aussage der Zeugen war von Bedeutung.

Innerhalb der Forschungsliteratur wird zu den Kopulaverben u. a. diskutiert, ob sie Hilfsverbcharakter haben oder ob sie Vollverben sind und welche Subklassen anzunehmen sind. In der Regel wird die Auffassung vertreten, dass sie semantisch leer seien und nur die Finitheitsmerkmale tragen.[11]

1.) Bestimmen Sie in dem folgenden Text die Verben hinsichtlich ihrer Zugehörigkeit zu den semantischen und grammatischen Klassen!

Männersachen

Wenn ein Mann und eine Frau in eine Wohnung ziehen, gibt es klare Regeln: Alle Dinge, die ihm Spaß bereiten, müssen auf den Speicher. Wie etwa der Werkzeugkasten oder das Rennrad. Die Lieblingssachen der Frau bleiben hingegen in der Wohnung und nehmen vor allem im Badezimmer reichlich Platz in Anspruch. Damit ist jetzt Schluss. Fangen Sie ruhig schon mal an, die Cremetiegel und Duftwässerchen Ihrer Partnerin in eine Kiste zu räumen. ...
(SZ Magazin 9, 2006; S. 73)

4.2.1.4 Funktionen der Verbformen

4.2.1.4.1 Tempus

Tempus und Zeit:

Mit der Problematik von Tempus und Zeitlichkeit beschäftigt sich die „Zeit-Linguistik" (Vater, 1994, S. iii). Zeitliche Lokalisierungen lassen sich in den Sprachen mit lexikalisierten und grammatikalisierten Mitteln vornehmen. Sie betreffen sowohl die absolute Zeitlichkeit (d. h. sie setzen die Kommunikationszeit ins Verhältnis zur Ereigniszeit: das Ereignis wird als 'gegenwärtig', 'vergangen', 'zukünftig' und 'allgemeingültig' kommuniziert) als auch die relative Zeit (d. h. sie setzen mehrere kommunizierte Handlungen in eine zeitliche Relation: als 'gleichzeitig', 'vorzeitig' oder 'nachzeitig sich ereignend').

Lexikalisierte Mittel sind im Deutschen zum einen Zeitadverbien (*heute*), Präpositionalphrasen (*während des Unterrichts*), Temporalsätze mit tempo-

[11] Weiterführendes kann in Maienborn (2003) nachgelesen werden.

ralen Konjunktionen (*als es hell wurde*). Zum anderen gibt es echte Präfixe zur Markierung, wie *er-* (*erblühen, erröten*). Grammatikalisierte Mittel sind die Tempora und Aspekte.

Die relative Zeit in einem Satzgefüge (Haupt- und Nebensatz) wird auch durch lexikalische und morphosyntaktische Mittel markiert.

• Gleichzeitigkeit: Sie wird durch gleiche Tempora im Haupt- und Nebensatz und durch Subjunktoren wie *wärend, als, indessen, solange* angezeigt.

(36) Als die amerikanische Fußballmanschaft zu ihrem ersten Training vorfuhr, sah es aus wie die Szene aus einem Agentenfilm. (SZ 21.3.2006; S. 31)

• Vorzeitigkeit: Das Ereignis im Nebensatz liegt vor dem Ereignis des Hauptsatzes. Sie wird durch ungleiche Tempora im Haupt- und Nebensatz deutlich. Auch Subjunktoren (*nachdem, als, wenn, sobald, seit(dem)*) können Vorzeitigkeit markieren.

(37) Sie wollten uns das Filmmaterial erst abnehmen, nachdem wir erfolgreich waren. (Josef Haslinger: Opernball; SZ/Kriminalbibliothek 2006, Band 7, S. 56)

• Nachzeitigkeit: Das Ereignis im Nebensatz liegt nach dem Ereignis des Hauptsatzes. Sie wird primär durch Subjunktoren (*bevor, ehe, bis*) angezeigt. Die Tempusformen sind oft gleich im Haupt- und Nebensatz.

(38) Ich drängte mich durch die Menge, bis ich in die Nähe des Operneingangs kam. (Josef Haslinger: Opernball, a.a.O., S. 10)

Die Tempora des Deutschen:

> Das Tempus ist eine obligatorische Flexionskategorie der deutschen Sprache, die zur Einordnung eines Sachverhalts in den Zeitverlauf beiträgt.

Die Zeitrelation wird in allen Sätzen mit finiten Verben angegeben. Das Tempus dient der Lokalisierung von Ereignissen in der Zeit („grammaticalized location in time" (Comrie, 1985, S. 9)) und ist auch deiktischer Natur, da die Zeitlokalisierung erst in der Äußerung fixiert wird. Die traditionelle Grammatik hat für das Deutsche in Anlehnung an das Lateinische sechs Tempora angenommen (Präsens, Präteritum, Perfekt, Plusquamperfekt, Futur I und Futur II). Dies ist häufig hinterfragt, modifiziert und ergänzt worden, beispielsweise um „Doppelperfekt" (*Ich habe es geglaubt gehabt.*) und „Doppelplusquamperfekt" (*Ich hatte es geglaubt gehabt.*).

Der Status der Futurformen wurde auch problematisiert, bei Vater (1994, S. 61) werden sie aus dem Tempussystem ausgeschlossen. Vater begründet das mit dem „primär modalen Charakter“, dass sie sich wie Modalverb-Konstruktionen verhalten würden.

Diskutiert wird auch das Problem des grammatischen Status der Tempora, da im strengen Sinne Grammatikalisierung nur angenommen wird, wenn mit der grammatischen Funktion ein Flexiv verbunden ist. Im Deutschen werden aber nur die Präsens- und die Präteritum-aktiv-Formen allein mit Flexiven gebildet. Die anderen nehmen analytische (mehrteilige) Formen dafür (vgl. Tabelle 4.1 auf der nächsten Seite). Die beiden am häufigsten gebrauchten Tempusformen im Deutschen sind Präsens und Perfekt.

Die Tempusformen sind deutlich von der Zeitbedeutung zu trennen, da es keine 1-zu-1-Relation zwischen ihnen gibt. Die Tempus Grundform Präsens kann keinesfalls mit Gegenwart gleichgesetzt werden, da mit ihr alle absoluten Zeitbedeutungen realisiert werden können (vgl. Beispiele (39) aus Der Spiegel 36, 2005):

(39) a. Das kommentieren wir nicht.
= gegenwärtig (Handlungszeit gleich Äußerungszeit)
b. Der Bürgermeister Ray Nagin fordert von seiner Regierung [...]
Einen Tag später kommt Bush und verspricht, das zu tun.
= Ereignisse in der Vergangenheit werden berichtet
c. Diese Partei treibt dem Ruin entgegen.
= auf Zukunft orientiert
d. Vorbilder für einen Pöpelwahlkampf gibt es in Deutschland genug.
= allgemeingültig gemeint

Trotzdem ist es sinnvoll für die einzelnen Tempusformen Grundbedeutungen im Indikativ anzunehmen:

- Präsens:

Die bezeichneten Ereignisse werden als (noch) nicht vergangen markiert (Vater, 1994, S. 62). Damit werden alle Fälle unter (39) eingeschlossen, auch der, der aus der Vergangenheit in die Gegenwart reicht. Das „historische Präsens“, die Beschreibung eines vergangenen Ereignisses mit dem Präsens als „gegenwärtig“, um es anschaulicher, lebendiger zu machen, ist ein stilistisches Phänomen (Sprechen als ob gegenwärtig).

Präsens: Präteritum:	Verb + Flexiv Verb + Flexiv [Die Winterspiele von Turin **begannen** unverkrampft, ... **Taugt** der Einsatz der Justiz als Modell für die Zukunft? (Der Spiegel 9, 2006, S. 176)]
Perfekt:	*haben / sein* + Partizip II [Sie **haben sich** von jungen Jahren an der Politik **verschrieben**. (Der Spiegel 36, 2005, S. 43)]
Doppelperfekt:	*haben / sein* + Partizip II + Partizip II von *haben / sein* [Warum **hast** du sie **gefragt gehabt**, ob eure Beziehung es überhaupt noch bringt? (www.techno.de / forum / archive / index; 30.4.2006)]
Plusquamperfekt:	Präteritum von *haben / sein* + Partizip II [. . .], wo die Kirche ihrem Vater eine Pfarrstelle **zugewiesen hatte**. (Der Spiegel 36, 2005, S. 45)]
Doppelplusquamperfekt:	Präteritum von *haben / sein* + Partizip II + Partizip II von *haben / sein* [Tja, **hatte geglaubt gehabt**, schonmal geantwortet zu haben. (www.wer-weiss-was.de / theme65 / article2364001.html; 30.4.2006)]
Futur I:	*werden* + Infinitiv [Er **wird** das kaum **hinnehmen**. (Der Spiegel 36, 2005, S. 45)]
Futur II:	*werden* + Infinitiv Perfekt (= Partizip II + Infinitiv von *haben / sein*) [Schröder, [. . .], hat längst begonnen, seine Amtszeit unter dem Blickwinkel der künftigen Vergangenheit zu betrachten, dem grammatischen Futurum II verpflichtet: Dereinst wird man wissen, was die Nation an ihm **gehabt haben wird**. (Der Spiegel 36, 2005, S. 27)]

Tabelle 4.1: Tempusformen im Deutschen

- Präteritum:

Es ordnet dem Kommunikationsereignis eine Handlung bzw. einen Zustand in der Vergangenheit zu, die also vor dem Kommunikationsereignis liegt.

- Perfekt:

Es wird wie das Präteritum für die Vergangenheit benutzt und in der mündlichen Sprache bevorzugt dafür verwendet.

(*Ich kaufte etwas ein.*) vs. *Ich habe etwas eingekauft.*

Das erste Beispiel im Präteritum (*Ich kaufte etwas ein.*) klingt in der Alltagssprache gestelzt. Angesichts der Tatsache, dass das Perfekt in einem wesentlichen Kommunikationsbereich, wie in zahlreichen Dialekten auch, allein für die Kennzeichnung von Ereignissen und Zuständen in der Vergangenheit benutzt wird, scheint der Vorschlag, im Perfekt primär etwas Aspektuelles zu sehen, nicht richtig zu sein. Auch ist es nicht so, wie eine Regel der traditionellen Grammatik besagt, dass „eine Handlung, die in der Vergangenheit begonnen wurde und bis in die Gegenwart andauert, [...] durch das Perfekt auszudrücken [sei]. Abgeschlossene Handlungen ständen im Präteritum" (Genzmer, 1995, S. 107).

- Doppelperfekt:

Es wird in der mündlichen Kommunikation benutzt, hat die Konnotation ‚umgangssprachlich' und m. E. einen verstärkenden Charakter (vgl. 40). Funktional ist es synonymisch mit dem Plusquamperfekt, es dient zur Bezeichnung der Vorvergangenheit.

(40) a. Ich habe gefragt gehabt.
b. statt: Ich hatte gefragt.

- Plusquamperfekt:

Es wird häufig als „Vorvergangenheit" interpretiert. U. a. ist in der Duden-Grammatik (Dudenredaktion, 2005, S. 505) bei allen „Perfekttempora" von der Einführung einer Orientierungszeit[12] die Rede, „die durch die Tempusform [...] des Hilfsverbs angezeigt wird." Beim Plusquamperfekt liege diese Orientierungszeit vor der Sprecherzeit.

12 *Als ich hinschaute, hatte es geregnet.*: Die Sprecherzeit (Sprecher-Jetzt), die Geschehenszeit (Zeit des Regnens) und die Orientierungszeit (Zeit des Hinschauens) werden unterschieden. Eine genaue Charakterisierung, was die Orientierungszeit kennzeichnet, wird nicht gegeben (vgl. Dudenredaktion (2005, S. 505)).

(41) Über 14 Jahre **hatte** er schon am Washingtoner Obersten Gerichtshof **gedient**, bevor er 1986 als dessen 16. Vorsitzender ernannt wurde.
(Der Spiegel 37, 2005; S. 226)

In dem Beispiel (41) haben wir die Zeit des Schreibens durch den Verfasser (<gegenwärtig>), die Zeit des Ereignisses der Ernennung (<vergangen>) und durch das Plusquamperfekt das Ereignis des ‚Dienens am Gerichtshof' (<vorvergangen>).

• Doppelplusquamperfekt:

Es ist umgangssprachlich konnotiert und flexibel einsetzbar sowohl zur Kennzeichnung der Vergangenheit als auch der Vorvergangenheit (42).

(42) a. Ich hatte gefragt gehabt.
b. statt: Ich hatte gefragt.
c. statt: Ich fragte.

• Futur I:

Es hat primär Zukunftsbedeutung (wie in 43a.), kann aber auch rein modal mit Gegenwartsbedeutung benutzt werden (43b.).

(43) a. Der Wald wird sterben, wenn es keine drastische Wende in der Umweltschutzpolitik gibt.
b. Im Zimmer ist es ganz ruhig, Maria wird schon schlafen.

Oft – besonders in der mündlichen Kommunikation – verwendet man allerdings das Präsens für Zukünftiges, das durch lexikalische oder grammatische Mittel angezeigt wird (wie in 44).

(44) Verdrängt Angela Merkel Gerhard Schröder aus dem Kanzleramt? Verfolgen Sie den Wahlabend auf Spiegel online:
(Der Spiegel 37, 2005; S. 226)

• Futur II:

Es hat, wie beim Plusquamperfekt beschrieben, einen dritten zeitlichen Bezugspunkt. Es beschreibt ein Ereignis, das „nach einer bestimmten Zeit in der Zukunft abgeschlossen sein wird" (Genzmer, 1995, S. 114). Es wird allerdings selten benutzt. In dem schon angeführten Beispiel (45) haben wir die Zeit des Schreibens durch den Verfasser (<gegenwärtig>), die Ereigniszeit (*dereinst*) der abgelaufenen Amtszeit (<zukünftig>) und das Ereignis der Neueinschätzung (<zukünftig auf Basis der Vergangenheit>).

(45) Schröder, [. . .], hat längst begonnen, seine Amtszeit unter dem Blickwinkel der künftigen Vergangenheit zu betrachten, dem grammatischen Futurum II verpflichtet: Dereinst wird man wissen, was die Nation an ihm **gehabt haben wird**.
(Der Spiegel 36/2005, S. 27)

4.2.1.4.2 Modus

Modus und Modalität:

So wie es nützlich ist zwischen Tempus und Zeit zu unterscheiden, ist die terminologische Trennung von Modus und Modalität[13] sinnvoll: Modus meint die morphologische Verbkategorie, und Modalität ist eine funktional-semantische Kategorie des Satzes.

> Modalität ist die Sprechereinstellung zum Satz. Sie betrifft die Einschätzung eines Zustandes oder Ereignisses durch den Kommunizierenden hinsichtlich des Geltungsgrades.

Speziell meint dies drei Faktoren:

- Die Übereinstimmung mit der Wirklichkeit: [wirklich] vs. [nicht wirklich],
- die Realisierungsmöglichkeit: [möglich] vs. [unmöglich] oder
- deren Bewertung hinsichtlich der Notwendigkeit oder Gewissheit.

  Man nimmt einige Grundmodi an, die als *deklarativ, interrogativ, imperativ, exclamativ* und *optativ* bezeichnet werden (Lang und Pasch, 1988, S. 8). Nicht für alle diese Grundmodi hat die deutsche Sprache spezielle grammatische Mittel. Es werden unterschieden:
- deklarative Sätze = Aussagesätze,
- interrogative Sätze = Fragesätze,
- imperative Sätze = Aufforderungssätze,
- exclamative Sätze = Überraschungsäußerungen,
- optative Sätze = Wunschsätze.

> Die Modalität eines Satzes wird immer angezeigt, da sie ein obligatorischer inhaltlicher Satzbestandteil ist. Sie wird durch das Zusammenspiel von lexikalischen (Modalverben, Satzwörter, Partikeln), intonatorischen (Intonationsmuster, Kontrastakzent) und morphosyntaktischen Mitteln (Modi, Wortfolge) deutlich.

---

[13] Es geht eigentlich, terminologisch exakt ausgedrückt, um die Satzmodalität.

Beispielsweise modifizieren Satzadverbien (wie *vermutlich* oder *tatsächlich*) den Grundmodus von Sätzen. In dem folgenden Beispiel wird eine deklarative Modalität durch das Satzadverb (*vermutlich*) in eine konjunktivische Modalität verändert.

(46) Der in Berlin-Zehlendorf tot gefundene Junge ist vermutlich erschlagen worden. (www.de.news.yahoo.com; 16.9.2005)

Man spricht auch von Modalfeldern, um die sich spezifische modale Mittel gruppieren.

> Die Modi haben die Funktion zum Wirklichkeitsbezug bzw. zum Wahrheitsanspruch von Äußerungen beizutragen. Im Deutschen werden beim Verb vier Modi markiert: Indikativ, Imperativ, Konjunktiv I und Konjunktiv II.

Die Modi des Deutschen:

- Indikativform:

Die Indikativform des Verbs wird als die neutrale modale Grundform angesehen. Das Verb erfährt deshalb auch keine spezielle Markierung. Die Hauptmodalität ist, etwas als 'wirklich', 'real vorhanden' zu bezeichnen.

(47) Die Zeit wartet nicht
(SZ 19.9.2005; S. 41)

Allerdings können lexikalische Mittel diese Grundmodalität verändern. So hat Krycki (2001, S. 43) für Wetterberichte in regionalen Tageszeitungen festgestellt, dass sie sich des Indikativ Präsens bedienen, die Modalität aber ausschließlich durch lexikalische Mittel ausgedrückt wird (wie in (48)[14] die konjunktivische Modalität).

(48) Nur im Bergland sind einige Schauer möglich.
Auch einige Gewitter sind nicht ausgeschlossen.

- Imperativform:

Die Imperativform markiert die Aufforderungsmodalität ('Aufforderung', 'Ratschlag', 'Vorschlag', 'Wunsch' oder 'Verbot').

Sie wird vom Präsensstamm der Verben in der 2. Person Singular und Plural gebildet. Die Singularformen haben ein Nullmorphem; bei schwachen Verben wird das Flexiv *-e* angehängt (das allerdings zunehmend wegfällt); bei den Pluralformen tritt ein *-t*-Flexiv auf. Die höflichen Imperativformen in der 3. Person benutzen die Infinitivformen der Verben.

[14] Belege aus Krycki (2001, S. 43).

(49) a. Check' deine Bildungschancen
(SZ 19.9.2005; S. 48/Annonce von Ausbildungsoffensive-Bayern.de)
b. Dr. Döpfner empfiehlt: Geht weg. Zukunft ist woanders.
(http://publizistik-in-berlin.de; 23.1.2006)
c. Bitte geben Sie Ihre Mitgliedsnummer an, falls Sie sie gerade zur Hand haben.
(www.wettbewerbszentrale.de; 2.5.2006)

• Konjuktivformen:

Traditionell unterscheidet man den Konjunktiv I und II. Der Konjunktiv I wird vom Präsensstamm mit dem Flexiv *-e* bzw. dem Vokalwechsel *e* > *i* gebildet. Allerdings wird das Konjunktivflexiv *-e* nicht in allen Formen sichtbar, alternativ wird auf den Konjunktiv II oder die *würde*-Umschreibung zugegriffen. Gallmann (2005) spricht deshalb davon, dass der Konjunktiv I im Verschwinden begriffen ist, weil die morphologisch ungenügend markierten Formen nicht mehr gebraucht werden.

(50) sie sucht (Indikativ) > sie suche (Konjunktiv I),
wir/sie suchen (Indikativ + Konjunktiv I)
er gibt (Indikativ) > er gebe (Konjunktiv I), ...

Der Konjunktiv II wird vom Präteritumstamm abgeleitet. Bei starken und unregelmäßigen Verben wird er durch einen umgelauteten Stammvokal

(51) er trug > er trüge

und bei allen Verben, wie im Konjunktiv I, durch das Flexiv *-e* markiert.

(52) sie ging > sie ginge

Die Konjunktivformen, besonders der Konjunktiv I, werden benutzt, um wiederzugeben, was andere Personen geäußert haben (= indirekte Rede).

(53) ... während sie fragte, was er wünsche und ob er angemeldet sei.
(Martin Walser: Ehen in Philippsburg. SZ/Bibliothek 2004, Band 9, S. 8)

Man kann mit ihnen aber auch Aufforderungen, Wünsche, Relativierungen, Bewertungen und Unwirkliches ausdrücken.

(54) a. Die Kandidatin hätte die Frage nicht klarer beantworten können.
(Der Spiegel, Wahlsonderheft 2005; S. 38)
= Bewertung durch den Verfasser

b. Doch nun könnten Politiker und Experten den verborgenen Charme von Schwarz-Rot entdecken.
(Der Spiegel, Wahlsonderheft 2005; S. 38)
= Der Verfasser äußert eine Vermutung.

An Stelle der Konjunktivformen wird häufig *würde* + Infinitiv verwendet, da es leichter bildbar und eindeutig ist.

(55) sie geht – gehe / sie ging > ginge / sie würde gehen

(56) Doch es geht bzw. würde gehen, allerdings nur dann, wenn der Webserver so wasserdicht wie eine Filtertüte ist, oder?
(www.forum.goteamspeak.com; 19.9.2005)

Es gibt in der neueren Grammatiktheorie Diskussionen, ob es sinnvoll ist, an den Termini „Konjunktiv Präteritum" und „Konjunktiv Imperfekt" festzuhalten (Gallmann, 2005, S. 8), da der „Konjunktiv Präteritum" keine präteritale Zeitkomponente habe.

Auf jeden Fall scheint es sinnvoll zu sein, die *würde*+Infinitiv-Form als ein reguläres Konjunktivmuster anzusehen.

4.2.1.4.3 Genus verbi

> Genus verbi stellt eine morphosyntaktische Verbkategorie dar, die aus den Teilkategorien Aktiv und Passiv besteht. Sie hat die Hauptfunktion, die ‚Handlungsrichtung' zwischen dem Subjekt des Satzes, den Objekten und dem Verb anzugeben.

Die Genera des Deutschen:

- Aktiv:

Das Aktiv ist das Grundgenus, alle Verben können es bilden. Das Subjekt ist in den Aktivkonstruktionen oft die handelnde Größe.

(57) Auch heute, jetzt gerade, in diesem Moment **kämpfen Menschen** mit ihrem Linux-Rechner.
(linuxuser 10.2005; S. 58)

Es kann aber auch fehlen (wie in 58a.) oder ein Zustandsträger (das Objekt der Wahrnehmung oder das, was sich in einem bestimmten Zustand befindet) sein (58b.).

(58) a. Jetzt geh weg. Mach die Tür zu. (www.csn.tu-chemnitz.de; 19.9.2005)
b. **Open Suse beinhaltet** ausschließlich freie Software. (linuxuser 10.2005; S. 82)

• Passivformen:

Prototypischerweise können von transitiven Verben (Verben mit angelegtem Akkusativobjekt) Passivformen gebildet werden. Es gibt aber auch transitive Verben, die kein Passiv bilden können und andererseits ermöglichen auch einige intransitive Verben die Passivbildung.

Es können also nicht alle Verben Passivformen bilden. Dies kann syntaktische und semantische Ursachen haben.

Der syntaktischen Beschränkung der nicht Passivierbarkeit[15] unterliegen die einwertigen (wie in 59a.) und reflexiven Verben (59b.):

(59) a. Doch die Ikone bockt. (SZ 20.9.2005; S. 35)
→ * Es wird doch von der Ikone gebockt.
b. Wir müssen uns zusammenraufen, [. . .]. (SZ 20.9.2005; S. 42)
→ * Uns wird zusammengerauft.

Es gibt aber subjektloses Passiv bei intransitiven und reflexiven Verben (vgl. Beispiele in (60)).

(60) a. Es wird getanzt.
b. Es wurde laut gelacht.
c. Ich hoffe, es wird sich daran beteiligt.

Diesen Beispielen ist gemeinsam, dass keine spezifischen Subjekte auftreten; Engel (2002) spricht in solchen Fällen sehr treffend vom generellen Passiv.

Semantische Beschränkungen gibt es u. a. in „Sätzen, bei denen das Akkusativobjekt einen Teil des Subjekts bezeichnet“ (Eichler und Bünting, 1996, S. 119), wenn zwischen Subjekt und Akkusativobjekt eine metonymische Relation besteht.

---

15 Eine vollständige Liste aller Beschränkungen kann hier nicht gegeben werden.

(61) Sie haben ihre Handschuhe vergessen.
→ * Ihre Handschuhe wurden von ihnen vergessen.

Eine reguläre Passivumformung ist auch nicht möglich, wenn „das Subjekt kein Agens (kein aktiver persönlicher Täter) ist" (Helbig und Buscha, 1991, S. 172).

(62) Er bekommt eine Duldung bis zum Abschluss seines Asylverfahrens.
(www.existenzgeld.de; 20.9.2005)
* Eine Duldung wird von ihm ...

Nach der Bildungsweise unterscheidet man drei Passivformen, die alle analytische Verbformen sind:
– das *werden*-Passiv (eine Form des Hilfsverbs *werden* + das Partizip Perfekt des Vollverbs). Es wird auch Vorgangspassiv genannt (vgl. Tabelle 4.2).

	Aktivformen	Passivformen
Präsens:	ich lese	es wird gelesen
Präteritum:	ich las	es wurde gelesen
Perfekt:	ich habe gelesen	es ist gelesen worden
Plusquamp.:	ich hatte gelesen	es war gelesen worden
Futur I:	ich werde lesen	es wird gelesen werden
Futur II:	ich werde gelesen haben	es wird gelesen worden sein

Tabelle 4.2: Formen des Vorgangspassivs

‚Konstruktionen mit Subjekt' können von transitiven Verben gebildet werden. Sie werden meist als Ableitungen von den Aktivformen aufgefasst.

(63) Jeder Punkt wurde gefeiert.
(www.volleyballer.de; 20.9.2005)

‚Konstruktionen ohne Subjekt' können auch von intransitiven Verben (wie in (64b.)) gebildet werden.

(64) a. Nein, gestern wurde gefeiert im Lobedaer Klinikum.
(www2.uni-jena.de; 20.9.2005)
b. In der Schule wurde geschwiegen.
(www.zeus.zeit.de; 20.9.2005)

Präsens:	es ist gelesen
Präteritum:	es war gelesen
Perfekt:	es ist gelesen gewesen
Plusquamperfekt:	es war gelesen gewesen
Futur I:	es wird gelesen sein
Futur II:	es wird gelesen gewesen sein

Tabelle 4.3: Formen des Zustandspassivs

– das *sein*-Passiv (eine Form des Hilfsverbs *sein* + das Partizip Perfekt des Vollverbs). Es wird auch Zustandspassiv genannt (vgl. Tabelle 4.3).

In der Gegenwartssprache wird das *sein*-Passiv eigentlich nur im Präsens und Präteritum verwendet. Es kann auch von einigen intransitiven Verben gebildet werden.

(65) Eine Personalie ist geklärt, vieles andere noch nicht. (http://archiv.tagesspiegel.de; 23.1.2006)

Das Zustandspassiv beschreibt das Ergebnis einer Handlung.

– das *bekommen*-Passiv (eine Form des Verbs *bekommen* + das Partizip Perfekt des Vollverbs). Es wird auch als Rezipienten- oder Dativpassiv bezeichnet, da neben dem Akkusativobjekt auch ein Dativobjekt beim Vollverb angelegt ist. Auch mit bedeutungsschwachem *kriegen* und *erhalten* kann es gebildet werden. Das nachfolgende Beispiel (66a.) kann man, wie in (66b.) angedeutet, inhaltlich ableiten.

(66) a. Türkei bekommt von den USA 200 Millionen Dollar geschenkt (http://shortnews.stern.de; 17.9.2002)
b. Türkei (Subjekt/Empfänger) bekommt von den USA (Agens) 200 Millionen Dollar (Akkusativobjekt/Patiens) geschenkt < Die USA (= Subjekt/Agens) schenken der Türkei (Objekt/Empfänger) 200 Millionen Dollar (Akkusativobjekt/Patiens).

Die grammatische Beschreibung des Passivs beinhaltet noch eine Reihe offener Fragen. Leiss (1992, S. 72) stellt dazu fest:

> Eine Definition des Passivs muß vor allem eine Antwort auf die Frage nach dem ‚Warum' des Passivs geben können, d.h. sie muß die Frage nach der Funktion des Passivs beantworten.

Sie diskutiert die ‚Vorstufungshypothese', die besagt, dass „die Passivierung primär durch das direkte Objekt ausgelöst wird. Die Leistung des

Passivierungprozesses ist danach, das direkte Objekt ‚vorzustufen', so daß es zum ersten Argument des Satzes wird. " (S. 84)

(67) Maria liebt Josef. → Josef wird von Maria geliebt.

Die ‚Rückstufungsthese' sieht in der Tilgung des Agenssubjektes das Primäre.

(68) Er wird in einer der folgenden Sitzungen gewählt, [...].
(Der Spiegel, Wahlsonderheft 2005; S. 10)

2.) Bestimmen Sie die grammatischen Kategorien (formale und funktionelle) der Verben nach dem Vorbild von *ist*!

Es ist wieder Eisweinzeit. Die frostigen Temperaturen werden von den Winzern genutzt, um Trauben für diese oenologischen Spezialitäten zu lesen. Mindestens sieben Minusgrade und trockenes Wetter braucht es, damit das Wasser in den Weinbeeren so gefroren ist, dass beim Keltern nur ein hochkonzentrierter Saft austritt.
(SZ 23.12.2004; S. 12)

– ist: [3.P. Sgl.; Präsens: 'gegenwärtig'; Indikativ: 'wirklich'; Aktiv]

4.2.1.5 Wortbildung der Verben

Neue Verben entstehen in der Regel durch Derivation und nicht durch Komposition.

Wunderlich (1987) hat nachgewiesen, dass es keine richtigen Verbkomposita im Deutschen gibt und wahrscheinlich auch in den anderen Sprachen nicht. Bildungen wie *notlanden* ('eine Notlandung vornehmen') oder *mähdreschen* ('mit dem Mähdrescher arbeiten') sind, wie die Paraphrasierung der Motivierung des Inhaltes zeigt, keine Komposita, sondern „Rückbildungen" (Verkürzungen) der Nomen *Notlandung* und *Mähdrescher*. Sie werden auch als Pseudokomposita bezeichnet. Sie können auch nicht als Partikelverben aufgefasst werden, weil sie im Gegensatz zu diesen meist syntaktisch fest sind (sie fallen bei Flexion nicht auseinander).

Auch die Suffigierung ist eingeschränkt. „Es gibt im Deutschen nur wenige V-Suffixe (*l, ig, ier* wie in *lächeln, reinigen, stolzieren*)" (Wunderlich, 1987, S. 93).

> Neue Verben werden überwiegend mit Präfixen und präfixartigen Partikeln, die primär mit Präpositionen oder Adverbien korrespondieren, abgeleitet. Sie treten an Verben und modifizieren sie semantisch und syntaktisch.

Kühnhold und Wellmann (1973, S. 141ff.) beschreiben die möglichen syntaktischen Veränderungen der Basisverben bei der Präfigierung. Diese betreffen:

- Änderungen der Valenz des Grundverbs wie bei *erwirtschaften*: *wirtschaften > erwirtschaften jemandem etwas*.
- Transitivierung des Grundverbs wie bei *vertrödeln*: *jemand trödelt > jemand vertrödelt die Zeit*.
- Reflexivierung des Grundverbs wie bei *sich versprechen*: *jemand spricht > jemand verspricht sich*.
- Mitwirkung bei der Verbalisierung nominaler Basen wie bei *ermannen* oder *betören*.
- Aktionale Abstufung (vgl. Kapitel 5.3.1) wie beispielsweise bei *blühen*: > *erblühen* 'anfangen zu blühen'; > *verblühen* 'enden zu blühen'.

Die Hauptleistung von Präfixen ist aber die semantische Modifizierung des Verbs, an das sie treten.

> Das Präfix bringt Inhaltsmerkmale hinzu mit distinktiver Funktion sowohl gegenüber dem Grundverb als auch gegenüber anderen Präfixverben. Es entsteht so eine Art System modifizierender Abstufung der Basisverben, eine ausgesprochen semantische Modifikation, wofür relativ zahlreiche Präfixe zur Verfügung stehen, die für eine rein syntaktische Umwertung des Simplex in dieser Vielfalt nicht erforderlich wären.
> (Kühnhold und Wellmann, 1973, S. 142)

So kann eine 'Intensivierung' einer Handlung mit den Präfixen *ver-* (*hindern > verhindern*), *er-* (*dulden > erdulden*), *be-* (*mühen > bemühen*) und *zu-* (*lassen > zulassen*) gekennzeichnet werden. Dieser semantische Beitrag kann außerdem noch durch eine Reihe von Partikeln (*auf- > aufgliedern*, *ab- > abschätzen*, *unter- > unterlassen*, ...) eingebracht werden.

Präfixverben im weiteren Sinne werden von Meibauer (2002, S. 59) in Anlehnung an Altmann und Kemmerling (2000) in vier Typen getrennt (4.7 auf der nächsten Seite):

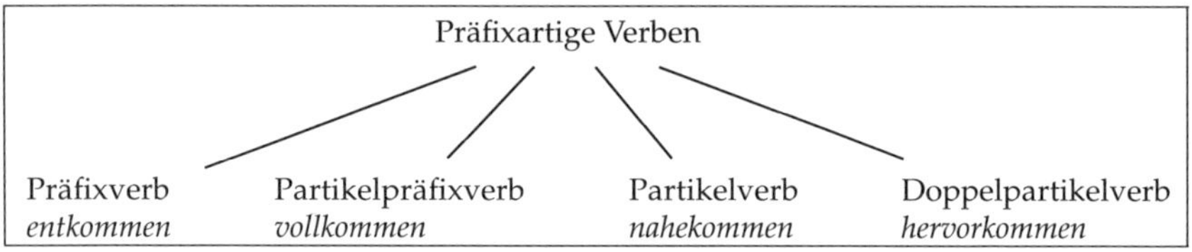

Abbildung 4.7: Typen von Präfixverben

- Präfixverben sind komplexe Verben, die mit echten Präfixen abgeleitet wurden. Diese echten Präfixe (*ge-*, *er-*, *ver-*, *be-*, *ent-/ant-/emp-*, *zer-*, *miss-*) haben folgende Charakteristika:
  - Sie haben heute keine frei vorkommenden Homonyme mehr.
  - Sie sind im Falle der Flexion nie abtrennbar.
    (*Sie entkam der Polizei.*)
  - Sie sind in der Regel nicht akzentuiert.
  - Sie bilden das Partizip Perfekt nicht mit *ge-* und beim Infinitiv tritt *zu* nicht wortintern auf.
  - Sie sind demotiviert und idiomatisiert.
- Partikelpräfixverben sind komplexe Verben, die mit Partikelpräfixen gebildet wurden. Diese haben die meisten Eigenschaften der echten Präfixe, unterscheiden sich von diesen in der Tatsache, dass sie freie Entsprechungen haben und ihre Semantik und Motivierung oft noch gut erschließbar sind.
- Partikelverben sind „gegenwärtig zweifellos das produktivste und vielfältigste verbale Wortbildungsmuster" (Altmann und Kemmerling, 2000, S. 82). Sie haben folgende Spezifika:
  - Sie haben frei vorkommende Homonyme (Präpositionen bzw. Adverbien).
  - Sie werden im Flexionsfall abgetrennt (*Sie kamen sich nahe.*)
  - Sie tragen in der Regel den Hauptakzent.
  - Sie bilden das Partizip Perfekt mit dem diskontinuierlichen Affix [*ge- -t/en*] (*nahegekommen, aufgesagt*), das zwischen Partikel und Verbstamm geschoben wird, und sie realisieren den Infinitiv mit wortinternem *zu* (*nahezukommen*). Die Flexive „trennen" morphologisch die Partikel vom Verbstamm.
- Doppelpartikelverben wurden mit Doppelpartikeln (zweigliedrigen Partikeln) deriviert und haben die Eigenschaften der Partikelverben.

Eine interessante morphologische Frage ist die schon angesprochene Bildung des Partizips Perfekt der Partikelverben (*herumrennen* > *herumgerannt*). Man spricht in diesem Zusammenhang auch von einem Klammerparadoxon, das auch bei der *Ge- -e*-Nominalisierung der Partikelverben auftritt (*das Herumgerenne*). Man sieht traditionell darin ein paradoxes Phänomen, weil der semantische Beitrag der diskontinuierlichen Morpheme *ge- -t/en* und *Ge- -e* das gesamte Partikelverb betreffen würde und nicht nur den Verbstamm, den es jeweils umschließt.

Müller (2003b) diskutiert für solche Bildungen wie *Herumgerenne* u. a. die Frage, welches die zu Grunde liegende syntaktische Struktur sei, a. oder b. in der folgenden Strukturübersicht:

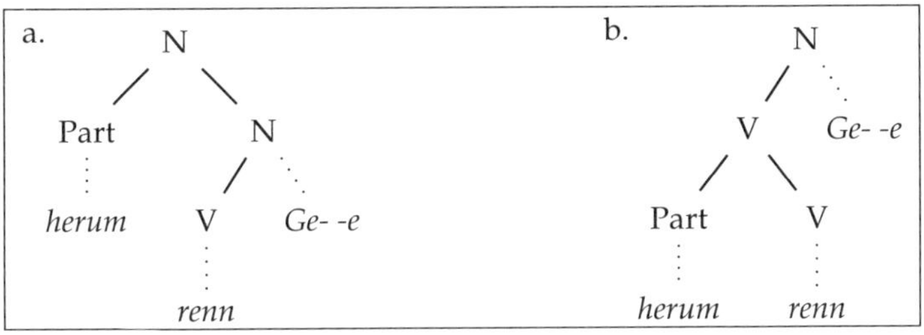

Abbildung 4.8: Alternative Strukturen für *Herumgerenne*

Er spricht sich für a. aus und geht also offenbar davon aus, dass erst das Nomen *Gerenne* verstanden wird und dann die Partikel „angefügt“ wird. Er möchte dies aber nicht als Komposition aufgefasst wissen, weil es keine sonstigen Komposita mit Doppelpartikeln wie *herum* gebe (Müller, 2003b, S. 5). Nominale Komposita mit einem Adverb als Erstglied (*Hervorhebung, Rundumleuchte, Auswärtsspiel, ...*) sind allerdings im Deutschen nicht ungewöhnlich (vgl. auch Fleischer und Barz (1995)).

Die Frage ist hier eigentlich, ob *herum* noch ein Adverb oder ein Affix bzw. Affixoid ist. Da es zahlreiche verbale Bildungen mit *herum* gibt (*herumkommen, herumbummeln, herumfahren, herumführen, ...*), es also reihenbildend ist, und seine ursprüngliche adverbiale Bedeutung (‘eine Bewegung, Schwenkung im Bogen’ – *Sie ging nach rechts herum.*) häufig verloren hat, ist es m. E. als Affixoid oder als affixartiges Morphem, wie es Erben (2000, S. 27) nennt, anzusehen. Es bringt in *Herumgerenne* ein Element wie ‘Ziel-, Plan- und Richtungslosigkeit’ ein, die das freie *herum* schon in Verbindung mit *um* hat (*Um Ostern herum ...*). Müller schreibt von einer Unterspezifikation der Partikel.

Wenn man die vielen verbalen Bildungen mit *herum* betrachtet, sieht man, dass *herum* polysem ist und jeweils eine Bedeutungskomponente einbringt:

– *um den Baum herumfahren*: 'fahren' 'eine bogenförmige Richtung';

– *das Bild herumdrehen*: 'drehen' 'zur anderen Seite';

– *da sie herumbummeln*: 'bummeln' 'ziel- und planlos';

– *weil sie herumexperimentieren*: 'experimentieren' 'längere Zeit'.

Bildungen, wie *Herumgerenne* haben m. E. folgende Struktur:

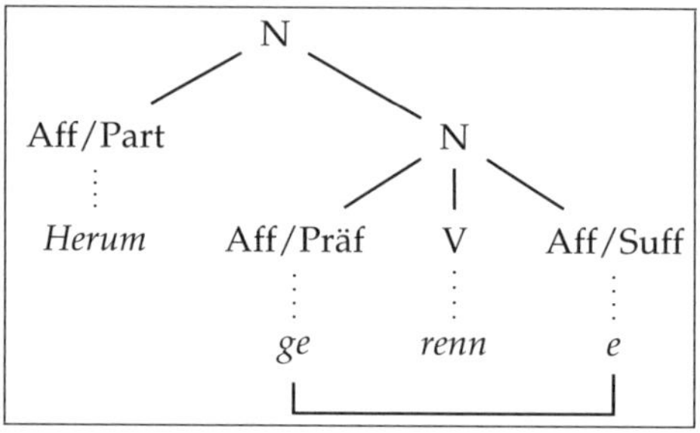

Abbildung 4.9: Struktur für *Herumgerenne*

Etwas Paradoxes ist hier nicht erkennbar: Mit dem Zirkumfix *Ge- -e* wird aus dem Verb *renn(en)* das Substantiv *Gerenne* abgeleitet, und es werden die semantischen Komponenten 'iterativ'+ 'negativ bewertet' hinzugefügt. Mit der affixoiden Partikel kommt eine weitere semantische Komponente zum Nomen hinzu. In Wendungen wie in (69) ist es die Komponente 'ziel- und planlos'.

(69) Sarah – die Fußball für hirnloses Herumgerenne hält – (www.dvd-center.de; 25.01.2006)

3.) Welcher Verbwortbildungstyp liegt vor bei *bröckeln, abbröckeln, zerbröckeln*?

4.2.2 Substantive

4.2.2.1 Grammatische Charakteristika

Substantive, auch Nomen genannt[16], haben im Deutschen eine herausgehobene Stellung durch ihre Großschreibung, deren Einführung ein allmählicher Prozess war, der von dem Schriftsteller J. Ch. Gottsched 1749 folgendermaßen beschrieben wurde:

> Man hat, um der Zierde halber, schon in alten Zeiten, den Anfang jeder Schrift mit einem sogenannten großen Buchstaben gemacht; und dadurch der ersten Zeile eines jeden Buches ein Ansehen zu machen gesucht. Man gieng hernach weiter, und gab auch jedem neuen Capitel, jedem neuen Absatze, und endlich jeder neuen Periode, eben dergleichen Zierrath. Endlich gaben, die Poeten [...] jeder Zeile ihrer Gedichte, oder jedem Verse, einen größeren und zierlichern Anfangsbuchstaben. [...]
>
> Doch dabey blieb es nicht. Man wollte allmählich auch die Namen Gottes, der großen und berühmten Leute, der Länder und Städte, und endlich aller Menschen ohne Unterschied, durch dergleichen Anfangsbuchstaben von andern Wörtern absondern, daß sie desto mehr in die Augen fallen sollten. Und da dieses im Leben gute Dienste that: so fuhr man fort, und gab auch gewissen Hauptwörtern, worauf viel ankam, diesen Vorzug. [...]
>
> Wir Deutschen aber sind noch weiter gegangen, und haben wegen der, bey der letzten Art der Wörter vorkommenden vielen Unrichtigkeiten, derein sich viele nicht finden können, alle Nennwörter, davor man *ein*, oder *der, die, das* setzen kann, mit großen Buchstaben zu schreiben angefangen.
> (Mentrup, 1980, S. 183–284)

Gottsched sieht also in der Verzierung, der Verbesserung der Lesefähigkeit und der Hervorhebung der Hauptwörter die Gründe für die Großschreibung. Er deutet aber auch die Probleme, die die Großschreibung mit sich bringt, an. In der Geschichte der Normierung der deutschen Rechtschreibung hat es gerade auch um die Großschreibung der deutschen Substantive immer hitzige und emotionalisierte Diskussionen gegeben, die dieses unikale Phänomen der deutschen Sprache verfestigt und später erhalten haben.

---

[16] In der traditionellen inhaltsbezogenen Sprachbeschreibung auch als *Hauptwörter, Dingwörter oder Nennwörter* bezeichnet.

Die Substantive werden dekliniert, d. h. sie haben die Möglichkeit, Genus (grammatisches Geschlecht), Numerus (Zahl) und Kasus (Fall) anzuzeigen. Dies geschieht meist gemeinsam mit anderen Wörtern. Speziell den Artikeln fällt diese Aufgabe zu. In dem nachfolgenden deutschen Sprichwort zeigt der Artikel *den* mit den Merkmalen [maskulin, singular, akkusativ] u.a. an, dass *den Raben*, obwohl die Nominalphrase an der Satzspitze im Vorfeld steht, nicht das Satzsubjekt sondern das Objekt des Waschens ist.

(70) Den Raben kann man nicht weißwaschen.
(Deutsches Sprichwort)

Aber auch Präpositionen, Adjektive oder Pronomen markieren die substantivische Deklination.

(71) a. **Bei Nacht** sind **alle Katzen** grau.
b. **Jedem Narren** gefällt **seine Kappe**.
(Deutsche Sprichwörter)

Die Genera:

> Die Genera (die grammatischen Geschlechter) maskulin (männlich), feminin (weiblich) und neutrum (sächlich) werden durch die Artikel bzw. Pronomen in ihren Flexionsformen sichtbar. Mittels der Genusmarkierung werden Bezüge zwischen Wörtern sichtbar.

(72) **Beide Male** wurde er aufgrund **seiner Umstände** ausgeschlossen: Die **zwei Versuche** scheiterten.
(www.literaturcafe.de; 25.8.2005)

Die Frage nach den „Prinzipien der Genuszuweisung“ (Heringer (1995)) wird schon seit der Entstehung der germanistischen Grammatiktheorie kontrovers diskutiert. Dies betrifft zum einen die Frage, ob es überhaupt Prinzipien der Genuszuweisung gibt und zum anderen, ob diese Prinzipien semantischer oder formalgrammatischer Natur sind. Heringer schätzt, dass bei den 1000 hochfrequenten deutschen Substantiven bei etwa 50% das Genus erklärbar ist (S. 205). Als relevante Regeln führt er u. a. an:

- Die oberste Formregel besagt, dass Komposita das Genus des Grundworts haben (*das Rattengift, die Wanderratte*).
- Eine weitere Formregel ist das Suffixprinzip: Substantivsuffixe weisen das Genus zu (*das Kleid* → *die Kleidung*).

• Das Leitwortprinzip legt für entlehnte Fremdwörter das Genus fest: Substantive können das Genus eines assoziativ verbundenen Substantivs haben (*das Spiel* → *das Match, das Hockey*).

• Auslautregeln können Tendenzen angeben: z. B. : Substantive auf *-b* sind nicht feminin (*das Lob, der Dieb*).

• Sexusmarkierte Substantive sind feminin, wenn sie weibliche Lebewesen bezeichnen, und maskulin, wenn sie männliche Lebewesen benennen (*die Mutter – der Vater; die Nichte – der Cousin*).

Die Numeri:

> Singular und Plural markieren oft, dass etwas einmal oder mehrfach vorhanden ist.

Die Numeri können aber nicht grundsätzlich mit Einzahl und Mehrzahl gleichgesetzt werden, da der Singular auch Kollektives (*Der Zebrafink ist ein Vogel.*) oder ungegliederte Vielheiten (*das Laub, die Armee, das Gebüsch, ...*) bezeichnen kann. Auch die Pluralform benennt nicht immer eine Vielzahl. Es kann auch die Gegliedertheit eines Objektes gemeint sein (*die Wirren, die Alpen*[17] ...). Darüber hinaus gibt es Lexeme bzw. Bedeutungsvarianten von ihnen, die nicht pluralfähig sind (*das Gold*).

Der markierte Fall ist in der Regel der Plural; was mehr ist, wird dann mit einem Mehr an Form gekennzeichnet. Der Plural wird im Deutschen mit verschiedenen Mitteln gebildet (vgl. Tabelle 4.4):

mit Pluralflexiven:	*-e*: *Tisch-e* *-n*: *Rose-n* *-en*: *Frau-en* *-er*: *Kind-er* *-s*: *Auto-s* *-a*: *Lexik-a* Ø: *Kabel* ...
mit Umlautungen (+ Pluralflexiven):	*Väter, Wälder*
mit Lexemen, die im Singular stehen:	*der Mensch – die Menschheit, der Bürger – das Bürgertum*

Tabelle 4.4: Pluralbildung

[17] *Die Alpen* sind ein Pluraltantum, ein Substantiv, das nur im Plural vorkommt.

Auf dem letzten Mittel der Pluralbildung basiert nachfolgender Scherz:

> In Bayern herrscht die weit verbreitete Meinung, das Wort Vielfalt sei die Mehrzahl des Wortes Einfalt.
> Dieser Ausspruch stammt aus einem Programm der neunziger Jahre des bayrischen Kabarettisten Sigi Zimmerschied.
> (SZ 24.8.2005; S. 31; Leserbrief)

Die Kasus:

> Die Kasus des Deutschen sind Nominativ, Genitiv, Dativ und Akkusativ. Sie werden hauptsächlich durch die Artikel angezeigt. Am Substantiv werden sie nur zum Teil durch Flexive markiert.

Bezogen auf die Verteilung der Flexive werden nach Gallmann und Sitta (1996) drei Deklinationsarten unterschieden, die „sich anhand der Form des Genitivs auseinander halten" lassen. (S. 55) Es werden danach unterschieden (4.5):

die Nulldeklination:	Substantiv hat keine Genitivendung *der Frau*
die *s*-Deklination:	Substantiv hat *-es/-s* Genitivendung *des Mann(e)s*
die *n*-Deklination:	Substantiv hat *-en/-n* Genitivendung *des Menschen*

Tabelle 4.5: Arten der Substantivdeklination

> Die Funktion der Kasus liegt in der Satz- und Phrasenorganisation, sie zeigen die syntaktischen Rollen an und bringen die Beziehungen der Wörter zueinander zum Ausdruck.

Über die Semantik der Kasus gibt es im Rahmen funktionaler und inhaltsbezogener Sprachbetrachtungen viele Untersuchungen, die das Ziel hatten, den einzelnen Kasus „kognitiv fundierte ‚einheitliche' Kasusfunktionen" zuzuschreiben, was sich aber als unmöglich herausgestellt hat (Willems, 1997, S. 181). Willems sieht es aber als möglich an, syntaktisch fundierte „designative Kasusfunktionen" (S. 185) zu ermitteln. Folgende primäre Kasusfunktionen nimmt er an:

- Nominativ:

Funktion der weiter zu determinierenden Imposition[18], d. h., das durch das Nomen im Nominativ Eingeführte muss weiter determiniert werden.

[18] Von lateinisch *impositio* abgeleitet, 'das Aufgelegte'.

Die Determination kann verbal, nominal, adverbial oder adjektivisch erfolgen:

(73) a. Die Frau lacht.
b. Die Frau ist Lehrerin.
c. Die Frau ist dort.
d. Die traurige Frau

• Genitiv:

Er hat im Gegenwartsdeutschen an Bedeutung verloren. In Anlehnung an R. Jakobson wird er als „beschränkender bzw. besondernder" Umfangskasus verstanden, d. h., mit dem Nomen im Genitiv wird eine „Einschränkung des Umfangs der durch den G weiter spezifizierten Größe" vorgenommen (Willems, 1997, S. 192).

(74) a. Er verkauft **das Haus**.
b. > Er verkauft **das Haus des Vaters**.

• Dativ:

Er hat nach Willems (1997, S. 196) die einheitliche Funktion „Inkohärenzstiftung", d. h. die im Dativ genannte Größe wird „als von der eigentlichen Handlung ‚isoliert', ‚abgelöst' oder ‚frei' dargestellt" (Willems, 1997, S. 205). In dem Beispiel (75) ist die Dativ-NP (*dem Freund*) eine Größe, auf die die Handlung nur orientiert ist, sie hat eine gewisse Unabhängigkeit.

(75) Er gab dem Freund ein Buch.

• Akkusativ:

Er hat nach Willems (1997, S. 196) die Kernbedeutung „Kohärenzstiftung". In dem Beispiel (76) stellt das Nomen im Akkusativ (*ein Buch*) eine Verbindung zum Nomen im Nominativ (*Josef*) her.

(76) Josef liest ein Buch.

Fillmore (1968) hatte mit seinem Aufsatz, der den schönen Titel „The Case for Case" trägt, frischen Wind in die Kasustheorie gebracht. Seine Grundidee, dass den Oberflächenkasus (den Kasusformen) Tiefenkasus (semantische Rollen) zuzuordnen seien, wurde in der Folge in alle grammatischen Frameworks einbezogen. Dabei konnte keine Einigkeit über die Anzahl und die Benennung der Tiefenkasus, die von Fillmore als universal gedacht waren, erzielt werden. In der Generativen Grammatik werden sie Thetarollen genannt und im Lexikon als zentrale Schnittstelle zwischen syntaktischen und semantischen Eigenschaften der Wörter angesehen. So vergibt aus dieser Sicht das Verb *geben* drei syntaktische Positionen, denen jeweils eine Thetarolle zugewiesen wird (4.10):

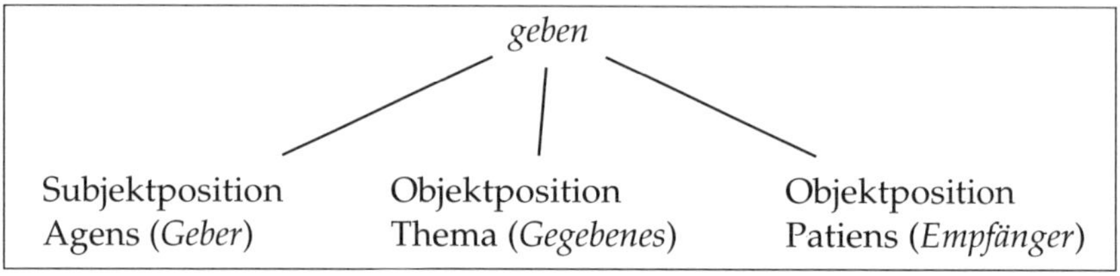

Abbildung 4.10: Tiefenkasus

Den Oberflächenkasus können folgende Tiefenkasus zugewiesen werden:

- Agens = Urheber oder Verursacher einer Handlung
  (*Der Wind* schüttelt den Baum.)
- Patiens = von der Handlung betroffenes Objekt
  (Der Wind schüttelt *den Baum*.)
- Thema = das Ausgesagte
  (Er gibt ihr *einen Kuss*.)
- Location = der Ort
  (Sie wohnt *in Jena*.)

4.2.2.2 Substantivklassen

A. Konkrete und abstrakte Substantive:

Die Nomen werden in Konkreta und Abstrakta differenziert.

‖ Konkreta haben gegenständliche Bedeutung.

Sie werden wie nachfolgend (Abbildung 4.11) untergliedert:

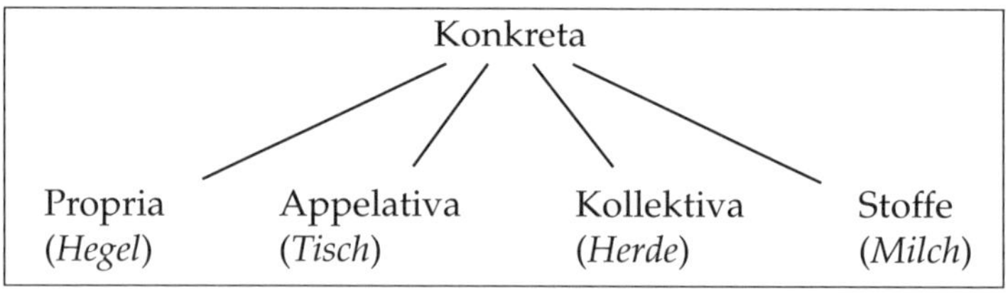

Abbildung 4.11: Klassen der Konkreta

Die Nomen werden aus semiotischer Sicht auch als Namen betrachtet. Dabei werden zwei Hauptarten unterschieden, die Eigennamen (nomen propria) und die Gattungsnamen (nomen appellativa).

• Propria sind Eigennamen. Sie dienen dazu, „Einzelwesen bzw. Einzelobjekte innerhalb einer Vielzahl gleichartiger Wesen bzw. Objekte gerade in ihrer Einmaligkeit zu identifizieren und unmittelbar zu bezeichnen" (Kunze, 1999, S. 11). Eigennamen haben nicht nur Personen sondern auch Örtlichkeiten, Gruppen, Götter, ... Ihre Funktion ist, Einzelobjekte (z. B. Donau) bzw. Einzelwesen (z. B. Friedrich Schiller) zu identifizieren und direkt zu bezeichnen. Derselbe Eigenname kann sich immer nur auf denselben Namensträger beziehen. Die speziellen Eigenschaften von Eigennamen werden kontrovers diskutiert. Dies betrifft z. B. die Frage, ob sie eine oder keine lexikalische Bedeutung haben. Die Auffassung, dass sie gar keine lexikalische Bedeutung haben, wird hier nicht geteilt. Beispielsweise haben die Rufnamen – wie *Maria* und *Josef* – oder Familiennamen – wie *Becker* oder *Merkel* – keinen Bezug auf Charakteristika der Namensträger, sie sind aber nicht inhaltsleer. Mit *Maria* ist die Information verbunden, dass es eine „weibliche Person" ist. Mit *Becker*, dass es „ein Mensch" ist.

Propria haben grammatisch einige Besonderheiten, einen eingeschränkten Artikelgebrauch, Besonderheiten in der Pluralbildung und Deklination. Zahlreiche Publikationen beschäftigen sich damit (vgl. u.a. Gallmann und Neef (2005)).

Bezüglich des Artikelgebrauchs lassen sich drei Typen unterscheiden (Karnowski und Pafel, 2005, S. 46):

- Der definite Artikel fehlt im Standarddeutschen:
  bei Personen-, Stadt- und Staatsnamen im Singular (z. B. *Friedrich Schiller, Weimar, Deutschland*).
- Der definite Artikel ist im Standarddeutschen obligatorisch:
  bei Fluss-, Berg- und Planetennamen, (z. B. *die Elbe, das Matterhorn, die Venus*).
- Der definite Artikel ist fakultativ:
  bei Personennamen in der Umgangssprache (z. B. *Maria Meier/Die Maria Meier wohnt dort.*).

• Appelativa sind Gattungsnamen. Sie „dienen hauptsächlich dazu, eine Vielzahl gleichartiger Objekte bzw. Sachverhalte als Angehörige einer Gattung zu erfassen und entweder diese Gattung als solche oder Einzelobjekte bzw. Sachverhalte als Anghörige dieser Gattung zu bezeichnen" (Kunze, 1999, S. 11). Gleichartige Objekte (z. B. Tische oder Lilien) bzw. Sachverhalte (z. B. Freundschaft oder Frieden) werden also als Angehörige einer Gattung erfasst. Derselbe Gattungsname kann sich in den Kommunikationsereignissen auf wechselnde Objekte beziehen (wie *Frieden* in (77)).

(77) a. 350 Jahre Westfälischer Friede 1998. (www.muenster.de/friede; 1.5.2006)
b. Frieden in Darfur und Norduganda? (www.uni-kassel.de/fb5/frieden; 28.6.2006)
c. Religiöser Friede ersetzt nicht weltliche Gerechtigkeit, sondern setzt sie voraus. (www.google.de/archiv.tagesspiegel.de/archiv/15.10.2000; 1.5.2006)

• Kollektiva (Sammelnamen) bezeichnen im Singular eine Anzahl gleichartiger oder ähnlicher Einzelerscheinungen, die als Einheit gesehen werden (z. B. *Bürgerschaft, Gebüsch, Regierung*).

• Stoffbezeichnungen (Stoffnamen) dienen zur Bezeichnung von Materialien (z. B. *Salz, Gold, Bier*). Sie werden nur im Singular benutzt. Wenn sie im Plural oder mit einem unbestimmten Artikel verwendet werden, wechseln sie in die Klasse der Appellativa über (z. B. *Salze, ein Bier*), weil sie sich nicht mehr auf das Material an sich, sondern auf verschiedenen Arten des Materials beziehen.

Abstrakta haben keine gegenständliche Bedeutung. Sie bezeichnen Konzepte über Erscheinungen in der Welt und Vorgestelltes.

Sie können in Subklassen unterteilt werden (Tabelle 4.6; vgl. auch Eichler und Bünting (1996); Teubert (1979)):

Abstrakta	
Handlungsbezeichnungen:	z. B. *Bebauung*
Vorgangsbezeichnungen:	z. B. *Wachstum*
Zustandsbezeichnungen:	z. B. *Glück*
Eigenschaftsbezeichnungen:	z. B. *Schönheit*
Beziehungsbezeichnungen:	z. B. *Verwandtschaft*
Gefühlsbezeichnungen:	z. B. *Zuneigung*
geistige Konzepte:	z. B. *Materialismus*

Tabelle 4.6: Klassen der Abstrakta

B. Absolute und relative Substantive:

Bereits die Junggrammatiker hatten in einer Unterscheidung in absolute und relative Substantive eine grammatische Differenzierung gesehen.

> Für die Satzlehre kann nur eine solche Einteilung der Wörter in Frage stehen, die sich auf den Satzzusammenhang bezieht. [...] Für die Substantive kommt daher nur die Gliederung in absolute und relative Substantive in Betracht, je nachdem [ob] ein Substantiv für sich schon eine abgeschlossene Bedeutung hat oder eine Ergänzung durch ein anderes Substantiv im Satze erfordert.
> (Wunderlich und Reis, 1925, S. 174)

- Absolute (auch avalente genannt) Substantive haben eine für sich schon abgeschlossene Bedeutung. Dies sind beispielsweise Bezeichnungen für Lebewesen (*Rose, Katze, Frau*), für Sachen (*Schrank, Auto*), für Naturerscheinungen (*Regenbogen*) oder für Allgemeines (*Recht*).

- Relative Substantive haben dagegen keine abgeschlossene Bedeutung. Oftmals werden relative Substantive auf von Verben und Adjektiven abgeleitete Nomen beschränkt und von relationalen Substantiven abgegrenzt. Relationale Substantive meint dann, nicht abgeleitete, relative Substantive. Relative und relationale Substantive sind ergänzungsbedürftig.

Relative Substantive sind nominalisierte Substantive, die die Eigenschaft der Rektion von ihrer Basiswortklasse mitgebracht haben. Allerdings kann sich die Valenz ändern mit dem Wortartenwechsel. Wie in Römer (1987) am Beispiel eines Korpus von deverbalen -ung-Ableitungen dargestellt, bleibt da, wo zwischen dem abgeleiteten Nomen und dem Basisverb eine weitgehende Bedeutungsähnlichkeit besteht, die Anzahl und Art der Aktanten erhalten, wie bei *hoffen* und *Hoffnung*, die beide eine Agens- und Patiensgröße für ihre volle Bedeutungsentfaltung benötigen. Wenn es jedoch zu Bedeutungsveränderungen kommt, gibt es keine regelmäßigen Beziehungen, die Argumentvererbung kann erfolgen, muss es aber nicht. Es kann zu Argumentdifferenzierungen kommen, wie bei *heizen* und *Heizung*, wo eine Argumentstellenreduzierung auftritt.

Lokies (1992) nimmt 5 Relationsklassen bei den relationalen Substantiven an:

- Ausdruck von Zuordnungsrelationen
  (z. B. *der Stiefbruder von Josef* = eine verwandtschaftliche Zuordnung)
- Ausdruck von Teilrelationen
  (z. B. *die Grenze des Gartens* = lokale Teilbezeichnung)
- Ausdruck von Strukturierungsrelationen
  (z. B. *ein Glas Wein* = Behälterstruktur)
- Ausdruck von Vereinigungsrelationen
  (z. B. *ein Schwarm Bienen* = Gemeinschaft)

- Ausdruck von Quantifikationen (z. B. *ein Liter Milch* = Maßrelation)

C. Substantivvalenzklassen:

Das Wörterbuch der Valenz und Distribution der Substantive von Sommerfeld und Schreiber (1977) unterscheidet nach der Valenz folgende Substantivvalenzklassen:

Substantive ohne Aktanten	z. B. *das Donnern, Blitzen*
Substantive mit einem Aktanten	z. B. *das Fallen des Laubes*
Substantive mit zwei Aktanten	z. B. *das Vertrauen der Schüler zum Lehrer*
Substantive mit drei Aktanten	z. B. *die Lieferung der neuen Ware an das Geschäft durch den Zwischenhändler*

Tabelle 4.7: Valenzklassen

4.) Bestimmen Sie die Substantive hinsichtlich der grammatischen Kategorien und nach den angesprochenen Klassifikationen (Muster *Jahre*)!

Über 30 Jahre Krieg haben in Angola Generationen von Kindern die Chance auf Bildung geraubt. Statt Lesen und Schreiben mussten viele von ihnen den Umgang mit Waffen lernen. (UNICEF-Nachrichten, 3, 2005; S. 3)

– Jahre: [neutrum, nominativ, plural]; Abstraktum, relationales Substantiv.

4.2.2.3 Substantivwortbildung

Als ein Charakteristikum der deutschen Sprache wird die Komplexheit vieler Substantive angenommen, d. h. sie bestehen aus mehr als einem Basismorphem.

Manche, wie Mark Twain, sehen im Deutschen die Tendenz zur „Wortmonsterbildung". Manche Schriftsteller oder Journalisten spielen damit, nutzen diese mehrfach zusammengesetzten Substantive auch als Mittel des Humors und der Ironie (78).

(78) Bis zum Wahlabend am 18. September warten die Sender mit Dutzenden von Sondersendungen über und mit **Schrödermerkelfischerwesterwellestoiberlafontainegysiundwiederwesterwelle** auf. (Der Spiegel 34, 2005; S. 143)

Alle Wortbildungsarten sind bei den Substantiven vertreten. Die Mehrzahl der morphologisch komplexen Substantive sind jedoch Determinativkomposita. Auch Umkategorisierungen anderer Wortarten (= implizite Derivationen/Nominalisierungen) sind häufig anzutreffen.

A. Substantivkomposita

Auch wenn die zum Teil sehr umfangreichen Komposita manchmal einen undurchschaubaren bzw. „unleserlichen" (Sick, 2004, S. 71) Eindruck machen, sind sie in der Regel verstehbar. Dies liegt an ihrem regelhaften Aufbau, der gekennzeichnet ist durch nachfolgende Charakteristika:

- Zwei Wörter (79a.) oder eine Wortgruppe und ein Wort (79b.) werden zu einem neuen Wort verknüpft.

(79) a. Digitale **Dunkelkammer** (linuxuser 03.2006, S. 73]
b. Sie muss ein **Oh-wie-lecker-Gesicht** machen. (Der Spiegel 36, 2005; S. 45)

- Sie sind in der Regel binär aufgebaut, wie in dem Beispiel (4.12).

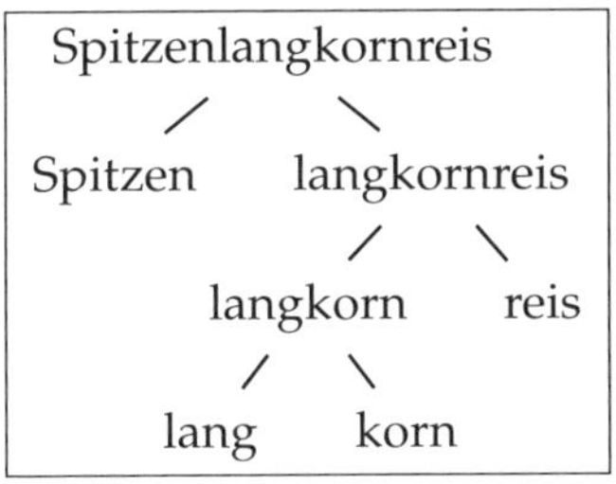

Abbildung 4.12: Binäre Kompositastruktur

- Sie sind häufig strukturell ambig, d. h. sie lassen mehrere strukturelle Gliederungen zu, wie in dem Lexem *Hochbildungsgesellschaft*,[19] das entweder in die zwei UKs *Hochbildungs* & *gesellschaft* oder in *Hoch* & *bildungsgesellschaft* zerlegt werden kann.
- In der Regel ist die zweite unmittelbare Konstituente der grammatische Kopf, der die morphologischen Merkmale für das Gesamtwort festlegt, wie in dem Beispiel *das postgelbe Fahrrad*:

(80) *postgelb*: Nomen + Adjektiv = Adjektiv
Fahrrad: Verb + Nomen = Nomen

[19] Der Spiegel 40, 2005; S. 87

Unterarten der Komposition:

Nach den logisch-semantischen Beziehungen zwischen den unmittelbaren Konstituenten lassen sich drei Hauptarten der deutschen Komposita unterscheiden:

- Determinativkomposita:

  Zwischen den beiden UKs besteht eine determinierende Relation; die erste UK bestimmt in der Regel die zweite UK näher. Die Konstituenten sind deshalb auch nicht ohne gravierende semantische Veränderungen umtauschbar (vgl. Beispiele in (81)).

  (81) *Redenberater* vs. *Beraterreden*
  Filterkaffee vs. *Kaffeefilter*
  Fassbier vs. *Bierfass*

  Die Hauptbetonung liegt auf der ersten Konstituente.

  '1. UK (= Bestimmungswort) 2. UK (= Grundwort)

  Regenschirm: 'Schirm gegen den Regen'

  Kochtopf: 'Topf zum Kochen'

  Es gibt auch wenige Fälle, bei denen die erste UK von der zweiten determiniert wird. Dann ist jedoch die zweite UK der grammatische Kopf, der Genus, Numerus und Kasus festlegt.

  1. UK (= Grundwort) 2. UK (= Bestimmungswort)

  die Strumpfhose: 'Strumpf in Hosenform'

- Kopulativkomposita:

  Zwischen den beiden UK besteht eine koordinierende, gleichberechtigte ('und') Relation, die dazu führt, dass beim Weglassen einer UK eine deutliche semantische Modifikation zu Stande kommt. Die Hauptbetonung liegt auf der zweiten unmittelbaren Konstituente.

  Die Hauptstadt von ***Sachsen-'Anhalt*** *ist Magdeburg.* vs. *Die Hauptstadt von Sachsen ist Magdeburg.*

  Kopulative Komposita werden gebildet, um mehrere Eigenschaften einer Sache aufzuzählen.

  (82) a. E. T. A. Hoffmann: … Mit spitzem Stift attackiert der innerlich zerissene **Jurist-Dichter-Komponist-Zeichner** Krie-

chertum und Dünkel seiner Beamten-Kollegen.
(www.polen-und-deutsche.de; 25.5.2006)

b. Der Berliner **Malerdichter** Roger Loewig ist tot.
(www.berlinonline.de/berliner-zeitung/archiv; 25.5.2006)

Wenn dabei zwei Substantive mit unterschiedlichem Genus in koordinativer Absicht verknüpft werden, kann es schnell passieren, dass durch die „Schwere" des grammatischen Kopfes eine Verschiebung zu determinativer Lesart passiert, wie dies bei *Strumpfhose, Hosenrock* oder *Kinocafé* eingetreten ist[20].

Auch in Gebrauchsanweisungen und in Kochrezepten kommen Determinativkomposita mit einer kopulativen Erst-UK vor:

Apfel-Speck-Spieße, **Möhren-Schoko**-Kuchen,
Kartoffel-Pilz-Auflauf
(meine Familie & ich 9, 2005; S. 54, 62, 22)

- Zusammenrückungen:

  Sie werden zu den Komposita gerechnet, weil die UKs Wörter bzw. Basismorpheme sind, die sich zu einem neuen Wort vereinigen. Abweichend zu den anderen Komposita bildet die zweite UK nicht den grammatischen Kopf. Beispielsweise *allerorten* in (83) ist ein Adverb, das aus einem Pronomen und Nomen gebildet wurde. Die zweite UK hat ihre grammatischen Merkmale nicht auf das Wort vererbt.

(83) ... blütenreine Entwürfe **allerorten**.
(Frankfurter Allgemeine Sonntagszeitung 9.10.2005; S. 63)

Unterarten der Determinativkomposition:

- Determinativkomposition im engeren Sinne:

  Die semantischen Relationen zwischen den UKs können verschiedenartigste Beziehungen ausdrücken. Diese sind m. E. auf drei semantische Basisrelationen in Determinativkomposita zurückführbar:

  - Prädikationsrelationen (= Prädikat-Argument-Strukturen):

    Sie sind Verkürzungen von Strukturen mit den Verben ‚haben', ‚tun' oder ‚sein':

    – *Hausbesitzer* ← *Besitzer* ‚haben' *Haus*

[20] Genauer in Römer (2000).

  - *Kartenlesegerät* ← *Gerät* ‚tun' Karten lesen
  - *Trashkultur* ← *Kultur* ‚sein' *Trash*

- Relatorrelationen (= Argument-Relator-Argument-Strukturen):

  Sie sind Verkürzungen von Strukturen mit Präpositionen oder Konjunktionen:

  - *Einrichtungsgebühr* ← *Gebühr* ‚für' *Einrichtung*
  - *Riesenskandal* ← *Skandal* ‚wie' *Riesen* (so groß)

- Kasusrelationen (= Kopf-Modifikator-Relationen):

  Sie sind Verkürzungen von Strukturen mit Genitiven:

  - *Autodieb* ← *Dieb* ‚des' *Autos*
  - *Gemeindeverwaltung* ← *Verwaltung* ‚der' *Gemeinde*

• Rektionskomposition:

Bei ihr liegt eine Argument-Struktur zwischen den UK vor. Die erste UK ist ein Argument der zweiten, dadurch wird die semantische Relation zwischen den UKs festgelegt.

In der Überschrift (84) kommen zwei Komposita vor.

(84) Gegen die Vogelgrippe muss man sich wappnen wie vor einem Erdbeben oder Hurrikan
(SZ 11.10.2005; S. 4)

Vogelgrippe ist eine Determinativkomposition im engeren Sinne mit Kopf-Modifikator-Relation (‚eine Grippe des Vogels'); das modifizierende Argument wird von dem Kopf des Kompositums nicht „verlangt", da es (*Grippe*) ein absolutes Substantiv ohne Rektion ist.

Erdbeben dagegen ist ein Rektionskompositum, weil innerhalb der Kopf-Modifikator-Relation (‚ein Beben der Erde') der Kopf ‚Beben', der eine Nominalisierung des Verbs *beben* ist, eine Rektion hat. Es wird logisch analog zum Ausgangsverb ein Agens verlangt, das im Rektionskomposition die erste UK-Stelle besetzt:

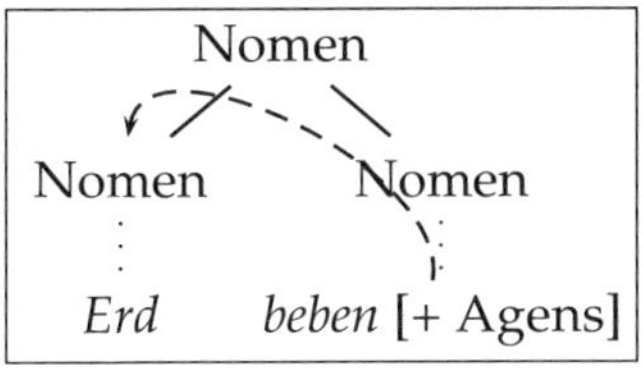

Abbildung 4.13: Rektionskompositum

- Possessivkomposition:

  Bei der Possessivkomposition dient ein possessives (zum Denotat gehöriges) Merkmal zur Bezeichnung des gesamten Denotats. Beispielsweise:

  Rotkehlchen: ‚ein Vogel mit rotem Kehlchen'.

  Wie bei der Zusammenrückung ist der semantische Kopf außerhalb. Aber anders als bei der Zusammenrückung ist der grammatische Kopf im Wort und vererbt seine grammatischen Merkmale dem Kompositum:

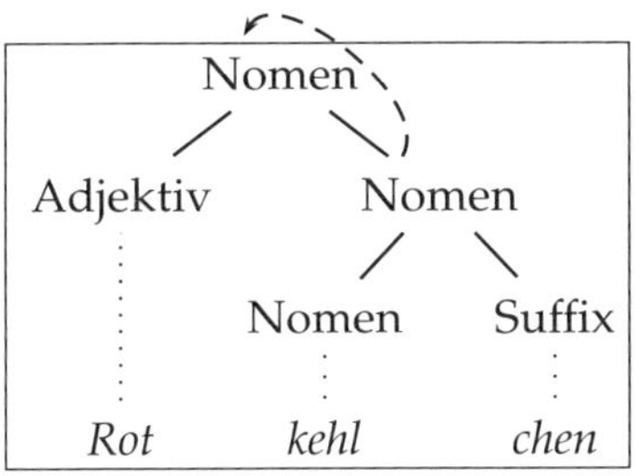

Abbildung 4.14: Possessivkompositum

- Konfixkomposition:

  Von Konfixkomposition spricht man dann, wenn eine (manchmal sogar alle zwei, wie in *Phonothek*) UK ein verkürztes entlehntes Basismorphem (= Konfix) ist. So werden in jüngster Zeit oft Bildungen mit *Polit-* oder *Bio-* geschaffen.

  – Polit-Neulinge, Polit-Strategen, ...
  (Der Spiegel 41, 2005; S. 36, 38)

  – Bio-Siegel, Biotechnologie, Bioenergie, ...
  (www.Google.de; 21.10.2005)

- Zusammenbildungen:

  Besonders häufig kommen bei Substantiven Zusammenbildungen vor[21]. Diese sind dadurch charakterisiert, dass die 1. UK eigentlich eine Wortgruppe ist (wie in 85a.) oder ein Satz(fragment) (85b.), das in der zusammengefügten Form nicht als ein Wort frei vorkommt. Diese 1.UK modifiziert die 2. UK.

(85) a. eine „**Herz-Jesu**-Fraktion“
(Der Spiegel 41, 2005; S. 30)
b. Die **Ich-weiß-nicht**-Wahl (SZ 24.8.2005, S. 4)

Sie werden auch als Phrasenkomposita bezeichnet.[22] Sie haben also die Struktur (4.15):

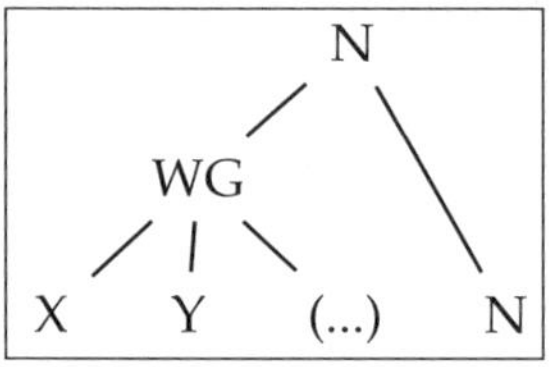

Abbildung 4.15: Struktur von Phrasenkomposita

Sie sind auch in Bezug auf die grammatiktheoretische Beschreibung interessant, da Wortkonstituenten, die Wortgruppen oder Sätze sind, „gegen zentrale Prinzipien der Wortbildung“ verstoßen (Meibauer, 2003, S. 185).

Da die zusammengebildeten Erstglieder oftmals lexikalisiert sind, haben die Phrasenkomposita Ähnlichkeiten mit Idiomen.

5.) Suchen Sie die Komposita heraus und bestimmen Sie die Unterart!

Umsturz in der Tschechoslowakei. Alles geht rasch. Wie immer, wenn ein Kartenhaus zusammenfällt. Sorge um unsere Freunde. Dazu die Schadenfreude meiner Bekannten, . . .
(Max Frisch: Tagebuch 1946-1949. Volk und Welt: Berlin 1987, S. 213)

21 Meibauer (2003) spricht davon, dass sie verstärkt seit den 1960er Jahren registriert worden sind (S. 153).

22 Zusammenbildungen gibt es auch bei der Derivation.

B. Substantivableitungen

> Neue Substantive entstehen auch durch die Ableitung (Derivation) mit sichtbaren Affixen oder Nullmorphemen aus schon vorhandenen Wörtern.

Von einer expliziten Derivation spricht man dann, wenn ein sichtbares Wortbildungsaffix an das Lexem tritt. Wie das Lexem *Achtung* (*acht(en)* + *-ung*) zeigt, können neue Substantive durch Suffigierung entstehen. Bei den substantivischen Suffixen gibt es auch einige wenige, die nicht die Wortart des Basiswortes verändern. Sie modifizieren nur die Bedeutung. Dies trifft zum einen auf die Diminutivsuffixe (*-chen, -lein, -i*) und zum anderen auf Movierungssuffixe[23] (*-er, -ich, -erich, -in*) zu. Die Suffixe werden als grammatische Köpfe aufgefaßt, weil sie die grammatische Kategorisierung festlegen.

Wenn ein Präfix an ein Substantiv gefügt wird, handelt es sich um eine Substantivpräfigierung; so kann an *Achtung* das Präfix *miss-* treten, das die Bedeutung des Basissubstantivs modifiziert[24]. *Miss-* negiert in diesem Fall die Bedeutung des zugrundeliegenden Wortes ('keine Achtung'). *Miss-* kann aber auch das Bedeutungselement 'schlecht/verkehrt' einbringen (*Missernte, Missverhältnis*).

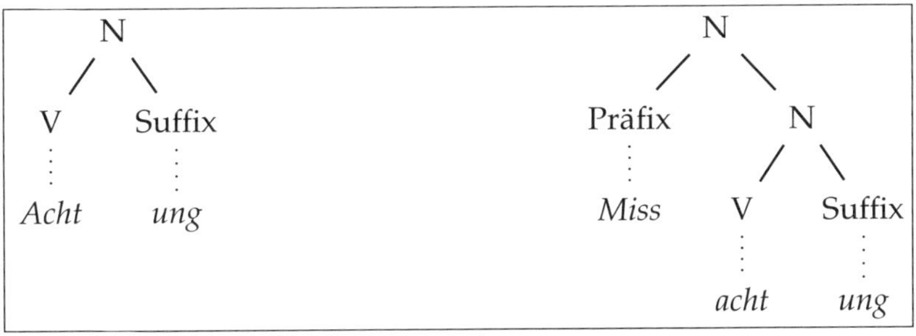

Abbildung 4.16: Explizite Substantivderivationen

23 Movierungssuffixe machen aus nur männlichen bzw. nur weiblichen Personenbezeichnungen auch weibliche bzw. auch männliche Personenbezeichnungen: z. B. *Hexe* > *Hexer*; *Lehrer* > *Lehrerin*.

24 *Missachtung* kann auch als explizite Derivation von *missachten* aufgefasst werden; vgl. Klosa (1996, S. 88).

Die Zahl der Präfixe, die sich mit Substantiven verbinden, ist nicht groß. Sie wird jedoch durch homonymische Präfixe – wie *Haupt-* (*Hauptstraße, Hauptstadt, Hauptleitung* ...) oder *Blitz-* (*Blitzumfrage, Blitztelegramm, Blitzschach* ...) – aktuell erweitert.

Ziemlich produktiv ist die kombinatorische Derivation mit den diskontinuierlichen Wortbildungsaffixen *Ge- -Ø* und *Ge- -e*. Hier treten gleichzeitig ein Präfix und ein Suffix an ein Ausgangswort. Das Präfix und Suffix bilden zusammen ein diskontinuierliches Wortbildungsmorphem (= Zirkumfix). Deren Struktur verdeutlicht die Abbildung 4.17.

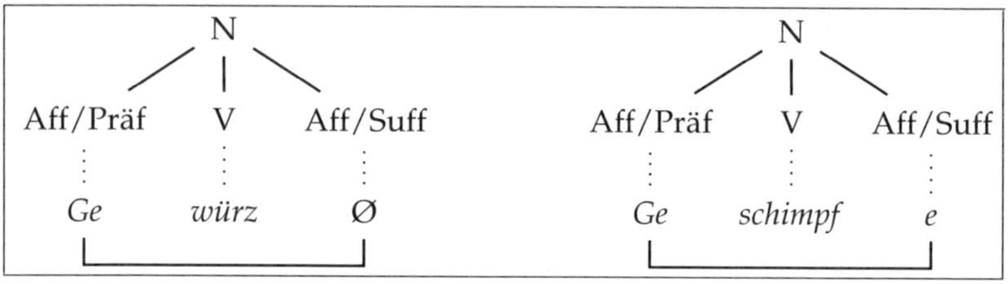

Abbildung 4.17: Kombinatorische Substantivderivationen

Neue Substantive können auch durch die syntaktische Umkategorisierung ohne sichtbare Wortbildungsaffixe entstehen. Dies wird traditionell als implizite Derivation bezeichnet. Dies sind beispielsweise Verb- und Adjektivnominalisierungen.

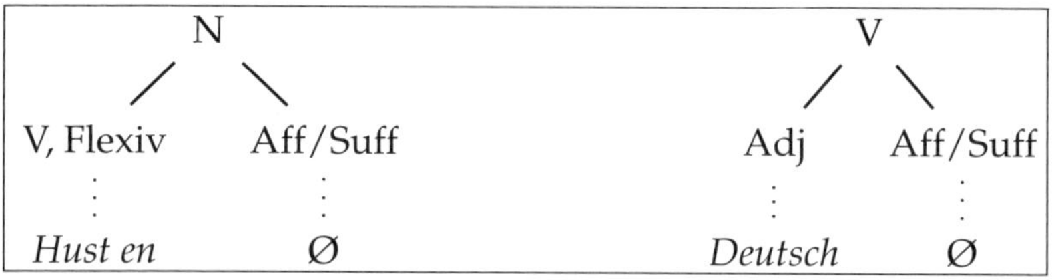

Abbildung 4.18: Implizite Substantivderivationen

Bei der Nominalisierung von Verben werden in der Literatur unterschiedliche Subarten angenommen:
Motsch (2004, S. 323) unterscheidet vom semantischen Blickwinkel aus, die „reine Nominalisierung oder Umkategorisierung von Nominalisierung mit zusätzlichen semantischen Veränderungen". Diese Unterscheidung ist für eine strukturelle Beschreibung ungünstig, da in einem Strukturmuster sowohl reine als auch semantisch erweiterte Nominalisierungen auftreten können. In der Bedeutungsstruktur eines nominalisierten Lexems,

wie es bei *Essen* der Fall ist, kann sowohl eine reine als auch semantisch erweiterte Nominalisierungen angenommen werden:

(86) a. Ein warmes Essen auf den Tisch bringen.
(‚Essen' = Speise [+konkret])
b. Josef zum Essen einladen. (‚Essen' = Tätigkeit)

Traditionell unterscheidet man bei den Verbnominalisierungen ohne Suffixe zwischen „Rückbildungen" und „Konversionen". Von Rückbildungen spricht man dann, wenn das Verb älter ist als das Nomen (*schauen* > *Schau*) und ohne die Infinitivendung die Wortart wechselt (Fleischer, 1983a, S. 72). Konversion wird angenommen, wenn die Überführung in eine andere Wortart ohne formale Änderungen (*auf und ab* > *ein Auf- und Ab*) erfolgt (Fleischer, 1983a, S. 75).

Öfters wird auch eine syntaktische Umkategorisierung (wie beispielsweise bei Vogel (1996)) aus dem Bereich der impliziten Derivation ausgegliedert. Es wird dabei die Annahme gemacht, dass zwischen Ausgangs- und Zielkategorie gemeinsame grammatische Merkmale vorhanden sind (z. B. bei *singen* > *das Singen*). Hier soll eine syntaktische Umkategorisierung nur angenommen werden, wenn das Resultat der Umkategorisierung die morphosyntaktischen Eigenschaften der Zielkategorie nicht angenommen hat. So kann *das Singen* nicht pluralisiert werden (* *die Singen*) und nicht mit einem indefiniten Artikel verbunden werden (* *ein Singen*). Der nominalisierte Infinitiv *das Essen* ist m. E. keine syntaktische Umkategorisierung, weil er ein fester Lexikonbestandteil ist und auch nicht die morphosyntaktischen Einschränkungen von *das Singen* hat. Sowohl der Plural (*die Essen*) findet Verwendung als auch der indefinite Artikel (*ein Essen*).

Auch alle Adjektive können nominalisiert werden und so zu Substantiven werden. Diese Ableitungen werden auch als implizite Derivationen mit Nullsuffix oder als lexikalische und syntaktische Umkategorisierung angesehen. Hier, wie in Römer und Matzke (2005), werden keine lexikalischen Umkategorisierung ohne Suffix angenommen. Es wird vielmehr von impliziter Derivation mit Nullsuffix ausgegangen, allerdings wird bei der Behandlung der mitgebrachten Flexive der Adjektive eine Modifizierung vorgenommen, sie werden analog zum Fugenelement[25] beim Kompositum als eingefrorene Flexive behandelt, die sich bei der Flexion auch nicht verändern (z. B. *der rote Pullover* > *der Rote, des Roten, dem Roten, den Roten*). Da die Adjektive ohne und mit Flexiv (4.19 auf der nächsten Seite) nominalisiert werden können, haben wir zwei Typen zu unterscheiden (a. ohne und b. mit Flexiv):

[25] Zu den Fugenelementen vgl. die Ausführungen in Kapitel 2.4.2 auf Seite 30.

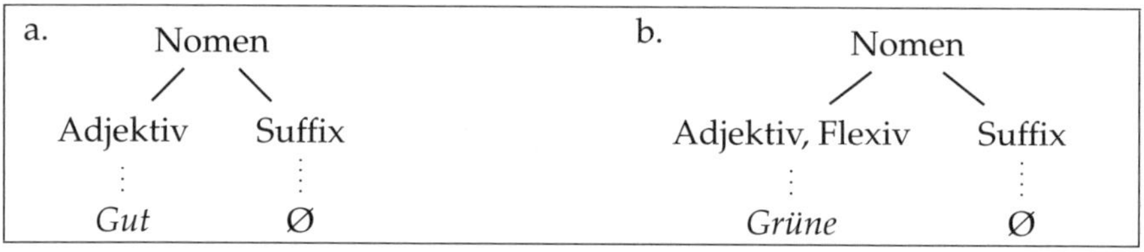

Abbildung 4.19: Adjektivnominalisierungen

4.2.3 Adjektive

> Wenn ich mich an meinen Vater erinnere, sehe ich oft einen großen, etwas erschöpften Mann in einer alten Trainingsjacke, einer erdverschmierten Cordhose und schwarzen Gummistiefeln vor mir.
> (Axel Hacke: Das Beste aus meinem Leben. SZ Magazin 34, 2005; S. 4)

Obiger Einleitungssatz einer Kolumne macht m. E. gut deutlich, welche Bedeutung Adjektive für unsere Sprache haben. Wenn wir alle Adjektive tilgen würden, würde doch viel verloren gehen (Wenn ich mich an meinen Vater erinnere, sehe ich oft einen Mann in einer Trainingsjacke, einer Cordhose und Gummistiefeln vor mir.)

> Für Mark Twain sind sie „ein ewiges Kreuz in dieser Sprache", das man „besser weggelassen" hätte. Wolf Schneider stimmt zu und weiß, daß „die Eigenschaftswörter, Beiwörter oder Adjektive, die am häufigsten überschätzte und am meisten mißbrauchte Wortgattung" sind. Nur muß auch er, um sie richtig in Grund und Boden zu rammen, sich ihrer bedienen. Wegzudenken sind sie nicht, denn Adjektive umfassen etwa ein Sechstel des Wortschatzes der deutschen Sprache. Das erkennt Mark Twain, wenn er schreibt, in dieser Sprache sind „mehr Adjektive als schwarze Katzen in der Schweiz".
> (Genzmer, 1995, S. 218)

Da es die Funktion der deutschen Adjektive ist, zu beschreiben, zu charakterisieren oder zu beurteilen (Genzmer, 1995, S. 218), ist es schwer nachzuvollziehen, dass Schriftsteller diese Adjektivschelte anstimmen. Tatsächlich weisen sie eine Reihe von grammatischen Verwendungsschwierigkeiten in der Flexion, Komparation und Zeichensetzung auf.

4.2.3.1 Grammatische Merkmale

> Adjektive werden dekliniert, wenn sie attributiv vor einem Nomen auftreten. Sie können dabei in Übereinstimmung mit dem Nomen Kasus-, Numerus- und Genusformen bilden. Je nachdem, was sich unmittelbar vor dem Adjektiv befindet, wird die starke oder schwache Adjektivflexion gewählt.

Schwache Flexion wird dann genommen, wenn ein Pronomen[26] mit starken (deutlichen) Endungen voran geht.

(87) Er spielte **den harten** Burschen ...
(SZ Magazin 34, 2005; S. 6)

Starke Flexion muss gewählt werden, wenn kein (wie in (88a.)) oder ein endungsloses (88b.) Pronomen vorangeht.

(88) a. Du magst auch **starke** Frauen in deinen Filmen.
(SZ Magazin 34, 2005; S. 6)
b. Denn Clint Eastwood ist **ein hochsensibler** Mann.
(SZ Magazin 34, 2005; S. 6)

Syntaktisch, phrasenstrukturell treten Adjektive in verschiedenen Funktionen auf, wobei die Attribuierung von Substantiven die primäre ist. Sie treten auf:

- attributiv beim Substantiv in der Nominalphrase,

  (89) Ich bin der **festen Überzeugung** ...

- attributiv beim Adjektiv in der Adjektivphrase,

  (90) ... , ja sogar den Glauben daran, dass er **tatsächlich lieb** ist.
  (Der Spiegel 51, 2005; S. 154)

- appositiv (nachgestellt) beim Substantiv in der Nominalphrase,

  (91) Alle Fragen **offen**;
  Das eingesetzte KDE **light** stellt eine Kombination verschiedener Open-Source-Komponenten dar
  (SZ 6.9.2005; S. 37; www.golem.de; 6.9.2005)

[26] Die Artikel werden als eine Pronomenteilklasse aufgefasst.

- prädikativ zum Subjekt in der Verbphrase,

  (92) **Sie sind enttäuscht** ...

- prädikativ zum Akkusativobjekt in der Verbphrase,

  (93) Ich **finde ihn verfehlt**.

- prädikativ zum Dativobjekt in der Verbphrase,

  (94) Die Redewendung **war den Studenten nicht geläufig**.[27]

- adverbial in der Adverbphrase.

  (95) Sie müssen **endlich** begreifen, ...

(Fast alle Belege aus: Der Spiegel 35, 2005; S. 26–34)

Einige Adjektive sind syntaktisch beschränkt, sie können nicht alle syntaktischen Funktionen übernehmen. So wird beispielsweise *hiesig* nur attributiv verwendet und *quitt* nur prädikativ.

Eine größere Gruppe der Adjektive kann, wie einige wenige Adverbien, graduiert werden.

Die Graduierung geht vom Positiv aus und umfasst außerdem die zwei Formen Komparativ (mit dem Flexiv *-er*) und Superlativ (mit dem Flexiv *-st* und einer fakultativen Vergleichspartikel):

(96) *warm – wärmer – am wärmsten*[28]

Inhaltlich sind nach Leys (2004, S. 162–163) in der Graduierung zwei verwandte Konzepte vertreten, „das Konzept des Vergleichs und das Konzept der Rangordnung". Positiv und Komparativ dienen danach dem Vergleich und der Superlativ der Rangordnungsbezeichnung. In dem Satz *Heute war es am wärmsten.* wird der Tag in einer Rangordnung an die Spitze gestellt. Dagegen wird mit *Heute war es so warm wie gestern.* vergleichend eine Gleichheit festgestellt und mit *Heute war es wärmer als gestern.* eine Ungleichheit.

27 Helbig und Buscha (1991, S. 311)

28 Auf die lexikalischen Möglichkeiten der Graduierung mit Partikeln wie (*sehr/etwas/-unheimlich/... warm*) oder mit Wortbildungsmorphemen (*sauwarm, superwarm*) soll hier nicht eingegangen werden.

4.2.3.2 Adjektivklassen

• Nicht restriktive, absolute und relative Adjektive:

Nach „der Art, in der sie ein Bezugselement qualifizieren“ (Bierwisch, 1987, S. 13) können Adjektive klassifiziert werden. Dabei werden drei unterscheidende Merkmale einbezogen (Bierwisch, 1987, S. 14): [± restriktiv], [± relativ], [± transparent], die zu folgenden (Abb. 4.20) Subklassen führen:

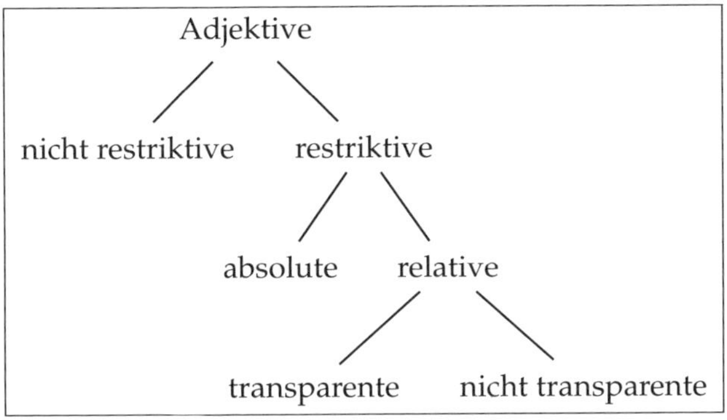

Abbildung 4.20: Adjektivklassen

Nicht restriktive Adjektive wie z. B. *ehemalig, scheinbar, angeblich* schränken nicht die Klasse der Objekte ein, auf die sie sich beziehen, sie verändern die semantische Kategorie. Im Beispiel *ein ehemaliger Tennisspieler* „wird die Geltung der durch das Nomen angegebenen Bedingungen durch das Adjektiv gewissermaßen aufgehoben: ein ehemaliger Tennisspieler ist kein Tennisspieler“ (Bierwisch, 1987, S. 13–14).

Absolute Adjektive haben die Merkmale [+ restriktiv] und [– relativ], d. h. die Bedeutungen der Adjektive und der Bezugswörter sind unabhängig voneinander. Farbadjektive, Form- und Substanzbezeichnungen (z. B. *rund, silbern*) und viele konkrete und abstrakte Qualifizierungen (z. B. *weiblich, fest, abstrakt*) gehören zu dieser Gruppe.
Beispielsweise: *Das silberne Besteck . . . : silbern* ist restriktiv, weil es die Menge der Bestecke begrenzt; und es ist nicht relativ, das benannte Objekt ist sowohl ein Besteck als auch aus Silber.

Relative Adjektive sind dadurch charakterisiert, dass sie Zusatzbedingungen für die Geltung der Adjektive haben bzw. die Bezugsobjekte aus der benannten Klasse einschränken. Das Dimensionsadjektiv *groß* oder das Wertungsadjektiv *klug* entfalten ihre Bedeutung nicht unabhängig vom

Bezugswort. 'Klugheit' ist bei *einer klugen Schildkröte* etwas anderes als bei einem *klugen Fußballspieler* und wieder etwas anderes als bei einem *klugen Professor*. Durch das Adjektiv wird eine Teilmenge der benannten Objekte hergestellt (z. B. 'kluge' und 'nicht kluge Fußballspieler'); *kluger Fußballspieler* ist ambig. Es kann meinen, dass er als Fußballspieler klug ist, kluge Spielzüge macht, oder generell auch außerhalb des Spielfeldes.
Mittels des Merkmals der Transparenz sind die relativen Adjektive weiter unterteilbar in transparente relative (z. B. *klein* oder *schwer*) nicht transparente relative (wie *schlecht* oder *schön*). Den nicht transparenten Adjektiven liegen keine objektiven Messwerte zugrunde.

• Valenzklassen:

Wenn wir davon ausgehen, dass die attributive Verwendung die primäre syntaktische Funktion des Adjektivs ist, so haben alle Adjektive, die attributiv auftreten können, mindestens einen angelegten Aktanten, eröffnen mindestens eine obligatorische Leerstelle. Neben vielen einwertigen Adjektiven gibt es auch mehrwertige, die Relationen zwischen Größen bezeichnen.

– Adjektive ohne Aktanten können nicht attributiv auftreten.

(97) Der Staat ist *pleite*.

– Adjektive mit einem Aktanten

(98) Das *lustige* Lied. – Das Lied ist lustig.

– Adjektive mit zwei Aktanten

(99) Der der Auszeichnung *würdige* Mann – Der Mann ist der Auszeichnung würdig.
Die zwei Meter *hohe* Tür – Die Tür ist zwei Meter hoch.

4.2.3.3 Partizipien als Adjektive

Deutsche Partizipien bereiten eine Reihe von Problemen bei ihrer Kategorisierung, diese betreffen sowohl ihren Wortartenstatus als auch ihre Bildungsweise.

Von Verben können mit *-end* bzw. *-nd* Wörter abgeleitet werden, die als Partizip I bezeichnet werden. Sie werden wie Adjektive verwendet und wie diese auch flektiert:

(100) Aus Sicht **führender** Unionspolitiker konnte Kirchhof den Einwand, ..., bisher nicht **überzeugend** entkräften.
(Der Spiegel 35, 2005; S. 42)

Außerdem können von Verben mit *ge-* und *-t* bzw. mit *-en* die Partizipien II abgeleitet werden. Sie werden auch als Adjektive gebraucht.

(101) ... doppeldeutigem Lob und **gespielter** Hilfsbereitschaft ...
(Der Spiegel 35, 2005; S. 39)

Daneben dienen die Partizipien im Verbalparadigma zur Bildung des Verbalkomplexes (vgl. Kapitel 4.2.1.3).

Die Frage, die sich im Rahmen einer Morphologiebeschreibung nun stellt, ist die: Sind die Partizipien alle Subklassen des Verbs oder handelt es sich bei den adjektivisch verwendeten um Adjektive? Ich möchte Letzteres annehmen. Dies führt dann zu der Konsequenz, dass die Ableitungsmorpheme Wortbildungsmorpheme und keine Flexive sind, da sich der Wortartenstatus ändert. Sie machen aus Verben Adjektive und sind deshalb bei der Adjektivbildung keine Flexive.

Für diese Sicht sprechen auch Detailuntersuchungen, wie die von Lenz (1993). Dort wurde am Beispiel der *un*-Präfigierung deutscher Partizipien u.a. festgestellt, dass „Partizipien sowohl adjektivisch als auch verbal sein können, aber nicht beides gleichzeitig“ (S. 40). Da Verben im Deutschen nicht mit *un-* präfigiert werden können, sind die mit *un-* präfigierten Partizipien adjektivisch und nicht verbal. Das Präfix *un-* kann dann auch als Test in ambigen prädikativen Verwendungen von Partizipien eingesetzt werden:

(102) die Hilfsbereitschaft ist gespielt – die gespielte Hilfsbereitschaft
→ die ungespielte Hilfsbereitschaft (= Adjektiv)
→ die von den Politikern gespielte Hilfsbereitschaft (= Verb)

Darüber hinaus gibt es „Adjektive mit denselben Bildungsmorphemen wie Partizipien (*ge- -t* usw.), ohne daß ein Verbalparadigma dazu existiert, und mit allen wesentlichen Eigenschaften eines Adjektivs“ (Fleischer, 1983b, S. 281). Beispiele sind *geblümt, gebucht, gefiedert;* sie haben eine substantivische Basis und werden auch als Präfigierung mit einem diskontinuierlichen Morphem beschrieben.

Speziell bei von starken Verben abgeleiteten adjektivischen Partizipien wie bei *bekannt, erfahren,* die nach Erben (2000, S. 105) „als Adjektiv geläufig sind", stellen die Sprachbenutzer/innen oftmals gar keine motivierende Verbindung zur Verbbasis her.

Adjektivische Partizipien gehen auch oft Verbindungen mit anderen Lexemen zu Adjektivkomposita ein und verlieren dabei ihre verbalen Lesarten. Der Band „Adjektivkomposita" von Pümpel-Mader u. a. (1992) wird eingeleitet mit „*postkartenschöne* Adjektivkomposita, *geheimnisumwitterte* Partizip-II und *appetitanregende* Partizip-I-Bildungen werden behandelt" (Pümpel-Mader u. a., 1992, S. V). Wenn nun diese in Komposita eingefügte Partizipien morphologisch analysiert werden sollten, wäre eine Analyse der Morpheme *-t* bzw. *-d* als Verbalflexive doch wenig einsichtig.

> Adjektivische Partizipien werden hier einheitlich als kombinatorische Derivationen mit dem Zirkumfix [*ge- -t*] aufgefasst.

4.2.3.4 Adjektiv-Wortbildung

Adjektivkomposition:

Die grundlegenden Regeln der Adjektivkomposition sind mit denen der weit häufigeren Substantivkomposition im Einklang. Adjektivkomposita haben das Charakteristikum, dass vor einen Adjektivkopf, der die kategorialen Merkmale festlegt, ein Wort oder eine Wortgruppe tritt. Sie haben die allgemeine Struktur wie in Abb. 4.21.

```
      Adjektiv
       /   \
[ X ]       Adjektiv
```

Abbildung 4.21: Struktur der Adjektivkomposita

Die Stelle von X können verschiedene morphosyntaktische Konstituententypen einnehmen:

- [X = einfaches Wort]

(103) Vorstellungen von einer **zart**zerbrechlichen Künstlerseele
(Der Spiegel 35, 2005; S. 53)

- [X = komplexes Wort]

(104) einem **anpassungs**bereiten Rabbi
(Der Spiegel 35; 2005; S. 162)

- [X = Wortgruppe]

(105) **neunrösser**stark
(Altmann/Kemmerling (2000); S. 133)

- [X = Initialwort]

(106) **CGI**-typische Lösungen in Perl
(www.carto.net; 31.8.2005)

Zwischen den Konstituenten kann ein Fugenelement auftreten:

(107) Und die Lippen sind nicht pflaume**n**blau
(Max Frisch: Mein Name sei Gantenbein. SZ/Bibliothek 2004, Band 32, S. 35)

Die beiden unmittelbaren Konstituenten können logisch-semantisch im determinativen (subordinierenden) oder kopulativen (koordinierenden) Verhältnis stehen. Es gibt also sowohl adjektivische Determinativkomposita als auch Kopulativkomposita:

(108) a. Ihr Pelzmantel übrigens, ohne Brille gesehen, ist **bernsteingelb**
(Max Frisch: Mein Name sei Gantenbein, a.a.O., S. 35)
→ gelb wie Bernstein = determinativ
b. Da er mit Schrecken sah, wie sie die **weißlila** Sicherheitslinie überfuhr, konnte er nicht antworten.
(Max Frisch: Mein Name sei Gantenbein, a.a.O., S. 29)
→ weiß + lila = kopulativ[29]

Bei adjektivischen Kopulativkomposita kommt es relativ häufig vor, dass drei unmittelbare Konstituenten koordiniert werden, wie in (109).

(109) ... sogar ein **rot-rot-grünes** Bündnis könnte möglich sein.
(Der Spiegel 34, 2005; S. 8)
→ rot + rot + grün

Adjektive können kategorial mit den meisten Wortarten verknüpft werden, wie das Adjektiv *süchtig* zeigt:

[29] Nach den neuen Rechtschreibregeln müssen kopulativ verstandene Farbadjektive (in amtlichen Texten) mit Bindestrich geschrieben werden. Damit ist eine Eindeutigmachung bezüglich der angelegten Lesart möglich:
blaugrün = 'bläuliches Grün' = determinative Interpretation;
blau-grün = ' Blau + Grün' = kopulatives Verständnis.

- mit Verbstämmen (meist ohne Verbflexiv):

  (110) schmähsüchtig, schwatzsüchtig, putzsüchtig

- mit Substantiven (dabei treten die gleichen Fugenelemente wie bei den Substantivkomposita auf):

  (111) titelsüchtig, bühnensüchtig

- mit Adjektiven

  (112) gelbsüchtig, bleichsüchtig

- mit Adverbien

  (113) draußensüchtig

- mit Pronomen

  (114) ichsüchtig, selbstsüchtig

- mit Präpositionen

  (115) außerhalbsüchtig

  (die meisten Beispiele sind aus Mater (1989))

Adjektivderivation:

Neue Adjektive entstehen auch durch explizite Derivation, durch die Verbindung von Präfixen und Adjektiven (= Präfigierung) und von schon vorhandenen Lexemen verschiedenster Wortarten mit speziellen Adjektivsuffixen (= Suffigierung). Strukturell können sie, wie in Abb. 4.22 abgebildet, dargestellt werden:

```
      Adjektiv                              Adjektiv
      /      \                              /      \
Präfix      Adjektiv                    [ X ]     Adjektiv-Suffix
```

Abbildung 4.22: Explizite Adjektiv-Derivationen

Die Beispiele *extraflach* und *kabellos* lassen sich also wie folgt (Abb. 4.23) zerlegen:

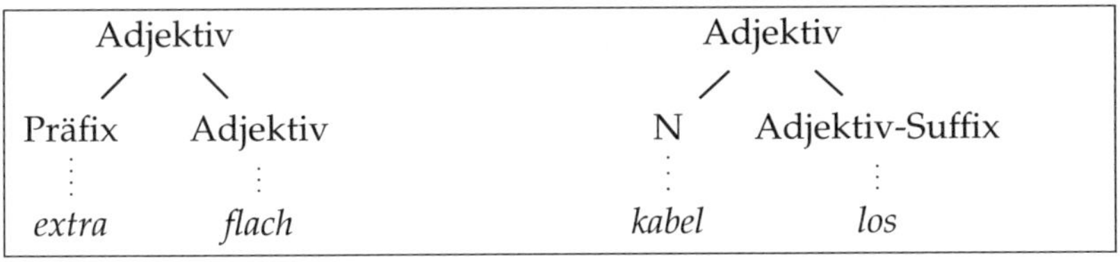

Abbildung 4.23: Derivationsbeispiele

Auch die kombinatorische explizite Derivation kommt bei den Adjektiven vor. Hier treten, wie schon bei den Substantiven ausgeführt, gleichzeitig ein Präfix und ein Suffix (= ein Zirkumfix) an ein Ausgangswort. Als diskontinuierliche Morpheme treten vor allem zur Adjektivbildung auf: *ge-/be- … -t*, *un- … -lich* und *ge- … -ig* (4.24).

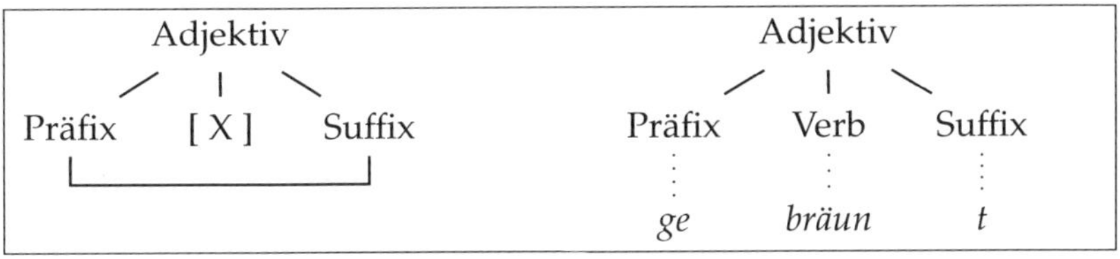

Abbildung 4.24: Kombinatorische Derivation

Bei den expliziten Derivationen wird das Adjektiv, das die Wortbildungsbasis darstellt, durch die Wortbildungsmorpheme modifiziert. Die Modifikation betrifft zum einen die Bedeutung, zum anderen kann sie auch das grammatische Verhalten betreffen.

So gibt es im Deutschen eine Reihe von Negationspräfixen, die zum Teil entlehnt wurden:

(116) *nicht-, nichts-, miss-, un-, a-, des-, dis-, il-, -im-, in-, ir, non-*[30]

Diese sind jedoch sowohl in der Bedeutung als auch im Distributionsverhalten nicht völlig identisch. So negiert beispielsweise *nicht-* ‚sachlich', ohne Bewertung das Ausgangsadjektiv (wie in *nichtrostend, nichtöffentlich*). Bildungen mit *miss-* oder *des-* dagegen sind oftmals bewertend (*missklingend, missraten, desinteressiert*).

[30] Aufstellung aus Genzmer (1995, S.230–231). *Nicht-, nichts-* sind Partikelpräfixe und die Bildungen mit ihnen könnten auch als Komposita aufgefasst werden; dagegen spricht der reihenbildende Charakter.

Speziell bei der Suffigierung kommen öfters Zusammenbildungen vor, d. h. die Konstituente, die vor das Adjektivsuffix tritt, kommt frei nicht als ein Wort, sondern nur als Wortgruppe vor (wie in (117));

(117) dickleibig, neutestamentarisch, schwerhörig[31]

Die Zusammenbildung *dickleibig* hat folgende Wortbildungsstruktur (4.25):

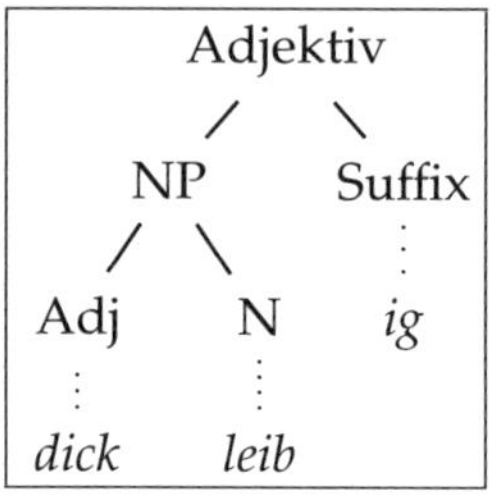

Abbildung 4.25: Strukturbaum von *dickleibig*

Neue Adjektive können auch durch implizite Derivation mit Nullsuffix entstehen. Dieses Verfahren wird aber nur in Ausnahmefällen gewählt. So werden Nomen umkategorisiert (nach Motsch (2004, S. 179) „doppelt kategorisiert"):

(118) *Elend → elend*
Klasse → klasse

Obigen Beispielen (*elend* und *klasse*) wird nachfolgende Wortbildungsstruktur zu Grunde gelegt:

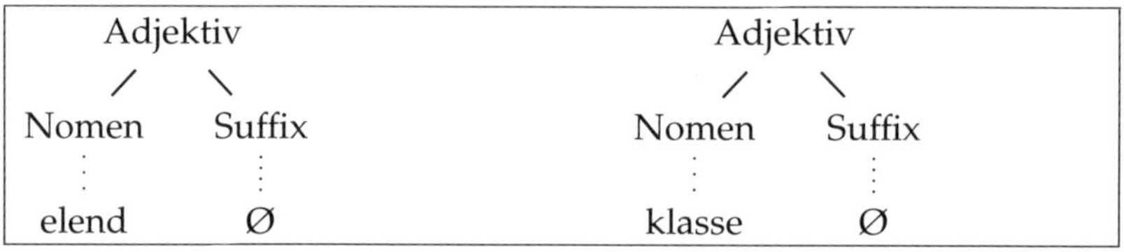

Abbildung 4.26: Implizite Adjektivderivationen

Die Auffassung von Motsch (2004, S. 179), diese Umkategorisierungen als eine „innerlexikalische Beziehung" und „nicht als ein Wortbildungsmuster zu beschreiben", lässt einige Fragen offen und wird hier nicht geteilt.

[31] Beispiele aus Altmann und Kemmerling (2000, S. 132–133).

Da die von Nomen umkategorisierten Adjektive, wie Motsch ja auch anführt, graduierbar sind und auch die typischen syntaktischen Adjektivverwendungen (attributiv, prädikativ, adverbial) finden können, sind sie doch keine Nomenvarianten.

6.) Bestimmen Sie im folgenden Text die Adjektive nach dem Deklinationstyp (stark vs. schwach), nach der syntaktischen Funktion, nach der Valenzklasse und dem Wortbildungstyp!

Der Mai aber war, am helllichten Tage doch geheimnisvoll, hinter jedes neu entfaltete Blatt getreten, hatte eine grün-goldene Aura herumgezeichnet und das Getümmel der vielen Blätterschatten am sonnigen Boden durch kleine Windstöße lebhaft gemacht. Der Kies der Alleen wurde auf solche Weise gesprenkelt und ständig bewegt, als sei's eine Wasserfläche.

(Aus: Heimito von Doderer: Im Irrgarten. In: W. Kirsten, K. Paul (Hrsg.), Das Rendevous im Zoo. Aufbau-Verlag: Berlin, Weimar 1984, S. 485)

4.2.4 Pronomen

4.2.4.1 Grammatische Charakteristika

Die Pronomen (lateinisch *pro nomen* ‚für das Nomen stehend') sind eine „schwierige" Wortart, weil es schwer fällt, spezifische Merkmale für alle Vertreter zu finden. Dies schlägt sich auch in der Tatsache nieder, dass relativ viele unterschiedliche Subklassifikationen angeboten werden, die bis zur Abschaffung der Wortart Pronomen (in Zifonun u. a. (1997)) führen.

Generell können den Pronomen folgende Merkmale zugesprochen werden (Heidolph u. a., 1981, S. 632):

- Sie sind flektierbar, genauer deklinierbar, aber nicht komparierbar.
- Sie sind nicht artikelfähig.
- Sie sind nicht durch Adjektive attribuierbar.
- Sie sind Pro-Wörter und können nicht nur Wörter (wie in 119a.) sondern auch Wortgruppen und Sätze (119b.) „vertreten".

(119) a. **Ein Mann** hat eine Erfahrung gemacht, jetzt sucht **er** die Geschichte dazu –
(Max Frisch: Mein Name sei Gantenbein. SZ/Bibliothek 2004, Band 32, S. 9)

b. Er solle ins Bett gehen, sagt sie, solle **sofort den Wasserhahn abstellen**, und da er'**s** nicht tut, will sie **es** tun;
(Max Frisch: Mein Name sei Gantenbein, a.a.O., S. 11)

• Sie können substantivische und adjektivische bzw. artikelartige Funktionen übernehmen

(120) a. Der Mann lehnt auf der Barriere, [...]. **Er** starrt auf die Straße, → substantivisch
(Botho Strauß: Paare, Passanten. SZ/Bibliothek 2004, Band 38, S. 61)

b. Neben ihm **seine** Frau, gleichgestimmt und auf denselben Fleck der Entsinnung **ihren** Blick gerichtet. → adjektivisch
(Botho Strauß: Paare, Passanten, a.a.O., S. 62)

und dabei stellvertretend, verweisend oder kennzeichnend sein.

(121) a. **Ich** bin Adam. → stellvertretend und verweisend
(Max Frisch: Mein Name sei Gantenbein, a.a.O., S. 12)

b. Der Nachtarzt, **seine** beiden Hände in den weißen Mantel gesteckt, → kennzeichnend
(Max Frisch: Mein Name sei Gantenbein, a.a.O., S. 12)

• In neueren Publikationen zu Pronomen (z. B. in Müller (2000)) wird eine weitere syntaktische Eigenschaft hervorgehoben, nämlich jene, dass NP-Pronomen nach der „Wackernagelposition" (SpecW) im Satz streben. Damit ist gemeint, dass sie am linken Rand des Mittelfeldes stehen „möchten".

(122) [...]; aber auch jetzt nimmt **er** die Hände nicht aus den Taschen seines weißen Mäntelchens.
(Max Frisch: Mein Name sei Gantenbein, a.a.O., S. 12)

4.2.4.2 Pronomenklassen

Die Diskussionen um die Subklassifizierungen sollen hier nicht nachvollzogen werden. Traditionell unterscheidet man folgende sieben Pronomensubklassen:

1. Personalpronomen:
   Die Personalpronomen sind *ich, du, er, sie, es, wir, ihr, sie* und ihre Kasusformen. Sie werden substantivisch verwendet.

2. Possessivpronomen:
   Possessivpronomen sind den Personalpronomen zugeordnet (*mein, dein, sein, ihr, sein, unser, euer, ihr*). Sie kennzeichnen Zugehörigkeit (*meine Sportgruppe*) oder Besitz (*sein Haus*). Sie werden meist adjektivisch, attributiv verwendet. Sie können auch substantivisch auftreten:

   (123) Wessen Essen kommt jetzt? Das ist **dein(e)s**.

3. Reflexivpronomen:
   Auch die Reflexivpronomen sind mit den Personalpronomen verknüpft und stimmen in der Form mit ihnen überein (*ich – mich, du – dich, wir – uns, ihr – euch*), nur die 3. Person hat eine eigene (*sich*). Sie beziehen sich in der Regel auf das Subjekt des Satzes.

   (124) **Der Mann** hält **sich** grummelnd und zu Boden blickend an der Seite seiner Frau.
   (Botho Strauß: Paare, Passanten, a.a.O., S. 25)

4. Demonstrativpronomen:
   Demonstrativpronomen haben die Funktion auf etwas hinzuweisen.

   (125) „Sagt **der** einfach alte Kuh zu mir!" „Wer?" fragte der Mann. „Na **der** da", sagte die Frau und nickte zu uns hin.
   (Botho Strauß: Paare, Passanten, a.a.O., S. 26)

   Demonstrativpronomen können sein: *der, die das; dieser, diese, dieses; jener, jene, jenes* und Langformen von ihnen (wie *derselbe, derjenige, solcher, ...*). Sie werden adjektivisch und substantivisch verwendet.

5. Relativpronomen:
   Relativpronomen werden nur substantivisch benutzt. Sie leiten (‚sich rückbeziehend' auf Wörter, Wortgruppen oder Teilsätze) Sätze ein; *der, die, das; welcher, welche, welches; wer* und *was* können diese Funktion übernehmen.

   (126) Nur Wärme, **das** ist alle Medizin, **die** sie geben kann.
   (Botho Strauß: Paare, Passanten, a.a.O., S. 27)

6. Interrogativpronomen:
   Interrogativpronomen (*wer, was, welcher, was für einer, ...*) haben wie die Interrogativadverbien (*wo, warum, wann*), die nicht flektiert werden können, die Funktion direkte und indirekte Fragen einzuleiten.

(127) Du weißt ja, daß wir Deutschen immer fragen, **was** bringt uns das ein, wo steckt der Gewinn, **was** profitier ich persönlich davon.
(Botho Strauß: Paare, Passanten, a.a.O., S. 48)

7. Indefinitpronomen:
Indefinitpronomen (*man, jemand, irgendwer, ...*) stehen für etwas Unbestimmtes. Sie treten substantivisch und adjektivisch auf.

(128) a. Am Abend sah **man** sie wieder.
(Botho Strauß: Paare, Passanten, a.a.O., S. 11)
b. **Jede** Liebe bildet in ihrem Rücken Utopie.
(Botho Strauß: Paare, Passanten, a.a.O., S. 9)

Ihre Abgrenzung zu den Adjektiven ist zum Teil schwierig. Gallmann und Sitta (1996, S. 67) schlagen zum Auseinanderhalten die „Artikelprobe" vor: „Adjektive können zwischen Artikel und Nomen stehen [...], Indefinitpronomen nicht."

(129) a. wenige Menschen → die wenigen Menschen (bestimmter Artikel möglich = Adjektiv)
b. jeder Mensch → * der jede Menschen (bestimmter Artikel unmöglich = Indefinitpronomen)

8. Artikel:
Artikel werden zum Teil gar nicht als eigene Wortklasse aufgefasst und als externes Substantivelement (als Substantivbegleiter) gesehen, das flexivischen Charakter trägt. Die bestimmten (*der, die, das*) und unbestimmten (*ein, eine, ein* und im Plural der Nullartikel) Artikel tragen folgende zusätzliche grammatische Merkmale:

• Sie stehen immer vor einem Substantiv, wobei zwischen den Artikel und das Substantiv Attribute treten können.

(130) Sie hat **ein Haus** geerbt, **die** zierliche junge **Frau**, ...
(Botho Strauß: Paare, Passanten, a.a.O., S. 16)

• Sie können nur gemeinsam mit ihrem Substantiv die Position im Satz verändern.

• Sie kongruieren mit ihrer Substantivphrase in Genus, Kasus und Numerus.

• Sie sind immer unbetont. Bei Betonung (z. B. *'das Kleid gefällt ihr*) kommt es zur Demonstrativpronomenlesart.

- Die Artikel haben vor allem die Aufgabe, das grammatische Geschlecht (Genus), den Kasus und Numerus des Substantivs anzuzeigen. Die Differenz zwischen bestimmten und unbestimmten Artikeln liegt in der Kennzeichnung von Bekanntheit und Unbekanntheit bzw. Bestimmtheit und Unbestimmtheit (*das Buch* vs. *ein Buch*). Außerdem tragen sie kontextsemantisch zur Thema-Rhema-Gewichtung bei. Bei einer Vorerwähnung tritt „meist bestimmter Artikel oder anaphorisches Pronomen" auf und bei Neuheit „unbestimmter Artikel" (von Polenz, 1985, S. 144).[32]
- Mit Hilfe eines Artikels kann jedes Wort substantiviert werden (z. B. *ja – das Ja; laufen – das Laufen; gelb – das Gelb*).

4.2.4.3 Neuere morphosyntaktische Ansätze zur Pronomenklassifikation

Leere Pronomen in der Generativen Grammatik:

Das sogenannte kleine Pro (pro) und das große Pro (PRO) wurden von der Generativen Grammatik als leere Kategorien eingeführt, zum einen um der Tatsache Rechnung zu tragen, dass es Sprachen gibt, die, wie das Italienische z. B., das Personalpronomen nicht explizit ausdrücken (pro-drop-Sprachen).

Zum anderen benennt PRO phonetisch nicht realisierte gebundene Personalpronomen, die als Subjekte von nicht finiten Sätzen auftreten und anaphorischen Charakter haben. Deshalb wird PRO auch als pronominale Anapher bezeichnet.

(131) Josef$_i$ versprach Maria, [$_S$ PRO$_i$ nach Jena zu ziehen].

Unterscheidung der Personalpronomen in starke und schwache Pronomen:

Ausgehend von den romanischen Sprachen, wo es zwei morphologisch unterschiedliche Gruppen der Personalpronomen gibt, nämlich starke (= betonte) und schwache (= unbetonte), wurde gefragt, ob es ein analoges Phänomen in der Germania und auch in der deutschen Sprache gibt.

Kayne (1975) und Cardinaletti (1999) haben die folgende Kategorisierung der Personalpronomen vorgeschlagen (4.27 auf der nächsten Seite):

---

[32] Von Polenz (1985, S. 144) schreibt von einer Funktionsüberlastung der deutschen Artikelwörter.

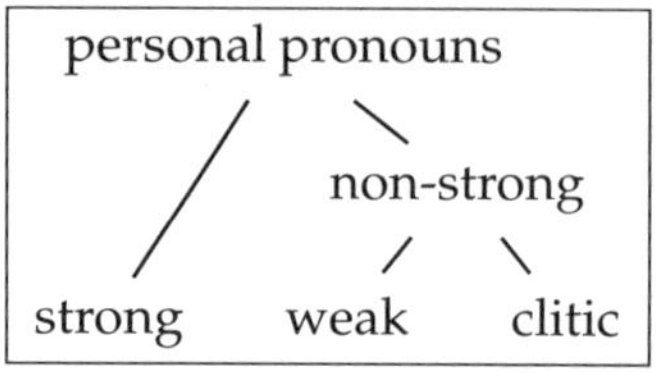

Abbildung 4.27: Arten der Personalpronomen

Die Eigenschaft *strong* (stark) oder *non-strong* zu sein, ist in diesen Sprachen mit syntaktischen Restriktionen verbunden. So können nur starke Pronomen im Vorfeld vorkommen. Die klitisierten Pronomen können nicht Kopf einer Projektion werden.

Müller (2000, S. 151) unterscheidet in Anlehnung an diese Auffassungen fürs Deutsche „Teilmengen von NP-Pronomina durch Hinzufügen von phonologisch-semantischen Merkmalen ([– betont],[– belebt], [– vollständig])". Unter Einbeziehung der Ergebnisse von Cardinaletti (1999) sollen unterschieden werden:

1. Prototypische, starke NP-Pronomina:
   Wenn sie eine belebte, menschliche Nominalphrase vertreten, können sie betont oder unbetont sein.

   (132) Maria sagte, dass Josef sie gestern angerufen hat.
   Maria sagte, dass Josef Anna gestern angerufen hat.
   Maria sagte, dass Josef SIE gestern angerufen hat.

   Wenn sie eine unbelebte Nominalphrase vertreten, sind sie betont.

   (133) Maria hat den Anruf vergessen.
   Maria hat IHN vergessen.

   Sie können im Satz verschoben werden, auch im Vorfeld auftreten.

   (134) IHN hat Maria vergessen.

2. Schwache NP-Pronomina:
   Sie haben die Merkmale [– betont] und [– menschlich].

   Sie können im Satz nicht frei verschoben werden; sie treten in „Binnenstellung" auf.

   (135) Josef hat die Milch gestern getrunken.
   Josef hat sie gestern getrunken.
   * Sie hat er gestern getrunken. (Sie ist dann stark, betont.)

3. Reduzierte (klitische) Pronomina:
   Sie sind schwach betont und lehnen sich an einen benachbarten Ausdruck an.

   (136) Wie geht's?

7.) Das Pronomen *es* kann nicht nur als Personalpronomen auftreten. Es kann auch andere Funktionen haben.

Bestimmen Sie die Funktionen von *es* in den folgenden Beispielen!

- Ich brauche das Geld möglichst bald. Wann bekomme ich es?
- Meine Mutter ist Lehrerin. Ich werde es auch.
- Sie kamen schon mit dem Frühzug an. Es hat uns sehr gefreut.
- Es hat sich gestern ein schwerer Verkehrsunfall ereignet.
- Es freut mich besonders, dass ich sie getroffen habe.
- Ich finde es schade, dass wir den Berg nicht bestiegen haben.
- Mich hält es hier nicht länger.

4.3 Die unflektierbaren Wortklassen

4.3.1 Adverbien

4.3.1.1 Grammatische Charakteristika

Adverbien werden manchmal als „Restgruppe" der Unflektierbaren aufgefasst (so Gallmann und Sitta (1996, S. 83)). Heidolph u. a. (1981, S. 684) versteht sie, als „Unflektierbare, mit der Fähigkeit, die Funktion eines Satzgliedes (Adverbial, Objekt, Prädikativ), eines Gliedteils (Attribut) oder den Charakter eines Satzäquivalenten haben." Diese weite Adverbbestimmung, die auch die Satzadverbien und Partikeln einschließt, ist durch die unterschiedlichen syntaktischen Eigenschaften nicht gerechtfertigt, weshalb sie hier auch nicht vertreten werden soll. Adverbien im engeren Sinne sind gekennzeichnet durch folgende morphosyntaktische Eigenschaften:

Adverbien sind nicht konjugierbar und nicht deklinierbar.

Einige wenige sind aber komparierbar.

> Die Bezeichnung Adverb (lateinisch *ad verbum*) weist auf die syntaktische Hauptfunktion hin, sich auf Verben zu beziehen.

Sie können dabei als Adverbialbestimmung, wie in Beispiel (137a.), oder als Prädikativ (wie in (137b.) auftreten.

(137) a. **Draußen** regnete es.
(Max Frisch: Mein Name sei Gantenbein, a.a.O., S. 10)
b. Der Weg ist **dort**, wo die Angst ist.
(monster Karriere-Journal 24.1.2006; S. 1)

Eine weitere syntaktische Funktion ist die mögliche Verwendung als nachgestelltes unflektiertes Attribut wie in (138).

(138) Das Haus **dort** gehört dem Papst noch heute.
(www.dradio.de; 16.8.2005)

Sie können allein ein Satzglied repräsentieren und deshalb auch allein die erste Stelle im Aussagesatz einnehmen wie in (139).

(139) **Bislang** war die Krankheit nur in fünf östlicheren Provinzen Sibiriens ausgebrochen.
(SZ 16.8.2005; S. 10)

Sie können als Antworten auf *w*-Fragen (Sachfragen) dienen.

(140) **Wann**, wenn nicht **jetzt**.

Semantisch sind sie folgendermaßen beschreibbar:

Sie geben zum einen den Handlungen oder Sachverhalten eine Einordnung in Zeit oder Raum. Zum anderen verdeutlichen sie kausale Zusammenhänge oder modale Beziehungen:

- Temporale Adverbien: *damals, jetzt, bald, neulich, zeitlebens, ...*
- Lokale Adverbien: *davor, hier, oben, überall, hinten, bergan, ...*
- Kausale Adverbien: *darum, folglich, trotzdem, folglich, ...*
- Modale Adverbien: *gern, sehr, so, vergebens, blindlings, kurzerhand, ...*

Sie haben oft deiktischen Charakter, d. h. sie treten, wie Bühler (1982) es bezeichnet hat, im Zeigefeld der Sprache auf. Sie bedürfen eines sprachlichen bzw. außersprachlichen Kontextes, um ihre Bedeutung realisieren zu können.

(141) **Die FAQs zu unseren Produkten** sind aus Fragen entstanden, über die unsere Kunden uns in Kenntnis gesetzt haben. Sehen Sie bitte **dort** nach, ob Sie eine Lösung für Ihr Problem finden, bevor Sie unser Support-Team kontaktieren.
(www.nero.com/de; 16.8.2005)

In dem Beispiel (141) bezieht sich das deiktische Adverb *dort* auf *die FAQs zu unseren Produkten* (FAQ: Abkürzung für ‚Frequently asked questions' – häufig gestellte Fragen) und erlangt erst so seine Bedeutung; ohne den Bezug wäre der Satz unverständlich.

Die Pronominaladverbien, eine besondere Gruppe von Adverbien mit pronominalen Zügen, haben Prowortcharakter, d. h. sie treten für Präpositionalphrasen oder Sätze ein, sie können im Unterschied zu den richtigen Pronomen aber nicht dekliniert werden.

(142) Doch so richtig zum Überkochen brachte er die Halle, als er sein eh schon knappes Oberteil auszog und in die Hände eines überglücklichen Mädels warf. **Hiernach** war erst mal eine Abkühlung nötig, [...]
(www.indien-newsletter.de; 16.8.2005)

G. Müller (2000, S. 140) unterscheidet drei Gruppen von Pronominaladverbien:

1. Pronominaladverbien mit *da*: *dadurch, darum, dagegen, ...*

   d-Pronominaladverbien haben Demonstrativcharakter, sind also den Demonstrativpronomen ähnlich und ersetzen Personal- und Demonstrativpronomen mit Präposition.

   (143) **Daran** [<An dem da>] merkt man, dass er Spielpraxis auf hohem Niveau braucht.
   (Der Spiegel 33, 2005; S. 80)

2. Pronominaladverbien mit *wo*: *wodurch, wofür, wogegen, ...*

   Diese *w*-Pronominaladverbien werden interrogativ (wie in (144a.)) und relativ (wie in (144b.)) gebraucht und stehen für Interrogativpronomina mit Präposition.

   (144) a. **Worin** besteht das?
   (Der Spiegel 33, 2005; S. 80)
   b. Eigentlich ist es ja auch ganz egal, **worüber** gelacht wird.
   (www.cinegraph.de/filmmat; 8.5.2006)

3. Pronominaladverbien mit *hier*: *hierdurch, hieraus, hierbei, ...*

(145) **Hierbei** handelt es sich um Staubsauger, die in Altenburg in Thüringen hergestellt werden. (www.saugauf.de/staubbeutel_produkt-30.html; 20.6.2006)

4.3.1.2 Adverb-Wortbildung

Neue Adverbien entstehen anders als bei den anderen Hauptwortarten seltener; deshalb kommen sie oftmals als eigenständige Punkte in den Wortbildungsdarstellungen gar nicht vor. Im Deutschen gibt es anders als im Englischen (*-ly*) oder Französischen (*-ment*) kein allgemeines Suffix zur Ableitung von Adverbien. Nach Altmann und Kemmerling (2000) handelt es sich aus synchroner Sicht bei den Adverb-Wortbildungen vor allem um Zusammenrückungen[33] und Suffigierungen. Kompositionen, Präfigierungen und lexikalische Konversion kämen kaum vor.

Adverbzusammenrückungen:

Zusammenrückungen haben das Spezifikum, dass sie nicht der allgemeinen Strukturregel X $\rightarrow$ YX folgen. Die rechte unmittelbare Konstituente ist nicht der morphologische Kopf der Wortkonstruktion, der Head befindet sich außerhalb:

(146) dergestalt: Adverb $\leftarrow$ Pronomen [*der*] Nomen [*gestalt*]

Am häufigsten tritt eine Präposition als Erstkonstituente auf (Altmann und Kemmerling, 2000, S. 155).

(147) in-zwischen, vor-bei, gegen-über, zu-wider, ...

Adverbkomposita:

Adverbkomposita sind nicht zahlreich und ihre eindeutige Einordnung ist schwierig, da es sich bei der ersten UK meist um Modifizierungen mit reihenbildendem Charakter handelt, die also zu Halbaffixen tendieren.

(148) a. *allzu* + Adverb: allzuoft, allzusehr, allzubald
b. *so* + Adverb: sobald, sodann, soeben, sowohl

[33] Diese Beispiele werden bei Fleischer und Barz (1995) als Komposita oder Wortgruppenkonversionen beschrieben.

c. *aller* + Adverb: allerspätestens, allerwenigstens
d. *zu* + Adverb: zuinnerst, zuoberst, zuwider, zuweilen

Bildungen wie in (148) mit Steigerungspartikeln als Erstglied rechnen Altmann und Kemmerling (2000, S. 157) in die Nähe von Zusammenrückungen, da sie „extrem idiomatisiert" seien. Da sie „dadurch unanalysierbar sind", sei fraglich, ob es überhaupt Wortbildungsstrukturen seien.

Zu den Adverbkomposita können auch einige Verbindungen zweier Adverbien (149a.) und von Präpositionen mit Adverben (149b.) gerechnet werden. Aber auch hier haben wir das Problem der starken Idiomatisierung, die in der Regel auch nicht die Weglassung des Bestimmungsgliedes erlaubt.

(149) a. immerfort, nunmehr, nimmermehr
b. übermorgen, vorgestern

Adverbsuffigierungen:

Auch die Suffixbildungen von Adverbien sind weniger häufig als bei den anderen Hauptwortarten. Fremdsuffixe kommen nicht vor. Auch hier stellt sich das Problem der eindeutigen Isolierbarkeit, da zum einen Homonyme mit deutlichem semantischen Bezug existieren und zum anderen das Problem der Idiomatisierung und Undurchsichtigkeit besteht.

Aus dem Flexiv *-s* sind nach Altmann und Kemmerling (2000) das Suffix *-s* (150a) und die davon abgeleiteten Suffixe *-ens, -dings, -falls,-lings, -mals, -teils, -wärts, -wegs, ...* (150b)[34] entstanden.

(150) a. anfangs, namens, winters, teils
b. blindlings, neuerdings, vormals, westwärts

Ein relativ produktives Suffix ist *-weise*, das aus dem Substantiv *die* (*Art und*) *Weise* entstanden ist.

(151) gleicherweise, leihweise, ruckweise, stückweise

Es wird auch (und primär) zur Satzadverbbildung verwendet:

(152) dankenswerterweise, glücklicherweise, möglicherweise

[34] Altmann und Kemmerling (2000) sehen diejenigen, die nicht als selbstständige Lexeme auftreten können, nicht als Suffixe an (S. 162), was nicht ganz einsichtig ist, da ja Suffixe in der Regel keine selbstständigen Entsprechungen mehr haben.

Weitere Adverbsuffixe, die aus Nomen entstanden sind, treten auf:

(153) a. -dings: neuerdings, allerdings, schlechterdings
b. -maßen: bekanntermaßen, anerkanntermaßen, verdientermaßen
c. -mals: erstmals, niemals, abermals

Adverbkonversionen:

Adverbkonversionen sind auch nicht zahlreich und werden vor allem von Substantiven gebildet. Die Bildungen mit dem Flexiv *-s* werden bei Altmann und Kemmerling (2000), wie oben angeführt, als Suffigierungen aufgefasst, sie weisen aber selbst darauf hin, dass man diese als Konversionen verstehen kann: „Da es synchron formgleiche substantivische Genitive gibt, könnte man auch Konversionen (N>Adv.) als Wortbildungstyp ansetzen" (S. 185).

(154) abends, mittags, zeitlebens

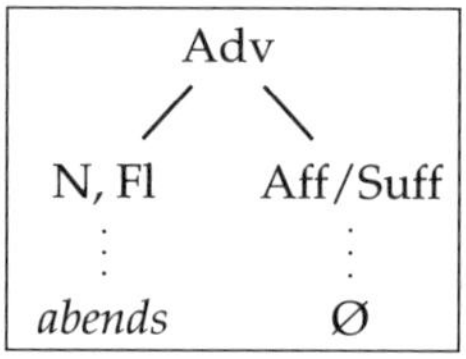

Abbildung 4.28: Adverbkonversion

4.3.2 Partikeln

4.3.2.1 Grammatische Charakteristika

Der Terminus Partikeln (im Singular die Partikel) wird zum Teil im weiten Sinne verstanden als Oberbegriff für „Wörter, die weder dekliniert noch konjugiert werden können" mit den Unterarten Präpositionen, beiordnende Konjunktionen, unterordnende Konjunktionen, Interjektionen und Adverbien (Gallmann und Sitta, 1996, S. 79). Dass zwar zwei Unterarten bei den Konjunktionen unterschieden werden, aber die Satzadverbien und die Partikeln im engeren Sinn bei den Adverbien mit abgehandelt werden, ist nicht ganz einsichtig, da sie sich grammatisch stark unterscheiden.

In der Vergangenheit wurde den Partikeln im engeren Sinne, um die es in diesem Kapitel geht, keine Relevanz zugesprochen. Sie wurden als „Füllwörter“ oder „Flickwörter“ bezeichnet, die man im Interesse eines schönen Deutsch besser zu vermeiden habe. Diese Situation hat sich in den letzten Jahrzehnten durch eine stark angewachsene „Partikelforschung“ deutlich verändert.

Folgende morphosyntaktische Wortartencharakteristika sind für sie typisch:

> Partikeln sind nicht flektierbar. Sie können alleine keine Satzglieder sein. Sie sind deshalb in der Regel nicht erststellenfähig, d. h. sie können im Verbzweitsatz nicht allein vor dem finiten Verb stehen.

(155) *Nur* die Liebe zählt. → * *Nur* zählt die Liebe.

Partikeln können nicht selbstständig auf Fragen antworten.

(156) a. Möchte man nach der Wahl mit *eben* diesen (deutschen) Managern wieder gemütlich im Zweithaus in der Toskana beim Chianti zusammensitzen?
(www.lawblog.de; 1.8.2005)
b. Mit wem möchte man nach der Wahl wieder zusammensitzen?
* *Eben.* / Mit *eben* diesen Managern.

Semantisch haben Partikeln folgende Eigenschaften:

> Partikeln berühren in der Regel nicht die Wahrheitsbedingungen von Sätzen (Ausnahmen stellen die Negationspartikeln dar). Wenn sie eliminiert werden, bleiben die Sätze grammatisch. Obwohl Partikeln den Wahrheitswert von Sätzen nicht verändern, modifizieren sie Äußerungen.

(157) Weblogs: Offenheit führt *sogar* zu Entlassungen.
(www.heute.de; 1.8.2005)

In dem Beispielsatz (157) bezieht sich die Partikel *sogar* auf das Satzglied *zu Entlassungen* und nimmt bei ihm eine Quantifizierung vor.

4.3.2.2 Die Subklassen der Partikeln

Die verschiedenen Grammatikbeschreibungen nehmen zum Teil unterschiedliche Subklassen von Partikeln an. Eine Subklassifizierung ist auch sehr angebracht, da es sich bei den Partikeln um keine homogene grammatische Klasse handelt. Da die „semantisch-denotative Bedeutung sehr gering ist, ihre kommunikativ-pragmatische Funktion aber um so größer ist, [...] ist es notwendig, den Blick umzukehren und die Partikeln unter dem (primären) Aspekt ihrer kommunikativ-pragmatischen Funktion zu betrachten“ (Helbig und Buscha, 1991, S. 479). Unter Einbeziehung des pragmatischen Aspekts und der grammatischen Charakteristika werden von Helbig und Buscha folgende Partikelsubklassen unterschieden:

- Abtönungspartikeln,
- Gradpartikeln,
- Vergleichspartikeln.

Engel (1994), der sich u. a. in der germanistischen Sprachwissenschaft tiefgründig mit der Modifizierung der Partikeln beschäftigt hat, nimmt in seiner „Syntax der deutschen Gegenwartssprache“ „auf Grund ihrer Kombinatorik“ (S. 58) sechs Teilklassen an:

- Kopulapartikel,
- Modalpartikel,
- Rangierpartikel,
- Gradpartikel,
- Abtönungspartikel und
- „weitere Partikel“.

Engel unterscheidet, wie andere auch, Partikel von Partikeln. Partikeln ist dann ein Oberbegriff für die Wörter, „die stets unveränderlich sind und keine Kombination mit Flexemen eingehen“ (Engel, 1994, S. 57). Mit Partikel werden dagegen Subklassen der Unflektierbaren bezeichnet. Bei seiner Subklassifikation ist nicht sehr hilfreich, dass er von Kopulapartikel und Modalpartikel spricht. „Als Kopulapartikel werden die Partikeln definiert, die im Satz immer mit einem ‚Kopulaverb‘ verbunden werden können. Hierher gehören Wörter wie *abspenstig, durcheinander, leid, quitt, schuld* (Engel, 1994, S. 77). Engel selbst verweist darauf, dass diese Kopulapartikel viel mit den Adjektiven gemeinsam haben. Vor allem ihre teilweise Flektierbarkeit (wie bei *abspenstig* in (158)), ihre mögliche attributive Nutzung spricht gegen eine Partikelbestimmung.

(158) Deren Mitarbeiter sollen per Anruf **abspenstige** Nutzer zurücklocken.
(www.maniac.de/forum; 13.5.2006)

Mit Modalpartikel werden die Satzadverbien bezeichnet. Dass diese eine eigenständige Wortklasse mit spezifischen Charakteristika bilden, die sie von den Partikeln deutlich abgrenzen, wird im nachfolgenden Kapitel dargestellt. Ähnlich verhält es sich mit den anderen ‚satzgliedwertigen' Partikeln, den Rangierpartikeln (wie *übrigens* oder *überdies*), die alleine im Vorfeld stehen können (wie in (159)) und m. E. zu den Adverbien gehören.

(159) **Übrigens** funktioniert das auch bei anderen Programmen, beispielsweise bei Word.
(www.tippscout.de; 6.8.2005)

Von mir werden auf der Basis von grammatischen und funktionalen Merkmalen folgende vier Partikelnsubklassen unterschieden, die dann nachfolgend beschrieben werden:

- Abtönungspartikeln,
- Gradpartikeln,
- Vergleichspartikeln,
- Negationspartikeln.

Abtönungspartikeln:[35]

Sie werden auch Modalpartikeln oder Einstellungspartikeln genannt und „beziehen sich ausschließlich auf die Illokution einer Äußerung" (Engel, 1994, S. 79). Sie haben die Funktion, „das Gesagte im Kontext der Rede zu situieren. Sie geben dem Gegenüber Informationen darüber, in welchem Zusammenhang ein Satz gemacht wurde und ermöglichen es ihm, ihn pragmatisch einzuordnen. Man kann ihre Bedeutung in Form eines Metakommentars, eines Kommentars über die Äußerung, paraphrasieren" (Hentschel und Weydt, 1990, S. 283). In dem Beispiel (160) hat die Abtönungspartikel *etwa*, die wie alle Partikeln homonyme Formen in anderen Wortarten hat, die Funktion, dem Gesprächspartner zu unterstellen, dass es nicht ihre Fähigkeiten waren, die dazu führten, dass eine Frau für das Amt einer ägyptischen Dorfschulzin genommen wurde.

(160) Gab es etwa keine Männer, oder warum mussten sie eine Frau nehmen? Es sind doch noch nicht alle Männer gestorben!
(www.qantara.de; 6.8.2005)

[35] Nach Hentschel und Weydt (1990, S. 280) stammt der Terminus Abtönungspartikel von Weydt.

Die Abtönungspartikeln haben die generellen grammatischen Charakteristika der Partikel:

- Sie sind allein nicht vorfeldfähig.
  (* *Etwa gab es keine Männer, ...*)
- Sie sind nicht negierbar.
  (* *Gab es nicht etwa keine Männer, ...*)
- Sie können nicht als Antworten auf Fragen fungieren.
- Sie sind in der Regel unbetont.
- Darüber hinaus: Sie können nicht koordiniert werden.
  (* *Gab es nicht etwa oder doch keine Männer, ...*)

Es können aber mehrere Abtönungspartikeln in einem Satz vorkommen (Gab es nicht etwa doch keine Männer, ...); für ihre Reihenfolge gibt es dann Restriktionen. (Zifonun u. a., 1997, S. 59)

Gradpartikeln:[36]

Sie werden auch Fokuspartikeln oder Intensitätspartikeln genannt, sie haben die Funktion zu skalieren. Diese Skalierung betrifft einen Satzteil, einen Fokus. Nach Jacobs (1983) sind *nur, auch* und *sogar* die meistdiskutierten Gradpartikel. Die Partikel *etwa* kann auch als Gradpartikel auftreten. In dem Beispiel (161a) gibt *etwa* die Einschränkung des Verfassers zur Kenntnis, dass die Zahlenangabe nicht exakt, sondern nur ungefähr ist. *Etwa* kann auch die „Diktumsgraduierung“ (Zifonun u. a., 1997, S. 57) vornehmen: Auf einer Skala von möglichen Beispielen wird eine Begrenzung auf ein Beispiel vorgenommen (161b).

(161) a. Uralte Saurier aus der Zeit vor etwa 290 Millionen Jahren (openpr.de; 5.8.2005)
b. Wir wählen etwa folgendes Beispiel. (Helbig und Buscha, 1991, S. 482)

Die Gradpartikeln haben folgende spezifische grammatische Charakteristika:

• Ihre Position im Satz ist nur eingeschränkt variabel. Sie „stehen in der Regel unmittelbar vor, einige auch unmittelbar nach dem Bezugsausdruck oder in Distanzstellung. Nur die Gradpartikeln *noch* und *schon* können allein (ohne ihren Bezugsausdruck) das Vorfeld besetzen“ (Zifonun u. a., 1997, S. 57). Ob es sich bei der alleinigen Vorfeldbesetzung wirklich um

[36] Die Bezeichnung Gradpartikel stammt nach Jacobs (1983) von H. Altmann.

Gradpartikeln handelt, sollte durch Untersuchungen an realen Äußerungen korpusbasiert hinterfragt werden. Auch Beispiele von wirklicher Distanzstellung sind selten.

(162) a. ***Noch* immer** auf der Suche nach dem Traumpartner? (www.single5001.de; 5.8.2005)
→ Kontaktstellung

b. Gerade alte Menschen können ***sehr*** vom Umgang mit Tieren **profitieren**. (www.kda.de; 5.08.2005)
→ Distanzstellung

• Gradpartikeln müssen zusammen mit ihrem Bezugswort erfragt werden.

(163) a. Lediglich der Sicherheitschef der französischen Tunnelgesellschaft muss sechs Monate hinter Gitter. (www.az-badkreuznach.de; 5.8.2005)

b. Wer muss ins Gefängnis? Lediglich der Sicherheitschef.
Wie muss er ins Gefängnis? * Lediglich.

8.) Handelt es sich bei *noch* und *schon* in den folgenden Beispielen um Gradpartikeln? Wenn nicht, welche Wortart liegt vor?

– Noch geht es nicht ohne die Spritze. (www.uni-protokolle.de; 5.8.2005)

– Alle Vögel sind schon da.

– Werden Maschinen schon in hundert Jahren den Menschen ersetzen? (www.heise.de; 5.8.2005)

Vergleichspartikeln:

Als Vergleichspartikeln treten *als* und *wie* im Deutschen auf.

(164) a. Zecken sind alles andere als harmlos. (www.mdr.de/ratgeber; 8.8.2005)

b. Arbeiten wie die Gebrüder Grimm (www.welt.de/data; 9.5.2006)

Auch diese Partikeln haben Homonyme in anderen Wortarten (Beispiele in (165)).

(165) a. Als er sich 1981 auf seinen ersten 100-Kilometer-Lauf vorbereitete, hatte er viermal zu Fuß die Erde umrundet, ...

(www.zeit.de; 8.8.2005)
= temporale Subjunktion

b. Nötig ist sowohl staatliche als auch marktwirtschaftliche Regulation.
(www.uni-protokolle.de/nachrichten; 8.8.2005)
= Konjunktionsteil

c. Wie Personal Firewalls ausgetrickst werden können
(home.arcor.de; 8.8.2005)
= Frageadverb

Wie Hahnemann (1999), die sich tiefgründig mit dem Wortartenstatus von *als* und *wie* beschäftigt hat, betont, ist die Einordnung der Vergleichspartikel bei den Präpositionen oder Konjunktionen problematisch.

Als Vergleichspartikel ist *wie* in der Standardsprache ein Indikator für Gleichheit oder Ähnlichkeit.

Die Vergleichspartikel *als* ist mehrdeutig:
In Gradvergleichen zeigt sie eine Ungleichheitsrelation an.

(166) Eine dumme Frage ist besser als (fast) jede kluge Antwort.
(www.jaeggi.ch; 8.8.2005)

In irrealen Vergleichssätzen markiert sie eine hypothetische Ähnlichkeit.

(167) Schröder tut noch immer so, als ob er nach der von ihm inszenierten Wahl das Sagen hätte. (www.saar-echo.de; 8.8.2005)

9.) Bestimmen Sie die Wortarten der homonymen Wörter *als* und *wie* in den Beispielen.

1. Wie teuer ist das?
2. Er schnitt die Haare so, wie er es immer gemacht hatte.
3. Wie dem auch sei, wenn es so wäre, wäre es gut.
4. Es ist mir vorgekommen, wie ein reinigendes Gewitter.
5. Er genießt eine ebenso verdiente wie umfangreiche Wertschätzung.
6. Als der Rektor den Saal verließ, gingen auch die anderen.
7. Die Zusammensetzung war insofern ideal, als niemand einen Vorteil hatte.
8. Er war sowohl Dichter als auch Komponist.
9. Ich schätze ihn aber nicht als Dichter.

Negationspartikeln:

Negationspartikeln sind *keinesfalls, keineswegs, kein, mitnichten, nein, nicht,* .... Sie haben eine gewisse Sonderrolle, da sie zwischen den Partikeln und Satzwörtern stehen. Sie können sowohl einzelne Satzteile (als Teil- oder Sondernegation bezeichnet) als auch ganze Sätze (Satznegation) negieren:

(168) a. Warum Männer **nicht zuhören** und Frauen schlecht einparken → Teilnegation

b. Kontakt zu ihrer Familie und dem Vater der Kinder hat sie nicht. → Satznegation
(Der Spiegel 33, 2005; S. 119)

Speziell die Verwendung als Satznegation veranlasst beispielsweise Helbig und Buscha (1991, S. 509) der Frage nachzugehen, ob dann die Negationswörter „zu den Modalwörtern gerechnet" werden sollen. Obwohl es einige Gemeinsamkeiten gibt, lehnen sie es ab, ordnen sie aber auch nicht in die vorhandenen Klassen ein, sondern behandeln sie unter der Überschrift „modalwort-ähnliche Ausdrücke".

Gemeinsam mit den Satzadverbien (= Modalwörtern) haben die Negationspartikeln in der Satznegationsverwendung, dass sie sich auf den ganzen Satz beziehen. Dies führt aber nicht dazu, dass sie, wie die Satzadverbien alleine im Vorfeld stehen können.

(169) * Nicht hat sie Kontakt zu ihrer Familie und dem Vater der Kinder.

Gegen die Einordnung in die Klasse der Satzadverbien spricht auch: „eine prädikative Verwendung (und damit eine Paraphrase durch einen Matrixsatz oder Schaltsatz) [ist] nicht zulässig" und: es liegt „kein Einstellungsoperator, sondern ein propositionaler Operator" vor (Helbig und Buscha, 1991, S. 509).

Die Satznegationswörter (Reaktive) werden von mir zu den Satzwörtern gerechnet.

10.) Ermitteln Sie die Adverbien und Partikeln im folgenden Textausschnitt und klassifizieren Sie diese dann!

Mir gefiel das ungemein, aber mein Vetter und die Bauersleute sahen es kaum. Denen fängt der Garten erst an, ein wenig Freude zu machen, wenn es dann herbstelt und in den Beeten nur noch letzte Spätrosen, Strohblumen und Astern übrig sind. Jetzt waren sie tagtäglich von früh bis spät im

Feld und fielen am Abend müde und schwer wie umgeworfene Bleisoldaten in die Betten. Und doch wird in jedem Herbst und in jedem Frühjahr der Garten wieder treulich besorgt und hergerichtet, der nichts einbringt und den sie in seiner schönsten Zeit kaum ansehen.

(Aus: Hermann Hesse: Die Marmorsäge. In: W. Kirsten, K. Paul (Hrsg.), Das Rendezvous im Zoo. Aufbau-Verlag: Berlin, Weimar 1984, S. 29)

4.3.3 Satzwörter

4.3.3.1 Einordnung

Unter der Oberklasse Satzwörter werden Lexeme vereint, die Engel (1994, S. 78) als „Satzäquivalente" bezeichnet hat: „Hierunter verstehen wir unveränderliche Wörter, die selbst eine Äußerung konstituieren können und jederzeit gegen Sätze austauschbar sind." Er rechnet, wie wir auch, die Antwortpartikeln, reaktive Partikeln und Interjektionen dazu.

Hier wird der Terminus Satzwörter gewählt, weil wir noch die Satzadverbien hinzunehmen, die zwar einen Satzstatus in der Weise haben, dass sie, vereinfacht ausgedrückt, eine einschätzende Aussage zu einem Satz treffen. Sie können aber nicht alleine eine Äußerung konstituieren, sie verlangen vielmehr zwingend eine.

Die Antwortpartikeln und reaktiven Partikeln von Erben fassen wir zur Klasse „Reaktive" zusammen.

4.3.3.2 Satzadverbien

Grammatische Charakteristika:

Die Ausgliederung einer eigenständigen Wortart Satzadverbien, auch als Modalwörter bezeichnet, wird keineswegs in allen Grammatiken der deutschen Sprache vorgenommen. Sie werden dann meist bei den Adverbien eingefügt, was, wie Helbig und Helbig (1990, S. 12) treffend beschrieben haben, „nicht verwunderlich ist, da der den Adverbien gewidmete Abschnitt in manchen Grammatiken ohnehin gleichsam ‚einer Rumpelkammer' gleicht", in der man alles unterbringt, was übrig bleibt. Da die Satzadverbien aber spezielle, sie von anderen Unflektierbaren unterscheidende Spezifika haben, sollten sie als eigenständige Wortart der deutschen Sprache verstanden werden.

> Der Hauptunterschied zu den Adverbien besteht darin, dass sie sich logisch-strukturell auf den ganzen Satz und nicht auf das Verb beziehen.

Dies wird auch dadurch sichtbar, dass sie nur durch eine Entscheidungsfrage erfragt werden können:

(170) a. Diesen Fall klären wir *vielleicht* auch noch. (www.welt.de/data/2005/03/19/612350.html; 22.6.2006)
b. Wie klären wir diesen Fall auch noch? * Vielleicht.
c. Werden wir diesen Fall auch noch klären? Vielleicht.

Satzadverbien können in der Regel auch selbst nicht negiert werden:

(171) * Diesen Fall klären wir nicht *vielleicht* auch noch.

Satzadverbien können im Gegensatz zu normalen Konstituenten des Prädikatsverbandes nicht durch ein Prowort substituiert werden, wie nachfolgendes Beispiel zeigt. Man kann *möglicherweise* nicht durch ein Prowort (beispielsweise durch *so*) ersetzen, da der Satz dann einen anderen Sinn erhält:

(172) a. Die geplante Bundestagswahl führt *möglicherweise* zum vorzeitigen Ende des Visa-Untersuchungsausschusses. (www.welt.de; 28.7.2005)
b. Die geplante Bundestagswahl führt so zum vorzeitigen Ende des Visa-Untersuchungsausschusses. (Keine Bedeutungsäquivalenz zum Ausgangssatz.)

Die Satzadverbien leisten keinen Beitrag zur Ereignischarakterisierung. Sie haben pragmatischen Charakter. Sie markieren eine Sprechereinstellung. Semantisch sind sie weitgehend leer und bringen in einen Satz Pragmatisches ein. Die Sprecherbewertungen, die mit ihnen gegeben werden, betreffen entweder die Einstellungen, Wünsche oder Interessen des Sprechenden,

(173) *Dummerweise* gibt es ständig und immerzu Dinge, die *dummerweise* passieren.
(www.assoziations-blaster.de; 28.7.2005)

oder den Grad der Geltung, den der Sprechende den Tatsachen beimisst:

(174) Die eigene Kündigung war *sicherlich* der falsche Weg.
(www.tacheles-sozialhilfe.de; 28.7.2005)

Die Satzadverbien können deshalb in zwei Subklassen[37] eingeteilt werden, in wertende und den Geltungsgrad beschreibende.

[37] Helbig und Helbig (1990) unterscheiden sechs semantisch-pragmatische Subklassen.

Gemeinsamkeiten mit den Adverbien betreffen die nicht Flektierbarkeit und das Einnehmen einer Satzgliedposition, also die Möglichkeit in einem Aussagesatz allein die Vorfeldposition zu besetzen. Dies trennt sie deutlich von den Partikeln. In dem folgenden Beispiel kann das Satzadverb *leider* alleine die Satzgliedposition im Vorfeld einnehmen.

(175) a. Die von Ihnen aufgerufene Seite kann leider nicht einwandfrei dargestellt werden. →
b. Leider kann die von Ihnen aufgerufene Seite nicht einwandfrei dargestellt werden.

Homonyme Formen treten bei den Unflektierbaren im Deutschen relativ häufig auf. So finden wir z. B. die Formative *wahrscheinlich* und *leider* auch mit anderen Wortklasseneigenschaften:

(176) a. Sie landeten trotz guter Leistungen leider nur auf dem 5. und 6. Platz.
(www.studix.de; 28.7.2005)
→ *leider* hier Partikel
b. Speiseeis: Gesunde Inhaltsstoffe, aber leider kalorienreich.
(www.das-kochrezept.de; 28.7.2005)
→ *leider* hier Modalwort

(177) a. Der wahrscheinlich günstigste Teeladen im Internet ...
(www.orangewater.de; 28.7.2005)
→ *wahrscheinlich* hier Partikel
b. Der Eklat ist wahrscheinlich.
(www.taz.de; 28.7.2005)
→ *wahrscheinlich* hier Modalwort
c. Sichere und wahrscheinliche Klimaveränderungen: Vor uns die Sintflut?
(www.reger.rmc.de; 28.7.2005)
→ *wahrscheinlich* hier Adjektiv

11.) Welcher Wortart ist in den nachfolgenden Beispielen *natürlich* zuzuordnen? Begründen Sie ihre Bestimmungen!

– Natürliche Hausmittel, Haushaltstipps, Gartentipps, Tipps für Gesundheit und Kosmetik aus Omas Erfahrungsschatz.
(www.einfach-natuerlich.de; 28.7.2005)

– Natürlich von hier.
(www.natuerlich-von-hier.de; 28.7.2005)

– Sie brauchen für das Anlegen eines Miniteichs spezielle nährstoffarme Teicherde, einige große Steine, Kies, Pflanzkörbe, Pflanzvlies und natürlich Pflanzen.
(www.wdr.de; 28.7.2005)

– Schönheits-OP – Alles ganz natürlich?
(www.amica.msn.de; 28.7.2005)

Wortbildung der Satzadverbien:

Satzadverbien sind häufig von Adjektiven abgeleitet, zum Teil haben sie auch homonyme Entsprechungen bei den Adjektiven.

Produktiv sind Suffigierungen mit *-weise*, das aus Adjektiven und Nomen Satzadverbien (aber auch Adverbien) bilden kann:

(178) bedauerlicherweise, schlauerweise, ansatzweise

Auch Zusammenrückungen sind anzutreffen:

(179) allerdings, beinahe, fürwahr, gottlob, vielleicht

4.3.3.3 Reaktive

Reaktive, auch als Antwortpartikeln bezeichnet, sind satzwertige Wörter, mit denen in der Kommunikation zum einen auf Handlungen Bezug genommen wird, um sich zu bedanken oder um etwas zu bitten. Dazu gehören *bitte, danke*.

(180) a. Danke, Herr Präsident (und Herr Bundeskanzler) ...
(www.zeit.de; 10.8.2005)
b. Ihren Flugschein, bitte!
(www.zeit.de; 10.8.2005)

Zum anderen werden sie benutzt, um auf Entscheidungsfragen zustimmend (181a.) oder ablehnend (181b.) zu antworten. Reaktive sind neben *ja* und *nein doch, klar, jawohl, sicher, logisch, genau, eben, okay* ....

(181) a. Jawohl! Deutschland ist letzter.
(www.rollingstone.de; 10.8.2005)

b. Nein, ich will keinen Schokoriegel.
(grundrauschen.info; 10.8.2005)

Auffällig ist, dass es für einen negativen Bescheid eigentlich nur *nein* gibt. Neuerdings wird der Phraseologismus *nicht wirklich* in der Alltagssprache zur Verneinung verwendet.

(182) Es ist eine Mode. Eine epidemisch sich ausbreitende Sprachhülse. Dieses ‚nicht wirklich'. Scheint ansteckend zu sein. Hast Du Hunger? Nicht wirklich. Sind Sie religiös? Nicht wirklich. Glauben Sie an das Gute im Menschen? Nicht wirklich. Nicht nur auf Fragen bekommt man überall dieses dämliche ‚nicht wirklich' zu hören.
(www.dw-world.de (Deutsche Welle, M. Utz); 14.7.2005)

Gelegentlich werden die Reaktive auch als Responsive bezeichnet. (vgl. z. B. Zifonun u. a. (1997, S. 63))

Zu den Reaktiven gehört auch das Satznegationswort *nicht*, das gelegentlich als eine eigenständige Partikelklasse konstituierend beschrieben wird.

Grammatische Charakteristika der prototyoischen Reaktive:

- Morphologisch:
  - Sie sind nicht flektierbar.
- Syntaktisch:
  - Sie stehen außerhalb des Satzes, häufig im Vorfeld.
- Semantisch-pragmatisch:
  - Sie können anstelle von ganzen Sätzen stehen und benötigen einen Vorkontext, auf den sie reagieren; sie haben anaphorischen Charakter.

4.3.3.4 Interjektionen

Öfters liest man zu den Interjektionen Äußerungen der Art: „Die Frage freilich, ob die Interjektionen wirklich zu den Wörtern der deutschen Sprache zu rechnen seien, ist nach wie vor ungeklärt" (Engel, 1994, S. 78). Als Argumente werden dann angeführt:

> Zweifel sind schon deshalb gerechtfertigt, weil ein Teil der Interjektionen Lautkombinationen aufweist, die sonst im Deutschen nicht zulässig sind. (Engel, 1994, S. 79)

> Interjektionen haben [...] nicht, wie die „normalen" Wörter einer Sprache, die Funktion, integrierte Teile eines Satzes zu sein und semantisch zu dessen Gesamtbedeutung beizutragen, sondern sie haben einen viel selbständigeren Status.
> (Hentschel und Weydt, 1990, S. 295)

Fragen gibt es außerdem zum Status von bzw. zur Abgrenzung von Inflektiven und Imperativen, wie im noch folgenden Beispiel (183) *Japs Japs* (vgl. dazu Schlobinski (2001)).[38]

Dass es sich bei den Interjektionen um Wörter der deutschen Sprache handelt, steht außer Frage.

Grammatische Charakteristika der Interjektionen:

- Morphologisch:
  - Sie sind nicht flektierbar.
  - Sie werden zum Teil nach sonst unüblichen Mustern gebildet.
- Syntaktisch:
  - Sie treten oft autonom auf und können allein einen Satz bilden.

    (183) Huch. Japs Japs.
    (kus.starfrosch.ch/2005/06/26/huch-die-ct-link)

  - Sie können auch in Sätzen stehen und werden an geeigneten Stellen eingeschoben, häufig im Vor- oder seltener im Satznachfeld.

    (184) a. **Tja**, dann wollen wir mal.
    (www.zeit.de; 24.1.2006)
    b. Loyalität in der Werbebranche ... **ach ja**?
    (http://mediengestalter.gleichjetzt.de; 24.1.2006)

  - Sie können in der Regel nicht erfragt werden.
- Semantisch-pragmatisch:
  - Sie machen Emotionen sichtbar (185a.) und/oder dienen der Bewertung (185b.).

    (185) a. *Hui*, habe noch einen Brief meiner Angetrauten erhalten, ... (S. Kramer: Er und ich und die Frau dazu. SZ-Magazin 31, 2005; S. 17)

---

[38] Mit Inflektiven werden Wörter bezeichnet, die ‚Einwortsätze' darstellen und Kommentare abgeben (z. B.*Schluchz, ich habe ausgedient!*). M. E. handelt es sich bei den Inflektiven nicht um eine grammatische Wortart.

b. Akku, *oh* Akku! Du der ständige Begleiter meines Lebens! (A. Hacke: Das Beste aus meinem Leben. SZ-Magazin 31, 2005; S. 4)

- Sie kommen vor allem in der gesprochenen Sprache, in den inoffiziellen Textsorten der elektronischen Medien (wie Chats) und spezifischen literarischen Textsorten (wie Comics) vor. Die beiden letztgenannten Kommunikationsbereiche sind gegenwärtig auch der Ort, wo Neubildungen herkommen.

4.4 Die verbindenden Wortklassen

Die traditionelle Grammatik hatte bei den „Bindewörtern" die Konjunktionen und Präpositionen unterschieden und diese häufig als Synsemantika charakterisiert, was heute in der Regel nicht mehr getan wird:

> Synsemantikum, auch Leerwort: Wort, das nach traditioneller Auffassung für sich allein genommen nicht Bedeutungsträger ist, z. B. Präpositionen und Konjunktionen: *an, auf, mit, da, weil.* Synsemantika sind jedoch nicht bedeutungsleer; ihre Bedeutung ist in der Angabe der Relation zu sehen.
> (Conrad, 1985, S. 241)

Eine weitere Veränderung gegenüber der traditionellen Grammatik hat sich bezüglich der Annahme einer Wortklasse Konjunktionen durchgesetzt: Für das Deutsche verzichtet man auf eine Wortklasse Konjunktionen und nimmt dafür meist zwei Klassen an, die zum Teil aber unterschiedlich benannt werden:
„Konjunktoren und Subjunktoren" (Pasch (1994));
„Konjunktionen und Subjunktionen" (Dudenredaktion (2005)) oder
„Die beiordnenden Konjunktionen und die unterordnenden Konjunktionen" (Gallmann und Sitta (1996)).

> Gemeinsam ist den verbindenden Wörtern, dass sie nie selbstständig auftreten können. Sie tragen „verbindenden Charakter", d. h. sie setzen zwei Einheiten zueinander in Beziehung.

Von den Präpositionen hängt ein Syntagma ab. Konjunktoren verbinden Gleichrangiges und Subjunktoren leiten Nebensätze oder Infinitivphrasen ein und ordnen sie übergeordneten Sätzen unter. Sie alle setzen die Einheiten, die sie verknüpfen, in eine spezifische semantische Relation. [39]

[39] Das trifft auf *dass* und *ob* nicht zu. Sie stellen keine spezifische semantische Relation her.

4.4.1 Präpositionen

4.4.1.1 Grammatische Charakterisierung

Präpositionen werden meist zu den Funktionswörtern gerechnet. Allerdings wird z. B. auch bei Zifonun u. a. (1997, S. 2074) mit Recht ein anderer Standpunkt vertreten: „Präpositionen finden vor allem in der grammatiktheoretischen Literatur vergleichsweise starke Beachtung, weil sie zwischen Funktionswörtern und selbstständig bedeutungstragenden Einheiten anzusiedeln sind.“ Die Kernpräpositionen, d. h. die primären (wie *an, auf, von*), sind „morphologisch opak“, d. h. „sie ähneln in der äußeren Form weder Inhaltswörtern noch anderen Funktionswörtern“ (Di Meola, 2000, S. 38).

> Präpositionen haben die gemeinsamen Wortklassenmerkmale der verbindenden Wortklassen ([– flektierend], [– selbstständig], [+ verbindend]); sie haben auch die Funktion sprachliche Elemente zu verknüpfen und deren semantische Relation zueinander zu kennzeichnen.

Als weitere Charakteristika sind folgende Punkte hervorhebenswert:

- Präposition (lateinisch *praepositio*) bedeutet wörtlich ‚das Vorangestellte'. Dies trifft auch auf die meisten Präpositionen zu. Einige werden nachgestellt und ganz selten treten sie einrahmend auf.

(186) a. Electronic Arts verspricht Besserung **gegenüber Angestellten**. (www.golem.de; 15.8.2005)
b. Die Verantwortung **der Umwelt gegenüber**. (www.olympus.at; 15.8.2005)
c. Die Reform muss sein, weil sie **um** der Menschen **willen** nötig ist. (www.zdf.de; 15.8.2005)

- Präpositionen weisen einer nachfolgenden Nominalphrase einen Kasus zu, man bezeichnet dies auch als Kasusrektion. Mit der abhängigen Nominalgruppe bilden sie zusammen eine Präpositionalphrase (PräpP).
- Präpositionen können aber auch mit nicht flektierenden sprachlichen Einheiten verknüpft werden:

– mit Adverbphrasen: *bis morgen, nach links, von gestern …*
– mit Adjektivphrasen: *jemanden* ***für dumm*** *halten* oder
– mit anderen Präpositionen: *bis zu, unweit von …*

4.4.1.2 Subklassifizierungen

- Nach dem Kasus bzw. den Kasus, den die Präpositionen zuweisen, kann man sie in Subklassen ordnen, man unterscheidet dabei Präpositionen mit einfacher und doppelter Rektion[40]:

  – Präpositionen, die den Akkusativ fordern:
  durch, für, um, gegen, ohne

  – Präpositionen, die den Dativ fordern:
  mit, nach, aus, bei, von, zu, seit

  – Präpositionen, die den Dativ und den Akkusativ fordern:
  an, auf, in, über, vor, zwischen

  – Präpositionen, die den Genitiv fordern:
  mangels, zwecks, kraft, betreffs

  – Präpositionen, die den Genitiv und den Dativ fordern:
  trotz, dank, statt, wegen

- Präpositionen sind auf den Ausdruck spezieller semantischer Relationen festgelegt, sie sind jedoch häufig mehrdeutig. Andererseits gibt es auch Synonymie bei ihnen, d. h. für die Kennzeichnung einzelner semantischer Relationen stehen mehrere Präpositionen zur Verfügung. Beispielsweise für eine adversative Relation *entgegen, gegen* und *wider*. Im folgenden Beispiel (187) kann *wider* durch *entgegen* oder *gegen* ersetzt werden (188). Da sich *wider Willen* zu einer festen Wendung entwickelt hat, kann im Gegensatz zu den anderen beiden Präpositionen das logische Subjekt von *Willen* weggelassen werden, es kommt zu einer elliptischen Verwendung von *wider* in dieser Fügung.

(187) Kulturschaffende wider Willen?
(www.medienrauschen.de; 16.8.2005)

(188) a. Kulturschaffende entgegen ihrem Willen?
b. Kulturschaffende gegen ihren Willen?

Helbig und Buscha (1991, S. 412) unterscheiden folgende logisch-semantische Relationen, die Präpositionen herstellen:

[40] Zu den Gruppen werden nur einige Beispiele gegeben.

- adverbiale Verhältnisse

(189) Bärlach hatte lange **im Ausland** gelebt. → lokale Relation
(Friedrich Dürrenmatt: Der Richter und sein Henker. SZ/Bibliothek 2004, Band 42, S. 6)

- Objektsverhältnisse

(190) Bärlach schien sich **von diesem geheimen Vorgehen** offenbar viel zu versprechen.
(Friedrich Dürrenmatt: Der Richter und sein Henker, a.a.O., S. 7)

- attributive Verhältnisse

(191) ... und sie gingen durch den Korridor an einem großen Bilde **in schwerem Goldrahmen** vorbei.
(Friedrich Dürrenmatt: Der Richter und sein Henker, a.a.O., S. 8)

- Subjektsverhältnisse, die in attributiven Konstruktionen zu Grunde liegen

(192) Lesen Sie die Antwort **von Herrn Romann** auf den Brief des Hörers Schrader:
(www.dasganzewerk.de/korrespondenz-ndr-hoerer; 16.8.2005)

„Gegenwärtig verfügt unsere Muttersprache über etwa 120 Präpositionen, ihr Bestand vermehrt sich" (Sommerfeld u. a., 1985, S. 140). Die Problematik der Erweiterungen des Bestandes an Präpositionen stelle ich in Kapitel 8 dar.

Die am häufigsten auftretenden Präpositionen sind laut Dudenredaktion (2005, S. 607) *in, mit, von, an, auf, zu, bei, nach, um, für, aus, vor, über, durch, unter, gegen, hinter, bis, neben, zwischen.*

4.4.2 Konjunktoren

> Konjunktoren haben innerhalb der Bindewörter das spezielle Merkmal koordinierend zu verbinden. Zusammen mit den Subjunktoren grenzen sie sich von den Präpositionen dadurch ab, dass sie keine Kasusforderungen stellen und immer unmittelbar vor einem der zu verbindenden Argumente stehen.

Nach Pasch (1994, S. 113) haben Konjunktoren folgende spezifische Eigenschaften:

- Wenn das unmittelbar nach ihnen folgende Argument ein Satz ist, dann wird für diesen keine spezielle Stellung des finiten Verbs festgelegt.

(193) a. Es ist bezahlt worden, **und** alle **streben** in lebhafter Unterhaltung dem Ausgang zu.
(Bodo Strauß: Paare, Passanten. SZ/Bibliothek 2004, Band 38, S. 8)

b. **Aber** da **steht** sie schon auf **und geht** an ihm vorbei durch beide Türen.
(Bodo Strauß: Paare, Passanten, a.a.O., S. 8)

- Sie stehen nach dem ersten Argument, das sie verknüpfen.

(194) In einem Restaurant erhebt sich eine größere Runde von jungen Männern **und** Frauen.
(Bodo Strauß: Paare, Passanten, a.a.O., S. 8)

- Die beiden Argumente, die durch den Konjunktor verknüpft werden, können beide nur thematisch ('bekannt') oder rhematisch ('neu') sein.

(195) Sie wissen wenig voneinander, nichts Tieferes, vom Lebensweg des anderen nur eben soviel, **wie man in Zigarettenpausen spricht und dann leicht vergißt**. (= Rhema[41])
(Bodo Strauß: Paare, Passanten, a.a.O., S. 13)

Konjunktoren sind nach Pasch (1994, S. 113) *aber, allein, allerdings, also, außer, beziehungsweise, bloß, das heißt, denn, doch, entweder ... oder, es sei denn, freilich, geschweige (denn), immerhin, in(dessen), ja, jedenfalls, jedoch, nämlich, nur, oder, respektive, sondern, und.*

---

[41] Thema und Rhema siehe Glossar.

4.4.3 Subjunktoren

Pasch (1994, S. 112) gibt für Subjunktoren zu den oben auf Seite 83 genannten Charakteristika ([– flektierend], [– selbstständig], [+ verbindend]) der Fügewörter noch folgende zusätzliche spezifische Kriterien an:

- Wenn das unmittelbar nach ihnen folgende Argument ein Satz ist, dann wird für diesen Verbendstellung festgelegt.

(196) Warum jahrelang über Studiengebühren streiten, **anstatt** sie endlich **auszuprobieren**.
(politikblog.blogg.de; 12.8.2005)

- Wenn das unmittelbar nach ihnen folgende Argument ein Satz ist, dann kann er im Vor-, Mittel- oder Nachfeld des Ausdrucks auftreten.

(197) a. Männer in Badehosen sehen oft lächerlich aus, **weil Männer überhaupt oft lächerlich aussehen.**
(Kurt Kister: SZ-Magazin 30, 2005; S. 18)

b. Ans Lesen ist, **weil die klammen Finger die Zeitung nicht halten können**, auch nicht zu denken.
(Frankfurter Allgemeine Sonntagszeitung 10.7.2005; S. V 1)

c. **Weil dies so ist und weil das Rad der Welt sich eben weiterdrehen will,** begleitet das Spiel mit den vorhandenen Möglichkeiten [. . .] die Geschichte der Schrift [. . .]
(G. Schuler: body types. Smart Books Publishing AG: Kilchberg 2003, S. 24)

- Die Argumente eines Subjunktors können für die Thema-Rhema-Gliederung des Ausdrucks „unterschiedliche Anteile abdecken".

(198) a. **Wie dieser jedoch konkret ausgestaltet ist,** (= Thema) bleibt einem «bodytypes»-Kompendium der Zukunft vorbehalten.
(G. Schuler: body types, a.a.O., S. 437)

b. Das Herstellen der Schrift ist ein komplett anderer Prozess geworden, **als er früher zu Fotosatzzeiten war.** (= Rhema)
(G. Schuler: body types, a.a.O., S. 122)

Subjunktoren sind nach Pasch (1994, S. 112) *abgesehn davon dass, als, angenommen dass, anstatt (dass), außer dass, außer wenn, bevor, bis, da, daür dass, damit, derweil, ehe, falls, im Fall(e), dass, indem, indes(sen), insofern (als), insoweit als, je nachdem, kaum dass, nachdem obgleich, obschon, obwohl, obzwar, ohne dass, seit(dem), so, sobald, sofern, solange, sooft, sosehr, soviel, soweit, sowie, statt (dass), trotzdem, vorausgesetzt dass, während, weil, wenn, wenngleich, wie, wie wenn, wiewohl, wo, wofern, zumal (da), zumal wenn.*

12.) Ermitteln Sie die verbindenden Wörter im nachfolgenden Textausschnitt und subklassifizieren Sie diese!

Lasker liebte Wald, Wiesen und Berghänge und entschloß sich fast jedes dritte Jahr, die Stadt zu verlassen, um im Schoß der jungfräulichen Natur auszuruhen. Diese breitete sich ungefähr dreißig Kilometer hinter Berlin aus, wo der Weltmeister einige Obstbäume, Kaninchen und Hühner besaß. Weitab von Schachbrett, Telephon und Kaffeehaus durchlebte da Lasker seinen kurzen Traum vom Zauber der Natur. Hier wollte er seine eigenen Kartoffeln ernten und seine eigene Kuh melken. Zuerst vertiefte er sich jedoch ins Studium von Schriften über das Pfropfen von Bäumen, in die Problematik von Saat und Ernte, aber je mehr Bücher er durchgelesen hatte, desto mehr wurde er sich seines Mangels an Fachkenntnissen und seiner Unzulänglichkeit bewußt.
(Aus: V. Houska/K. Opocensky: Heiteres aus der Welt des Schachs. Artia: Praha 1961, S. 33)

13.) Verknüpfen Sie die folgenden semantischen Komplexe mittels Präpositionen, Konjunktoren und Subjunktoren, um verschiedene semantische Beziehungen auszudrücken (Sie können natürlich zusätzliches Wortmaterial verwenden)!

'Schreibtisch'; 'Computer'; 'schönes Wetter'; 'erledigen wichtige Aufgabe'.

5 Aktionsarten im Deutschen

5.1 Einführendes

„Aspekt, Aktionsart und Phase werden in Literatur und Praxis oft gleichgesetzt oder verwechselt“ (Marschall, 2004, S. 43).

Anderen bereitet die Abgrenzung von Aktionsart, Aspekt und Zeitkonstitution Probleme (François (1985)). Dies hat speziell bei der deutschen Sprache seine Ursache auch darin, dass es kein ausgebautes und exakt abgrenzbares Aktionsartensystem gibt. Meist wird als Oberbegriff von „Aktionalität“ gesprochen, so auch in der Duden-Grammatik (2005). Obwohl zur Aktionalität schon lange geforscht wird[1], werden auch bei der zentralen Kategorie der Aktionalität, bei der Aktionsartenbestimmung, unterschiedliche Standpunkte eingenommen. Neben den Abgrenzungsproblemen zu verwandten Phänomenen wird bezüglich ihrer Einordnung diskutiert, ob die Aktionsarten eine semantische oder grammatische Kategorie sind. Zudem ist auch unklar, ob sie eine Kategorie der Verben sind oder zur Satzbedeutung gehören, also Handlungen spezifizieren.

Baudot und Anderson haben in Gautier und Haberkorn (2004) vorgeschlagen, Aspektualität als Oberbegriff für Aspekt, Aktionsart und Verbalcharakter zu verwenden; dies sehe ich als sehr sinnvoll an:

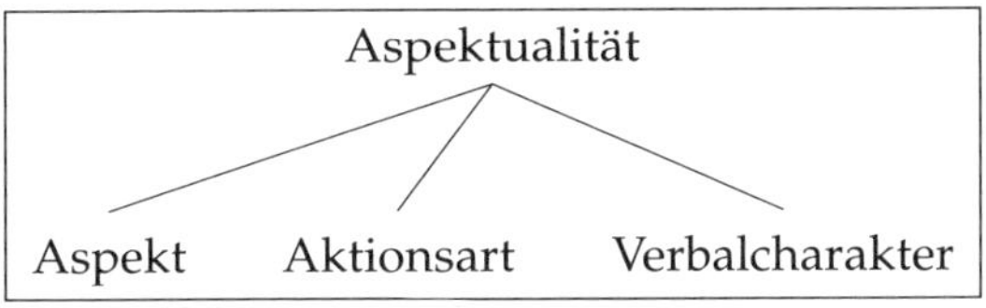

Abbildung 5.1: Module der Aspektualität im Deutschen

Da der Aspekt[2] im Deutschen keine grammatische Kategorie ist, soll er hier nicht einbezogen werden. Auf den Verbalcharakter wurde im Kapitel

[1] Zur Forschungsgeschichte vgl. Zhu (1999).

[2] „Betrachtungsweise eines Handlungsvorganges hinsichtlich seiner in sich geschlossenen Ganzheit“ (Conrad, 1985, S. 32) bzw. „Darstellung eines Geschehens im Hinblick auf seinen Verlauf“ (Baudot, 2004, S. 31).

4.2.1 eingegangen. Aspektualität als konzeptuelle Kategorie der Ereignisperspektivierung schlägt sich in der deutschen Grammatik primär in der Aktionsartenmarkierung nieder, deshalb soll diese näher besprochen werden. Um Missverständnissen vorzubeugen: auch die Aktionsartenmarkierung erfolgt im Deutschen nicht systematisch.

Bei Leiss (1992) wird ein etwas anderes, aber letztlich ähnliches Verständnis von Aspektualität zu Grunde gelegt: „Solange die Abgrenzung zwischen Aktionsart und Aspekt nicht klar ist, verwende ich den Überbegriff Aspektualität, der beide Kategorien (auch die Aktionsarten im weitesten Sinn) umfaßt, um dieses Phänomen zu etikettieren" (Leiss, 1992, S. 22).

Ein anderer Strang der Aktionsartenforschung nimmt die „Zeitkonstitution" als zentrale Kategorie an und ordnet dort die Aktionsarten ein (François (1985)). Aktionalität wird in einen engen Zusammenhang zur Temporalität gesetzt.

5.2 Weite und enge Auffassungen

5.2.1 Die weite Aktionsartenauffassung

W. Flämig (1965) hat mit seinem programmatischen Aufsatz „Aktionsart und Aktionalität" eine Auffassung von Aktionsarten geprägt, die noch heute die meisten Gebrauchsgrammatiken bestimmt. Diese Auffassung möchte ich als weit gefasst charakterisieren, weil sie zum einen die Aktionsartenmarkierung nicht nur aufs Verb beschränkt und zum anderen neben grammatischen auch lexikalische Mittel zur Bezeichnung der Aktionsarten zulässt.

> Die Verlaufsweise von Vorgängen, also die besondere Art, wie ein Geschehen abläuft, wie ein Vorgang abgestuft ist, bezeichnet man als Aktionsart. [...] Vorgänge und Zustände der Wirklichkeit können in ihrem Verlauf von Natur aus unterschiedliche Merkmale aufweisen: zeitlich unbegrenzt/begrenzt, zeitlich ungegliedert/gegliedert, gradweise undifferenziert/differenziert.
> (Flämig, 1965, S. 5–7)

Aktionsarten werden als etwas Objektives verstanden, was auch bei anderen Autor/innen hervorgehoben wird. Das ist dahingehend widersprüchlich, da ja die subjektive Äußerung die Basis der Aktionsartenfestlegung ist.

Nach der Dauer werden zwei Aktionsarten unterschieden (5.2).

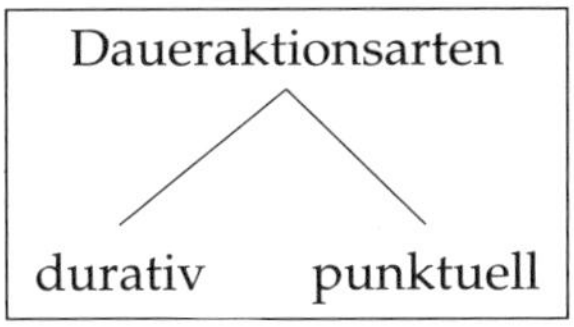

Abbildung 5.2: Daueraktionsarten bei Flämig

Außerdem werden Phasen- und Abstufungsaktionsarten angenommen, wie in Abbildung 5.3 veranschaulicht.

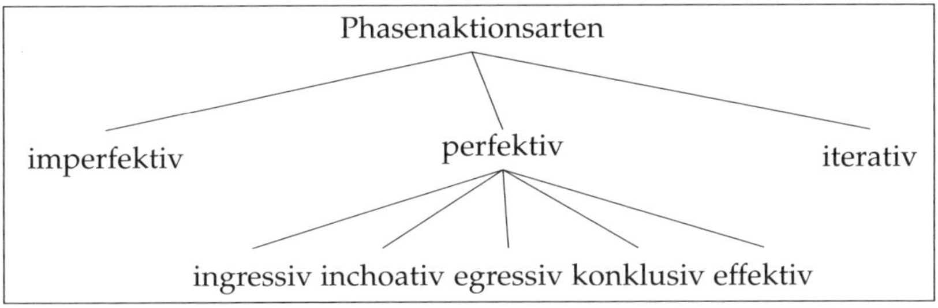

Abbildung 5.3: Phasenaktionsarten bei Flämig

Diese Phasen- und Abstufungsaktionsarten werden folgendermaßen charakterisiert:

- Äußerungen mit imperfektiver (auch durativ oder kursiv genannt) Aktionsart stellen einen Vorgang ohne Angaben über Begrenzungen oder Abstufungen in seinem reinen Verlauf dar.
  Die Magnolie blüht.
- Bei perfektiver (auch punktuell oder terminativ) Aktionsart wird das Geschehen zeitlich begrenzt oder ein Übergang in einen anderen Zustand ausgedrückt.
  – ingressiv: Die Eingangsphase wird betont.
  Die Magnolie erblüht.
  – inchoativ: Ein allmählicher Übergang in einen anderen Zustand.
  Die Magnolie verwelkt.
  – egressiv: Der Schluss wird hervorgehoben.
  Das Matterhorn ersteigen.
  – konklusiv: Ein allmählicher Abschluss.
  Einen Apfel essen.

– effektiv: Ein Resultat zeitigend.
Einen Sieg erringen.

- Iterative Aktionsart meint eine ständige Wiederholung eines Vorgangs.
  Tagtäglich auf Arbeit gehen.

Nach der Intensität nimmt Flämig drei Intensitäts-Aktionsarten an (5.4):

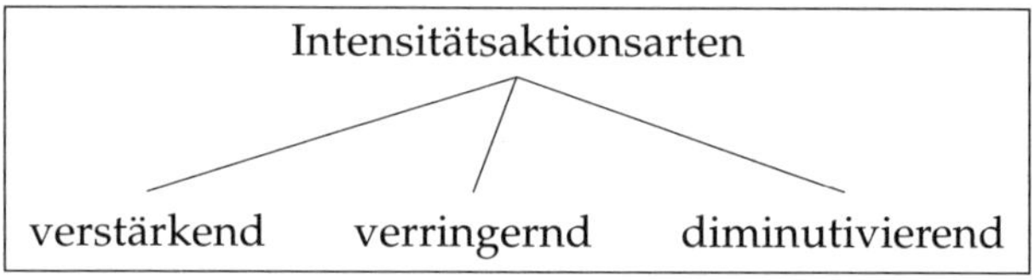

Abbildung 5.4: Intensitätsaktionsarten bei Flämig

„Die sprachlichen Mittel zur Bezeichnung von Aktionsarten im Deutschen sind recht unterschiedlicher Art“ (Flämig, 1965, S. 5). Am reichsten seien die zur Bezeichnung der Endphase, für die es vielfältige sich zum Teil überlappende Bezeichnungen gibt; genannt werden dafür folgende, die beispielhaft für die zu weite Auffassung Flämigs angeführt werden:

– punktuelle Verben (*Er findet/trifft/…*),

– faktitive Verben (*Sie tötet/öffnet/…*),

– imperfektive Verben in perfektivem Gebrauch (*Sie geht (weg)/…*),

– ‚Hilfsverben‘ (*Er gibt es auf zu streiten/…*),

– Präfixe (*Sie erschlägt/verbrennt/…*),

– Partikel (*Er durchbohrt/umfährt/…*)

– Funktionsverbgefüge (*Sie bringt es zum Abschluss/…*),

– Tempus- und Modusformen der Vollzugsstufe: Perfekt, Plusquamperfekt, Futur II (*Er hat gearbeitet/war gegangen/wird gesucht haben.*),

– Partizip II (*Zerschlagen/isoliert/… ist es.*).

5.2.2 Die enge Aktionsartenauffassung

R. Steinitz (1981) hat unter Bezugnahme auf Isačenko und in direkter Auseinandersetzung mit Flämig eine enge Aktionsartenauffassung in die Germanistik eingeführt. Sie stellt sich als eine „grammatische Auffassung“ dar, nach der Aktionsarten nur dann vorliegen, wenn die Bedeutung der

Verben durch Hinzufügen eines grammatischen Elements eine Modifizierung der Handlungssicht erfährt. Dies ist eine enge Auffassung, weil in den Aktionsarten eine Verbkategorie und nicht eine Kategorie des Satzes gesehen wird und diese auch nicht allen Verben zugesprochen wird. Als aktionsartenneutral werden die durativen Verben angesehen, die den Ablauf eines Geschehens ohne Begrenzung oder Abstufung bezeichnen. Von einer Aktionsartenspezifizierung kann erst gesprochen werden, wenn der Ablauf modifiziert wird (*blühen* + *er-* → *erblühen*).

Aktionsarten können nach Steinitz im Deutschen durch Präfixe, Suffixe und manche Funktionsverbgefüge markiert werden.

Eine enge, morphosemantische Aktionsartenauffassung wird auch in Zifonun u. a. (1997, S. 1861) vertreten:

> Es ist [...] sinnvoll, den Begriff der Aktionsart für das Wortbildungsphänomen zu reservieren: Aktionsarten werden durch Verbalpräfixe gegenüber den Basisverben eingebracht, peripher auch durch das Suffix *-(e)l* (*lächeln, streicheln*).

5.3 Aktionsartenmarkierung in der deutschen Sprache

Wie eingangs in diesem Kapitel ausgeführt, konstituiert sich in der deutschen Sprache die Ereignisperspektivierung aus dem Bezeichnungscharakter der Verben und den verschiedensten morphosyntaktischen Aktionsartenmarkierungen im Satz.

> Die Aktionsarten sind eine Satzkategorie, die nicht nur von den Verben eingebracht wird. Wenn wir einen Satz verarbeiten, bekommen wir u. a. als Information, ob es sich um einen Zustand oder ein Ereignis handelt. Darüber hinaus kann als mitteilenswert angesehen werden, ob es sich um begrenzte, intervallbasierte oder einen Zustandswechsel bewirkende Ereignisse handelt.

In einer Übersicht (5.5 auf der nächsten Seite) sollen die Komponenten der Ereignisperspektivierung (= Aktionalität) im deutschen Satz aufgezeigt werden, bevor sie später noch besprochen werden.

Ein Beispiel (1) zur Einführung:

(1) Jede Liebesgeschichte hat einen Anfang, und diese ging so: Auf einem Polo-Feld im Süden Englands traf eine junge Frau einen jungen Mann. [...] (SZ 11.4.2005; S. 12)

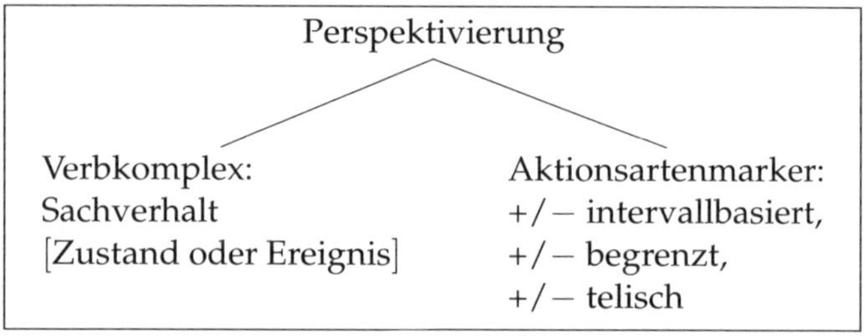

Abbildung 5.5: Komponenten der Aktionalität im Deutschen

Im Satz (2a.) wird mit dem Verb *hat* ein allgemeiner Sachverhalt denotiert, der mit 'beinhalten' umschrieben werden kann, der an sich keine inhärente Begrenzung hat und einen Sachverhalt statisch als Zustand beschreibt (z. B. *Eine Liebesgeschichte haben.*) Durch das begrenzende *einen Anfang* wird mit *einen Anfang haben* ein dynamisches Ereignis denotiert, das einen Zustandswechsel beschreibt: von 'ohne diese Liebesgeschichte' zu 'mit dieser Liebesgeschichte'. Die folgenden Sätze (2b.) und (2c.) berichten dann genauer über das konkrete Ereignis, das zum Zustandswechsel geführt hat.

(2) a. Jede Liebesgeschichte hat einen Anfang, ['Zustandswechsel']
  b. und diese ging so: ['Ereignis']
  c. Auf einem Polo-Feld im Süden Englands traf eine junge Frau einen jungen Mann. ['Ereignis']

> Die Modifizierung des Verbalkomplexes hinsichtlich eines Zustandswechsels, einer Begrenztheit bzw. nicht Begrenztheit oder Intervallbasiertheit bzw. nicht Intervallbasiertheit wird als Aktionsartenmarkierung verstanden.

Um die Aktionalität zu beschreiben, werden in Anlehnung an Egg (1994) drei Hauptmerkmale (intervallbasiert, begrenzt, telisch) verwendet, die hierarchisch angeordnet sind und unter aktionalem Blickwinkel zu vier Prädikatsgruppen führen.

Die Merkmale der Aktionalität sind folgendermaßen charakterisierbar:

[+/− intervallbasiert]:
Intervallbasierte Prädikate machen stets Aussagen über mindestens zwei Zeitpunkte. Nicht intervallbasierte Prädikate können dagegen relativ zu den einzelnen Zeitpunkten evaluiert werden. Dieses Merkmal unterscheidet die Zustände von den anderen Aktionsarten. Zustände sind also nicht intervallbasiert:

(3) a. Josef ist treu. = [– intervallbasiert] = Zustand
b. Josef schwimmt gern. = [+ intervallbasiert] = Ereignis

In (3b.) wird ein Ereignis benannt, dass keine inhärenten Grenzen hat, aber nicht immer auf „Josef" zutrifft, da er ja kein Fisch ist, also das Ereignis „schwimmen" bei ihm nur in bestimmten zeitlichen Intervallen auftritt. Dieses Merkmal teilt die Menge der Prädikate in zwei Gruppen, in Ereignis- und nicht Ereignisprädikate:

(4) a. Das Mandelbäumchen blüht. = [+ intervallbasiert]
= Ereignis, das in bestimmten jahreszeitlichen Intervallen auftritt.
b. Maria mag schnelle Autos. = [– intervallbasiert]
= nicht Ereignis = Zustand, der als ständig andauernd, beschrieben wird.

Die Eigenschaft der zeitlichen Begrenztheit kann getestet werden. Da begrenzte Prädikate im Gegensatz zu unbegrenzten zählbar sind, kann man nur sie mit Adverbien wie *zweimal* oder *wiederholt* verbinden:

(5) a. Das Mandelbäumchen blühte zweimal.
b. * Maria mochte zweimal schnelle Autos.

[+/– begrenzt]:
Mit Begrenztheit ist gemeint, dass Entitäten mit inhärenten Grenzen denotiert werden. Wenn wir die nachfolgenden Beispiele vergleichen, sehen wir den Unterschied zwischen begrenzten und unbegrenzten Ereignissen:

(6) a. Maria hört gern Musik.
b. Maria hört ein Lied.

Musik hören ist ein intervallbasiertes Ereignis (6a.); ein spezifisches Lied hören (6b.) ist auch ein intervallbasiertes Ereignis, das aber zusätzlich noch als grenzbezogen markiert ist, weil es genau vom ersten bis zum letzten Ton des Liedes dauert. Musik hören (6a.) dagegen ist unspezifisch und meint, dass Maria dies gern wiederholt. Begrenzte Ereignisse werden im Aktionalitätskontext als Intergressive bezeichnet. Maßangaben können Indikatoren für Intergressive sein:

(7) a. Josef badete eine Stunde lang.
b. Maria wanderte drei Kilometer durch den Wald.

Intergressive benennen jedoch keinen Zustandswechsel, sie sind also nicht telisch. In (7b.) beispielsweise wird nichts über den Vor- und Nachzustand ausgesagt. So wäre es möglich, dass Maria vorher auch schon gewandert ist oder auch nicht.

Im nachfolgenden Beispiel (8) dagegen wird ein Ereignis mit Zustandswechsel beschrieben:

(8) Maria und Josef aßen eine Pizza.

Am Ende des Ereignisses 'Pizza essen' ist die Pizza vernichtet und damit ein Zustandswechsel vollzogen.

[+/− telisch]:
Egg (1994, S. 29) meint mit Telizität „Zustandswechsel".

„Zustandswechsel" wird in Zifonun u. a. (1997) in Anlehnung an Fabricius-Hansen (1974) mit „Transformation" bezeichnet und Telizität folgendermaßen bestimmt:

> Ist ein Ereignis, das Denotat eines sprachlichen Ausdrucks ist, bezüglich seines Abschlusses begrenzt, sprechen wir im Anschluss an Krifka 1989 von Telizität. (Zifonun u. a., 1997, S. 1866)

Telizität ist hier also Grenzphasenbezug und Zustandswechsel Transformation.

Nach Ballweg (2004), der Telizität in dem von mir verstandenen Sinne („als linguistischer Terminus für die sprachliche Darstellung eines Ereignisses als abgeschlossen" (S. 76)) benutzt, gibt es im Deutschen drei Hauptausdrucksmittel zur Darstellung der Telizität:

- Temporaladverbialia:
  Zeitdaueradverbialia und Endpunktadverbialia „erzwingen eine telische Interpretation" (Ballweg, 2004, S. 77):

  (9) a. Josef schwieg.
  b. Josef schwieg zwei Wochen. [+ telisch]
  c. Josef schwieg sehr lange.
  d. Josef schwieg bis zum Mittagessen. [+ telisch]

- Resultative Verbzusätze:
  Bestimmte Partikeln und Wortbildungsaffixe können die Verbbedeutung in Richtung Telizität verändern:

  (10) a. Maria schrieb einen Aufsatz.
  b. Maria schrieb den Aufsatz fertig. [+ telisch]
  c. Der Hund schläft.
  d. Der Hund wurde eingeschläfert. [+ telisch]
  e. Der Hund entschlief. [+ telisch]

- Das Zusammenspiel von Verb- und NP-Bedeutung:
  „Patiens-Objekte, die als begrenzt (das schließt definit ein) dargestellt werden, erzwingen unter bestimmten Umständen eine telische Interpretation“ (Ballweg, 2004, S. 77):

  (11) a. Josef aß Käsebrötchen.
  b. Josef aß ein/das/drei Käsebrötchen. [+ telisch]

Nicht Telizität (Atelizität) wird im Deutschen explizit angezeigt durch:

- Periphrasen von der Art ... *war dabei, zu* + Infinitiv:

  (12) a. Maria strickte den Schal.
  b. Maria war dabei, den Schal zu stricken. [– telisch]
  c. Maria ist am Schal stricken. [– telisch]

- Verbzusätze wie das Präfix *be-*:

  (13) a. Josef findet keinen Schlaf. [+ telisch]
  b. Josef befindet sich im Tiefschlaf. [– telisch]

- Das Weglassen von Aktanten:

  (14) a. Josef isst ein Rostbrätchen. [+ telisch]
  b. Josef isst. [– telisch]

- Das Auftreten von kumulativen Themenargumenten (vgl. Dölling (2001)):

  (15) a. Maria trinkt ein Bier. [+ telisch]
  b. Maria war Bier trinken. [– telisch]

Bei den telischen Prädikationen könnten zu den genannten drei noch zwei Hauptgruppen abgetrennt werden, solche die die Anfangsphase des Wechsels betonen, wie in (16a.), und solche die die Endphase akzentuieren, wie in (16b.).

(16) a. Josef läuft los.
b. Maria trinkt aus.

Auf der Basis der Merkmale ([± intervallbasiert], [± begrenzt], [± telisch]) ergibt sich eine Klassifikation der Prädikationen hinsichtlich ihrer Aktionalität.

Diese Merkmale sind hierarchisch angeordnet:

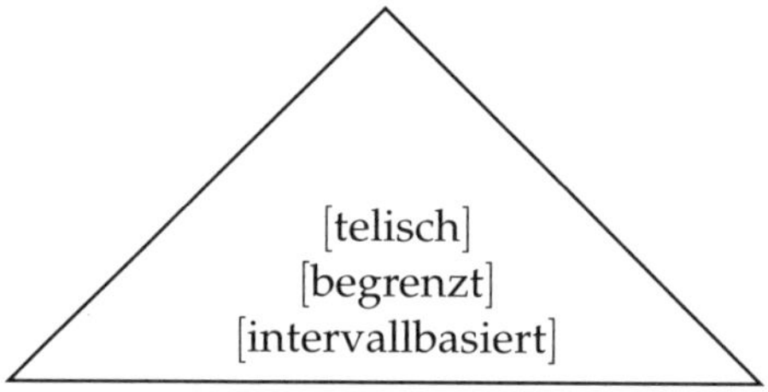

Abbildung 5.6: Merkmalshierarchie

Besitzt ein Prädikat „höhere" Merkmale, muss es auch die „rangniedrigeren" haben. Besitzt ein Prädikat das Merkmal [telisch], das in der Hierarchie am „höchsten" steht, hat es auch die beiden anderen. In dem Beispiel (17) handelt es sich um eine telische Prädikation, die einen Zustandswechsel denotiert, der intervallbasiert und zeitlich begrenzt ist.

(17) Die Katze rennt aus dem Haus.

In dem Beispiel (18) handelt es sich um kein Ereignis, sondern um eine Zustandsbeschreibung, deshalb treten nicht alle Merkmale auf.

(18) Die Katze besitzt ein glänzendes Fell.

In (19) liegt ein zeitlich begrenztes Ereignis ([begrenzt]) vor, das auch intervallbasiert ist. Es beschreibt das Ereignis aber nicht als Zustandswechsel.

(19) Eine Partie Schach spielen.

Die Merkmale teilen die Prädikate in vier disjunkte Gruppen von Aktionsarten, in Zustände, Prozesse, Intergressive und Wechsel. (Egg, 1994, S. 30) Nachfolgende Tabelle (5.1) fasst dies zusammen:

Aktionalitätstyp	[intervallbasiert]	[begrenzt]	[telisch]
Zustand			
Prozess	X		
Intergressiv	X	X	
Wechsel	X	X	X

Tabelle 5.1: Aktionalitätstypen

Bezugnehmend auf traditionelle Aktionsartenauffassungen, gliedern wir die Wechselaktionsart in drei Unterarten:

- Diejenigen, die einen Übergang bezeichnen (= mutativer Wechsel), z. B. *schwärzen, verbrennen, aufschäumen.*
- In die mit einer Betonung der Anfangsphase (= inchoativer Wechsel), z. B. *aufblühen, einschlafen, loslachen.*
- In die mit Betonung der Endphase (= egressiver Wechsel), z. B. *verblühen, erjagen, zerreißen.*

Damit wird folgende Aktionsartenklassifizierung vorgeschlagen:

Aktionalitätstyp	[intervallbasiert]	[begrenzt]	[telisch]
Zustand			
Prozess	X		
Intergressiv	X	X	
Wechsel:	X	X	X
mutativer			
inchoativer		+Anfang betont	
egressiver		+ Ende betont	

Tabelle 5.2: Aktionsartenklassifizierung

Nicht als Aktionsartenmarkierung wird die Markierung der Geschehensintensivierung bzw. -abschwächung angesehen, da es sich nicht um eine Modifizierung des Verlaufs handelt. Dies sind semantische Prozesse der Wortbedeutungsveränderung.

1.) Bestimmen Sie die Aktionsart der Sätze bzw. Teilsätze!

Es war fünf Uhr früh. Es regnete. Erich von Lhomond, der vor Saragossa verwundet und dann auf einem italienischen Lazarettschiff behandelt worden war, wartete am Bahnhofsbuffet von Pisa auf den Zug nach Deutschland. Trotz seiner vierzig Jahre war er von einer entschiedenen, in ihrer harten Jugendlichkeit gleichsam versteinerten Schönheit.
(Marguerite Yourcenar: Der Fangschuß. SZ/Bibliothek 2004, Band 15, S. 5)

5.3.1 Aktionsartenmarkierung durch Wortbildung

Im Folgenden soll näher auf die Aktionsartenmarkierung mit Wortbildungsmitteln eingegangen werden, weil dies das ausgeprägte Mittel zur Markierung im Deutschen ist. Stiebels (1996, S. 72) meint sogar: „Das Deutsche hat mittels der Verbzusätze ein komplexes System der Phasenaktionsarten entwickelt". Zifonun u. a. (1997, S. 1861) sehen es, wie erwähnt, als sinnvoll an, „den Begriff der Aktionsart für das Wortbildungsphänomen zu reservieren."

Als Wortbildungsmittel werden die Markierungen durch Präfixe, Suffixe oder Komposition und die Aktionsartenwechsel durch implizite Derivation verstanden. Diese Mittel sind aber nicht spezialisiert auf diese Funktion der Aktionsartenmarkierung. Sie sind in der Regel mehrdeutig. Die Aktionsarten differenzierende Präfixe können meist auch unterschiedliche Aktionsarten spezifizieren, wie z. B. das Präfix *be-*.[3]

Zustandsmarkierung:

- Präfixe können Ereignisverben in Zustandsverben überführen, beispielsweise *be-*: *finden* → *befinden*, *deuten* → *bedeuten*.
- Wortartenwechsel durch implizite Derivation kann zu Zustandsverben führen, *Duft* → *duften*, *Dauer* → *dauern*.

[3] Es geht hier nur um die explizite Markierung einer spezifischen Aktionsart mit Mitteln der Wortbildung, um den aktionsartlichen Effekt, den Wortbildungsmittel auf Basisverben haben. Auf die Aktionalitätsausgangsprägung durch das Verbwurzelmorphem wird hier nicht eingegangen (siehe 4.2.1).

Prozessmarkierung:

- Präfixe können Zustandsverben in Ereignisverben überführen, beispielsweise *be-*: *schlafen → beschlafen, hängen→ behängen.*
- Das Suffix *-(e)l(n)* kann Zustandsverben und Nomen in Prozessverben überführen, *klingen→ klingeln, Stück → stückeln.*
- Mittels impliziter Derivation kann aus einem Zustandsadjektiv ein Prozessverb werden, *glatt→ glätten, trocken → trocknen.*
- Aus Nomen können durch implizite und explizite Derivation Prozessverben werden, *Knecht → knechten, Film → verfilmen.*

Intergressivmarkierung:

- Partikeln in Partikelverben können den begrenzten, vorübergehenden Wechsel in einen vom Basisverb bezeichneten Nachzustand kennzeichnen. Z. B. kann *auf* neben einem Zustandswechsel (siehe unten) auch einen kurzzeitigen Wechsel markieren: *schreien → aufschreien, lachen→ auflachen.*
- Mittels impliziter Derivation können aus Nomen Verben gebildet werden, die kurzzeitige, nicht anhaltende Zustandswechsel bezeichnen, *Blitz → blitzen, Donner → donnern.*

Wechselmarkierung:

- Präfixe können den Wechsel in einen vom Basisverb denotierten Nachzustand kennzeichnen, beispielsweise
  er-: *blühen→ erblühen, glühen → erglühen;*
  ent-: *schlummern→ entschlummern, brennen→ entbrennen.*
- Präfixe können auch den Wechsel in einen vom Verb nicht denotierten anderen Zustand markieren, beispielsweise
  ver-: *blühen→ verblühen, brennen→ verbrennen;*
  zer-: *fallen→ zerfallen;*
  er-: *schlagen→ erschlagen.*
- Partikeln in Partikelverben – wie *auf, ein* oder *los* – können den Wechsel in einen vom Basisverb denotierten Nachzustand angeben, wie *blühen→ aufblühen, schlafen → einschlafen, fahren→ losfahren.*
- Partikeln in Partikelverben – wie *aus, durch* oder *über* – können den Wechsel in einen vom Basisverb nicht denotierten Nachzustand benennen, beispielsweise
  blühen→ ausblühen, schlafen → durchschlafen, schäumen→ überschäumen.

5.3.2 Aktionsartenmarkierung durch syntaktische Fügungen

Auch mit syntaktischen analytischen Mitteln kann die besondere Verlaufsweise der Prädikation gekennzeichnet werden. Speziell die Funktionsverbgefüge sind hier zu nennen.

Wenn wir die nachfolgenden Sätze vergleichen, so fällt auf, dass gegenüber (20a.) die beiden anderen Sätze (20b.) und 20c.) den Verursacher der Handlung einbeziehen und wir es bei den verbalen Gefügen mit zwei Handlungen zu tun haben, der des Veranlassens mit *Josef* als Subjekt und mit dem veranlassten Vorgang mit *Maria* als Subjekt. Man bezeichnet dies auch als Kausativierung von Simplexverben.

(20) a. Maria weint.
b. Josef macht Maria weinen.
c. Josef bringt Maria zum Weinen.

Mit Funktionsverbgefügen kann eine feine Differenzierung der Aktionsarten vorgenommen werden. Dies hat Heringer (1968, S. 83) u. a. an den nachfolgenden Beispielen aufgezeigt:

(21) a. Das Wasser kommt jetzt zum Kochen.
b. Ich bringe das Wasser zum Kochen.

Bei (21a), bei der *kommen*-Fügung wird der Beginn des Zustandswechsels betont, bei (21b), bei der *bringen*-Fügung dagegen wird mehr der Vorgang des Wechselns beschrieben. Diesen nuancierten Unterschied erkennt man auch durch die Einfügung einer anderen Zeitbestimmung wie in (22).

(22) Das Wasser kam nach fünf Minuten zum Kochen.

Hier bezeichnet die *kommen*-Fügung nur das Eintreten des Vorgangs, d. h., nach fünf Minuten begann das Wasser zu kochen. Das analoge Beispiel als *bringen*-Fügung (23) ist ungewöhnlich.

(23) Ich brachte das Wasser nach fünf Minuten zum Kochen.

In diesem Beispiel bezieht sich die Zeitspanne von fünf Minuten eher nur auf die Zeit vor dem Beginn des Zum-Kochen-Bringens und nicht des Kochens selbst.

Funktionsverbgefüge mit *sein* oder *haben* sind häufig der Zustands- bzw. Prozess-Aktionsart zuzurechnen, die mit *kommen* dem inchoativen oder egressiven Wechsel und die mit *bringen, setzen, ...* dem mutativen Wechsel.

Die folgende Übersicht will diese Differenzierungsmöglichkeit sichtbar machen.

	[Zustand]	[inchoativer W.]	[mutativer W.]
Mut	*haben*	*bekommen*	*machen*
	[Prozess]	[egressiver W.]	[mutativer W.]
Einsicht	*haben*	*bekommen*	*geben*

Wenn das Grundverb einen Zustand oder Prozess beschreibt, kann dieses in einer Funktionsverbkonstruktion seine Aktionsart ändern. Das ist beispielsweise bei *schlafen* oder *gehen* der Fall.

(24) a. Josef schläft. → Josef kommt zum Schlafen.
Zustand → inchoativer Wechsel
b. Maria und Josef gehen. → Maria und Josef kommen in Gang.
Prozess → inchoativer Wechsel

Funktionsverbgefüge müssen aber nicht die Aktionsart des Ausgangsverbs ändern.

(25) Sie soll das Medikament anwenden. → Sie soll das Medikament zur Anwendung bringen. = Prozesse

Diese sind auch kein „richtiger", d. h. dafür spezialisierter Aktionsartenmarker. So etwas gibt es im Deutschen nicht. Funktionsverben haben auch andere grammatische Funktionen[4].

Konstruktionen mit Kopulaverben und modifizierenden Verben können auch zur Aktionsartenmodifizierung benutzt werden.

(26) a. Maria wird rot. [mutativer Wechsel]
b. Josef ist im Begriff in Urlaub zu fahren. [? Wechsel]

[4] Vgl. Helbig und Buscha (1991, S. 103–105).

2.) Füllen Sie die Lücken aus!

Zustand	Prozess	Intergressiv	Wechsel
offen sein	öffnen	eine Woche geöffnet	eröffnen
	blühen		
			fällen
schlafen			
			reif werden
		auflachen	

6 Veränderungen in morphologischen Teilsystemen

6.1 Einführung

Der Bezeichnungs- und Modifizierungsbedarf in einer entwickelten Industrie- und Kulturnation wie Deutschland wächst ständig; um diesen zu befriedigen, erweitert und modifiziert sich der Wortschatz. Die Möglichkeiten dazu sind vielfältig:

- Wortschöpfungen (auch Urschöpfungen genannt): Die Prägung von unmotivierten völlig neuen Wörtern, die ohne Vorbild sind. Dies kommt heute kaum mehr vor. Neue lautmalende Wörter wie *upps* sind Wortschöpfungen.
- Wortbildungen: Aus vorhandenen Wörtern und Wortbildungsmorphemen werden neue Wörter geschaffen. Dies schließt auch Wortkürzungen ein.
- Semantische Transfers: Mit einem vorhandenen Lautkörper wird ein neues Denotat bezeichnet, dem Lautkörper wird eine weitere feste Bedeutung zugeordnet (*Netz* 'Internet').
- Entlehnungen: Sprachgut aus anderen Sprachen wird übernommen (z. B. *Joystick, Flatrate, iPod*).
- Phraseologisierungen: Eine Wortgruppe wird fest und geht ins Lexikon ein (z. B. *der Deutsche Filmpreis, Geiz ist geil.*).
- Grammatikalisierungen: Aus lexikalischen Zeichen werden grammatische Morpheme (Grammatikalisierungen im engeren Sinn) oder sie bekommen Homonyme in abstrakteren Wortklassen (Grammatikalisierungen im weiteren Sinn).

Diese Erweiterungen betreffen auch das morphologische System der Sprache, zum einen das Inventar an Wortbildungsmorphemen und -mustern. Neue Wortbildungsaffixe und -modelle[1] entstehen oder werden aus an-

[1] Hier wird besonders an das sprunghafte Anwachsen von Modellen zur Kurzwortbildung gedacht, die im Rahmen dieser Darstellung nicht behandelt werden sollen.

deren Sprachen entlehnt, andere scheiden aus. Auch das kleine und relativ stabile Inventar von Flexionsaffixen verändert sich durch Übernahmen aus fremden Sprachen und durch Grammatikalisierungen. Darüber hinaus werden Wortgruppen zu Lexikoneinheiten und ändern so ihren morphosyntaktischen Status. Sie werden univerbiert (mehrgliedrige Einheiten werden zu einem Wort) oder phraseologisiert. Diese Prozesse sollen im Nachfolgenden charakterisiert werden.

6.2 Bildung neuer Wortbildungsaffixe

Das Inventar an Wortbildungsaffixen ist nicht starr und unveränderlich. Neue kommen hinzu, bei anderen wird der Gebrauch unüblich und andere scheiden ganz als produktive Wortbildungsmittel aus.

Für sprachliche Einheiten mit reihenbildendem Charakter zur Bildung neuer Wörter, die freie homonyme Wortformenentsprechungen haben, haben sich in der Fachliteratur die Termini Halbaffixe oder Affixoide durchgesetzt, obwohl diese Kategorisierung vor allem wegen der Unmöglichkeit einer messerscharfen Abgrenzung kritisiert wurde. Gerade bei Übergangsphänomenen ist eine exakte Abgrenzung unmöglich, was m. E. auch kein Beinbruch ist. Hier muss von Zentrum und Peripherie gesprochen werden bzw. mit der Prototypikalität argumentiert werden.

> Halbaffixe sind reihenbildende Affixe mit einer verallgemeinernden Bedeutung zur semantischen Nuancierung von vorhandenen Lexemen. Sie haben homonyme Lexementsprechungen. Sie können ihre Affixbedeutung nicht allein realisieren, und sind deshalb gebundene Morpheme.

Die folgenden Beispiele zeigen diese Charakteristika deutlich auf.

(1) a. Maria arbeitet im Kraftwerk ('Werk, das elektrische Kraft produziert')
Maria arbeitet im Werk.
b. Josef kehrt das Laubwerk ('Menge an Laub') zusammen.
*Josef kehrt das Werk zusammen.

Das (Halb)-Affix *-werk* wird im gegenwärtigen Deutsch in der pluralisierenden Bedeutung reihenbildend verwendet (*Schuhwerk, Blattwerk, ...*).

Im Bereich der Jugendsprache kommt es zum Zweck der Bewertung zur Entstehung von Affixoiden. Das Adjektiv *geil* mit seiner Bedeutung 'sexuell erregt' (oft abwertend benutzt) (2a.) bekam z. B. in der Jugendsprache die Bedeutung 'schön/großartig' (positiv bewertend), die auch in die Gemein- und Werbesprache gelangte (2b.). Später wurde es zusätzlich als Affixoid eingesetzt: *affengeil, supergeil, ...* (2c.).

(2) a. ... du machst mich geil, deine bloße gedankliche Anwesenheit macht mich maßlos geil. (intergalaktisches.blog.de; 23.2.2006)
b. Ist Geiz wirklich geil? (www.dradio.de; 23.2.2006)
c. Chic, modern & affengeil (bauer.hbk-bs.de; 23.2.2006)

1.1.) Sammeln Sie Beispiele mit den Affixoiden *Haupt-* (*Hauptpost, ...*) und *-zeug* (*Spielzeug, ...*).

1.2.) Bestimmen Sie die Bedeutung der Affixoide und erläutern Sie, warum sie Wortbildungsmorpheme sind.

6.3 Entlehnungen

Der Wortschatz der deutschen Sprache wird nicht nur durch die Übernahme von Wörtern aus anderen Sprachen bzw. die Übernahme von fremden Bedeutungsvarianten oder Lehnübersetzungen erweitert, auch bei der Bildung von Wörtern kommt es zu Übernahmen. Hier sind zu unterscheiden:

- Hybridisierungen

  Als Hybridisierungen bezeichnet man die Kombinationen von heimischen und fremden Morphemen oder Lexemen. Dabei kann ein fremdes Grundwort durch ein heimisches Wort bestimmt werden (*Wahlkreis-Manager*) oder ein fremdes Wort an ein heimisches Grundwort treten (*Singlehaushalt*). Ein interessanter Spezialfall sind die Verdeutlichungskomposita, die im Bestreben einer erklärenden Motivierung gebildet werden und eigentlich tautologisch sind (Beispiele in 3).

  (3) Fachexperte, Ausstellungsexponat, Servicedienst, Themse-Fluss

- Fremd-Affigierungen

  Fremd-Affigierungen sind Resultate der kombinatorischen Wortbildung, die mithilfe von entlehnten, prinzipiell gebundenen Affixen entstanden sind (Hoppe (1999, S. 3) bezeichnet sie als Lehnkombineme). Sie treten in einigen Varietäten des Deutschen verstärkt auf, „insbesondere in Fach-, Wissenschafts- und Bildungssprache" (Hoppe, 1999, S. 9).

Fremde Affixe, also Affixe, die noch deutlich Entlehnungsmerkmale zeigen, treten bei allen Arten von Wortbildungsmorphemen auf:

Fremdpräfixe:
ant(i)-, ex-, hyper-, par(a)-, pro-, ...

Fremdsuffixe:
-abel-, -ell, -esk, -itis, ...

Konfixe (Verkürzungen von Fremdwörtern):
bio-, -drom, poly-, video-,...

- Transfer in der Flexionsmorphologie

  Bei der Übernahme von fremden Morphemen kann es zu morphosyntaktischen Veränderungen im Deutschen kommen. Dies betrifft z. B. den Rückgang der Flexion: Beispielsweise werden Konfixe in den letzten Jahren verstärkt eingesetzt. Diese verkürzten Fremdwörter nehmen Wortbildungsmorphemcharakter an, der damit verbunden ist, dass analog zum Englischen die Flexion entfällt.

  (4) *biologischer Anbau → Biobauer, Biomasse, Bioeier ...*

  Es kommt auch zur Übernahme fremder Flexive und von Formen, beispielsweise des englischen Pluralmarkers *-s* oder zur Verbreitung der rheinischen Verlaufsform (vgl. Kapitel 4.2.1.1).

6.4 Phraseologisierung

Phraseologismen sind konventionalisierte Wortverbindungen mit folgenden Haupteigenschaften:

1. Sie sind polylexikalisch (d. h. sie bestehen aus mindestens zwei Wörtern und maximal aus einem Satz).
2. Sie sind fest (d. h. ihr Wortmaterial kann nicht durch Synonyme ausgetauscht werden und sie gehören zum usuellen Sprachwissen).
3. Sie sind teilweise idiomatisch (d. h. ihre Gesamtbedeutung ist keine Summe der usuellen Wortbedeutungen).

Sie bestehen also aus mehreren Wörtern, die eine mehr oder weniger feste Bedeutungseinheit sind. Ob sie unifizierte Einheiten des Lexikons sind oder als kombinatorische Komplexe im mentalen Lexikon gespeichert und abgerufen werden, ist umstritten, genauso wie die Frage, ob es einen eigenen mentalen Phraseologismusspeicher gibt. Am einleuchtendsten erscheinen Modelle, die davon ausgehen, dass die Phraseologismen in Gruppen eingeteilt werden können, die in unterschiedlichem Maße lexikalisiert worden sind. Als Hauptgruppen unterscheidet man:

1. Idiome (am meisten lexikalisiert):
   einen Streit vom Zaun brechen; wissen, woher der Wind weht; treu wie Gold sein; sich wie ein Lauffeuer verbreiten
2. Sprichwörter:
   Rom ist nicht an einem Tage erbaut.
3. Strukturelle Phraseologismen:
   sowohl ... als auch
4. Kommunikative Phraseologismen:
   Guten Tag; Machs gut; Bis später
5. Kollokationen (am wenigsten lexikalisiert):
   Schuhe putzen

Auch wenn es offenbar so ist, dass mehr Phraseologismen im engeren Sinne (Idiome und Sprichwörter) aus dem allgemeinen Lexemwissen der Sprachbenutzer verschwinden als neue hinzukommen, so entstehen doch auch neue. Beispiele aus der jüngeren Vergangenheit in (5).

(5) a. Und das ist gut so!
    b. eine (keine) neue / andere / weitere Baustelle aufmachen
    c. Internet Explorer
    d. Wer zu spät kommt, den bestraft das Leben!

Dabei ist die Phraseologisierung als ein Spezialfall der Lexikalisierung anzusehen. Bei der Phraseologisierung wird aus einer freien Diskursstruktur ein festes Syntagma, das eventuell Eingang ins mentale Lexikon findet.

Bei der Phraseologisierung verändern die ehemals freien Syntagmen ihr grammatisches Verhalten; grammatische Restriktionen treten auf, die z. B. die Passivierung oder interne Attribuierung betreffen (wie bei dem Beispiel in (6)).

(6) a. Fersengeld geben: 'fliehen'
    b. * Fersengeld wurde von Josef gegeben.
    c. * Maria hat viel Fersengeld gegeben.

Im Zuge der Phraseologisierung kommt es also zu einem Markiertheitsaufbau. Dieser ist zum einen in Richtung auf freie Syntagmen zu sehen, da nicht mehr alles möglich ist, was freie Phrasen können; zum anderen aber auch in Bezug auf Lexikoneinheiten, die im prototypischen Fall aus einem unveränderlichen Lautkörper bestehen.

6.5 Univerbierung

Mit Univerbierung bezeichnet man die Prozesse und Resultate des Zusammenwachsens von Wortgruppen zu Wörtern, die Verschmelzung von zwei syntaktisch autonomen Einheiten, die in der geschriebenen Sprache regelmäßig gemeinsam auftreten, zu einer morphologischen Einheit (Nübling u. a. (2006, S. 224), Dudenredaktion (2005, S. 77)). So können auf diesem Wege neue Präfix- (7a.) und Partikelpräfixverben (7b.) und Komposita (7c.) entstehen.

(7) a. um den Stein wachsen → den Stein umwachsen
b. durch den Wald wandern → den Wald durchwandern
c. des Freundes Hand → Freundeshand

In der Regel werden auch Zusammenrückungen[2] von in Wortgruppen nebeneinander stehenden Wörtern zu den Univerbierungen gerechnet.

(8) a. lebe wohl → Lebewohl
b. mit Hilfe einiger Zeugen → mithilfe

Munske (2002, S. 30–31) beschreibt den historischen Prozess der Univerbierung:

> Häufige Kontaktstellung kann zu sehr unterschiedlichen Strukturen führen, z. B. zu Satzwörtern (*lebewohl*), zu neuen Präpositionen aus Präposition und Substantiv (*zugunsten, infolge, anstatt*), zu trennbaren Verben mit einer Richtungsbezeichnung als Verbzusatz (*auseinandergehen*) u.v.a.

Generell soll noch angefügt werden, dass alle Autoren, die sich mit der Univerbierung befassen, Probleme mit der Abgrenzung zur Komposition und impliziten Derivation haben. Zum Teil gibt es auch Überlappungen mit den Auffassungen zur Inkorporation[3].

[2] Sie haben keine Headkonstituente im Wort.

[3] Gallmann (2006) bezieht untrennbare Partikelpräfixverben wie *durchstreifen* in die Inkorporation ein.

6.6 Inkorporation

So wie es in der typologischen vergleichenden Sprachwissenschaft keine einheitliche Auffassung gibt, was die Spezifika von Sprachen sind, die dem Typus „inkorporierend" entsprechen, gibt es auch in der Grammatiktheorie zur Inkorporation differierende Anschauungen.

In der klassischen morphologischen Typologie wurde von W. v. Humboldt der Typ „Einverleibung" erstmals in seinem Vortrag „Über das Entstehen der grammatischen Formen" (1822) in Bezug auf amerikanische Sprachen, die ihren Verben Objekte einverleiben, verwendet (Humboldt (1994)). Heute wird Inkorporation weit gefasst:

> Den höchsten Grad an morphologischer Komplexheit weist der [...] Typ auf, dem die „inkorporierenden" Sprachen entsprechen. Diese Sprachen, zu denen einige nordamerikanische Indianersprachen, das Grönländische sowie sibirische Sprachen gehören, zeichnen sich dadurch aus, daß sie ganze Formenkomplexe ausbilden, welche den Status von Sätzen einnehmen; so lautet der Satz *man hat das fette Rentier getötet* im Tschuktschischen *g-aca-kaa-nmi-len* ([...] in translingualer Schreibweise etwa: °*PRÄFIX-Fett-Rentier-töten-MORPHEM*°).
> (Roelcke, 1997, S. 28)

Andere fassen die Wort-Sätze in den inkorporierenden Sprachen als Ketten von prädikativen Kernen auf (Ineichen, 1991, S. 51).

Der Terminus Inkorporation wird traditionell im Rahmen der Grammatiktheorie speziell für ‚Noun incorporation' verwendet, für Konstruktionen, in denen ein Nomenstamm mit einem Verb zu einem komplexen Verb verbunden wird. J. Baker, der sich in jüngerer Zeit besonders mit Inkorporationen in Verben beschäftigt hat, charakterisiert ‚Noun incorporation' folgendermaßen:

> Noun incorporation [...] is the phenomenon in which a nominal that would otherwise bear a grammatical relation to the verb (such as direct object) is expressed not as an independent noun phrase, but rather as a morphological root that is integrated into the inflected verb to form a kind of composite form.
> (Baker u. a., 2004, S. 138)

Diese „Einverleibung" eines Nomens aus einer Nominalphrase in ein Verb geht nach Baker mit grammatischen Veränderungen einher. Die Inkorporation kann beispielsweise Veränderungen in der Konstituentenreihenfolge und der Kasuszuweisung betreffen.

Nomen-Inkorporation gibt es auch im Deutschen. Gallmann (2006, S. 7) führt u. a. die „Bildung eines komplexen Prädikats durch Inkorporation des Akkusativobjekts" an. Dies ist bei der Nomen-Verb-Verbindung *Zeitung lesen* der Fall. Hier hat die Inkorporation zu folgenden Einschränkungen geführt:

- Keine Artikelfähigkeit beim inkorporierten Nomen (9b.);
- keine Pluralfähigkeit beim inkorporierten Nomen (9c.);
- keine Attribuierbarkeit beim inkorporierten Nomen (9d.);
- keine Referenzfähigkeit, kein pronominaler Bezug auf das inkorporierte Nomen möglich (9e.):

(9) a. Maria liest gern Zeitung.
b. * Maria liest gern eine Zeitung. = Bedeutungsveränderung
c. * Maria liest gern Zeitungen. = Bedeutungsveränderung
d. * Maria liest gern aktuelle Zeitungen. = Bedeutungsveränderung
e. * Maria liest gern Zeitung$_i$. * Sie$_i$ ist aktuell.

Baker befasst sich auch mit der Inkorporation von anderen Wortarten in Verben. In Baker (1988) nimmt er neben ‚Noun incorporation' ‚Verb-', ‚Preposition-' und ‚Passive incorporation' an. Bei der Verbindung von Verben mit Präpositionen nimmt er auch Inkorporation an, wenn sich die Kasuszuweisung ändert. Aufs Deutsche von Gallmann (2006) übertragen, wäre die Bildung des Präfixverbs (*wohnen* >) *bewohnen* eine Inkorporation (genauer eine Applikationsstruktur[4]), da *wohnen* die präpositionale Kasusrektion verloren hat und nun ein Akkusativobjekt regiert:

(10) a. Sie wohnt in einem Reihenhaus.
b. Sie bewohnt ein Reihenhaus.

Eichinger (2000, S. 157) vertritt einen anderen Standpunkt als Baker und Gallmann. Er bestimmt Inkorporationen vage und sehr weit als:

> [...] eine typische eigenständige Wortbildungstechnik [...], die es erlaubt, Relationalität, die in explizitester Weise syntaktisch kodiert wird, mit Mitteln der Wortbildung zu verknüpfen. [...] Komposita sind dann wirklich nur die Bildungen, bei denen

[4] Von Applikationen spricht man dann, wenn eine Erhöhung der internen Argumentstellen durch das Einschließen eines verbalen Affixes auftritt (vgl. Hendrick (1995)).

> die Relationalität nicht schon in der einen oder anderen Weise in das Zweitelement eingebaut ist.

Er rechnet neben den Partikelverben die Rektionskomposita (*variantenreich*), die Zusammenbildungen (*einsilbig*) und die Affixoidbildungen (*salzhaltiges Wasser*) dazu.

Ich habe Eichinger so verstanden, dass alle Wortbildungen Inkorporationen sind, bei denen eine Konstituente dependenziellen Charakter hat, d. h. durch die andere Konstituente syntaktisch bedingt ist. Auf S. 83 führt er folgende substantivischen Inkorporationsbeispiele an:

(11) a. Sommergewitterankündigung
b. Die *Bergsteiger* sind unplatonisch.
c. Der *Blechbieger* gestern abend.

In der Wortbildung sollte man m. E. in Bezug auf die deutsche Sprache von Inkorporation nur dann sprechen, wenn zwischen den Konstituenten komplexer Wörter eine lose/instabile Beziehung besteht und die ursprüngliche syntaktische Struktur weitgehend beibehalten wird.

> Eine Inkorporation liegt dann vor, wenn eine relativ selbstständige Konstituente in das Lexem inkorporiert (eingeschlossen) wird. Die Inkorporationsrelation zeigt sich darin, dass die Resultate der Vereinigung Abweichungen von den prototypischen Wortbildungen aufweisen.

So können sie unfest sein, d. h. bei der Flexion im Präsens und Präteritum Aktiv auseinanderfallen, wie dies bei den Partikelverben der Fall ist.

(12) an das Tor fahren → das Tor *anfahren* → sie *fuhr* das Tor *an*

Ob der inkorporierte Bestandteil als syntaktisch selbstständig angesehen werden kann oder nicht, ist umstritten.

Zum anderen zeigt sich Inkorporation auch dann, wenn die Teile orthografisch selbstständig bleiben, aber der inkorporierte Teil keinen Phrasenstatus mehr hat. Diese Erscheinung haben wir bei Nomen-Verb-Verbindungen wie *Zeitung lesen* (siehe oben) oder *Schritt halten*.

(13) a. mit der Entwicklung der Technik Schritt halten →
Schritt halten[5] → Sie *halten Schritt*.

[5] Auf die orthografischen Probleme, die diese Inkorporationen im Deutschen hervorrufen, und die „Wechselfälle der vorgeschriebenen Schreibungen", soll hier nicht eingegangen werden.

b. * Sie halten einen Schritt.
   * Sie halten Schritte.
   ...

Dies tritt u. a. auch bei resultativen Adjektivprädikativen (14a.) und prädikativen Nomen (14c.) auf. Wenn diese Lexeme wie in den Beispielen in (14b., 14d.) zu Phrasen ausgebaut werden, ändert sich der Sinn der Prädikation.

(14) a. Maria hat das Essen *heiß gemacht*.
b. Maria hat das Essen allzu heiß gemacht.
c. Josef *ist Lehrer* und nicht *technischer Zeichner*.
d. Josef ist ein guter Lehrer und kein schlechter technischer Zeichner.

Von Inkorporation wird teilweise auch gesprochen, wenn die morphosyntaktische Einschließung morphologisch nicht angezeigt wird. Es wird dann ein Nullmorphem (Ø), eine Nullpräfigierung angenommen, weil sich das Verb analog zu einer Präfigierung verhält, vgl. *füllen* und *beladen*:

(15) a. Maria füllt den Wein in die Flasche. →
b. Maria *Øfüllt* die Flasche (mit Wein).

(16) a. Josef lädt die Koffer ins Auto.
b. Josef *belädt* das Auto (mit Koffern).

Im Sinne der hier vorgenommenen Inkorporationsdefinition sind solche Beispiele keine Inkorporationen, weil *füllen* wie auch *laden* keine grammatischen Einschränkungen haben. Dass es bei Präfigierungen zu grammatischen Veränderungen gegenüber der Wortbildungsbasis kommen kann, wurde im Rahmen der Verbwortbildung schon dargestellt. Dies ist auch bei Suffigierungen so.

Um Sonderfälle der Inkorporation handelt es sich, wenn sowohl eine Inkorporations- als auch eine Univerbierungslesart auftritt, wie das bei einigen wenigen komplexen Verben der Fall ist.

(17) a. Maria saugt Staub. vs. Maria staubsaugt.
Staub saugen (Inkorporation) vs. *staubsaugen* (Univerbierung)
b. Josef sagte zu Maria: „Danke für alles." →
Josef *sagte Dank*. (Inkorporation)
Josef *danksagte*. (Univerbierung)

c. Erst Umwege *gewährleisten* gesunde Fischbestände (www.umwelt-schweiz.ch/buwal; 7.6.2006) (Univerbierung)
Die Verkäufer müssen für zwei Jahre *Gewähr* dafür *leisten* (www.swr.de/ratgeber-recht/archiv; 7.6.2006) (Inkorporation)

2.) Um welche Prozesse der morphosyntaktischen Erweiterung von *Pfeffer* handelt es sich in den folgenden Beispielen?

– Und da liegt der Hase im Pfeffer: Computer verstehen kein Deutsch! (www.edv-buchversand.de; 24.6.2006)

– Pfeffer und Salz sind die gebräuchlichsten Gewürze, die wohl in keinem Haushalt fehlen werden.
(www.marions-kochbuch.de/index/0009.htm; 21.3.2006)

– Die Dreckwäsche einfach auf den Boden pfeffern!
(http://ideentower.blogs.com/ideentower; 21.3.2006)

– Erst kurz vor Garende salzen und pfeffern.
(www.spargelrunde.de/menues/2003/oktober3.htm)

Peter Gallmann: *Wortbegriff und Nomen-Verb-Verbindung*. In: Zeitschrift für Sprachwissenschaft 18.2, 1999, S. 269-304

7 Ikonizität in der Morphologie

Ikonizität ist ein von Morris geprägter Terminus zur Bezeichnung der Ähnlichkeit zwischen dem Objekt, auf das ein Zeichen referiert, und dem Zeichen (Bußmann, 2002, S. 292). Der Begriff des Ikons stammt von Peirce (Nöth, 2000, S. 193).

> Ein ikonisches Zeichen hat Merkmale oder Eigenschaften, die auch dem bezeichneten Denotat des Zeichens eigen sind.

Sprachliche Zeichen bzw. Zeichenfolgen und kognitive Konzepte können sich auf außersprachliche Objekte und Strukturen beziehen. Ob es zwischen den sprachlichen Zeichen, den kognitiven Konzepten und den Referenten in der Welt einen Zusammenhang gibt, ist eine grundlegende philosophische und sprachtheoretische Fragestellung, die u. a. im Zusammenhang mit der Problematik der Motivierung von Zeichen und Zeichenketten erörtert wird. Pusch (2001, S. 271) und andere sehen in der Ikonizität die wichtigste Art der externen Motivierung von sprachlich-grammatischen Strukturen. Er weist darauf hin, dass Ikonizität auf zwei Ebenen des nicht Sprachlichen bezogen wird: auf die Ebene der außersprachlichen Welt, auf die Referenzebene der Sprache, und/oder auf die mentale Ebene, auf die Konzeptualisierung durch die Sprechenden. Croft (1995) sieht in der Ähnlichkeit zwischen dem Zeichen und seinem Referenzobjekt die Ikonizität und Haiman (1992) in der Similarität zwischen Zeichen und Konzepten.

Peirce hatte drei Hauptzeichenarten unterschieden: die ikonischen, die indexikalischen und die symbolischen Zeichen. Bei den indexikalischen besteht nach Peirce zwischen dem Bezeichneten und dem Zeichen ein unmittelbarer, kausaler Zusammenhang.

> The index is physically connected with its object; they make an organic pair, but the interpreting mind has nothing to do with this connection, except remarking it, after it is established.[1]
> (Peirce, 1998, § 299)

[1] Der Index ist mit seinem Objekt physisch verbunden; beide bilden ein organisches Paar, aber der interpretierende Geist hat mit dieser Verbindung nichts zu tun, außer daß er sie bemerkt, nachdem sie hergestellt ist (Nöth, 2000, S. 185).

Beispiele für Indexe sind Fußspuren, die Anzeige eines Thermometers oder ein Klopfen an der Tür.

Bei den symbolischen Zeichen besteht kein Zusammenhang zwischen dem Zeichen und dem Bezeichneten. Konventionalität und die Regelmäßigkeit der Bedeutungszuweisung zu einer spezifischen Form sind für Peirce die entscheidenden Charakteristika. Dies trifft auf die Wörter zu.

Bei dem ikonischen Zeichen („a sign which refers to the Object that it denotes merely by virtue of characters of its own“[2] (Peirce, 1998, § 247)) hat Peirce u. a. zwischen bildhafter, diagrammatischer und metaphorischer Ikonizität unterschieden; dies wurde von Fischer und Nänny (1999) aufgegriffen, die ihrerseits die in der Übersicht 7.1 aufgeführten Typen der Ikonizität unterscheiden.

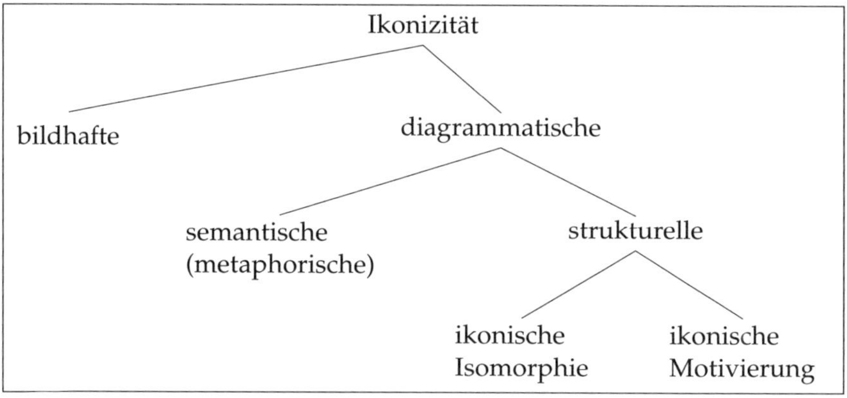

Abbildung 7.1: Typen der Ikonizität

Der auf den ersten Blick nicht ganz eingängige Unterschied zwischen der bildhaften und der diagrammatisch-semantischen (metaphorischen im Besonderen) Ikonizität liegt in der Komplexität der sprachlichen Zeichen.

Bildhafte, einfache Ikonizität liegt nach Fischer und Nänny (1999) dann vor, wenn das Zeichen und das Konzept bzw. das Denotat direkt miteinander verbunden sind und als Ähnlichkeiten wahrgenommen werden. Dies ist bei den Onomatopoetika (*Kuckuck, summen, quaken*) und Synästhesien (*glitzern; warme oder weiche Stimme*), wenn der Signifikant seine (lautliche, visuelle, plastische) Form unmittelbar vom Signifikatum übernimmt, der Fall. Diese Form der Ikonizität gilt heute als weitgehend unproduktiv .

[2] Ein Zeichen, das sich lediglich kraft der ihm eigenen Merkmale auf das Objekt bezieht, das es bezeichnet.

Die diagrammatisch-semantische Ikonizität, also die metaphorische, tritt u. a. am Anfang des Entstehens von metaphorischen Wendungen – wie z. B. bei *Aufbau Ost* (= 'finanzielle Förderung in ostdeutschen Ländern') – oder beim Ausweiten von Bedeutungsumfängen – z. B. bei *Maus* (= 'Computerzeigegerät') – auf und ist dadurch gekennzeichnet, dass auf Grund von angenommenen Ähnlichkeiten zwischen Denotaten, diese mit der gleichen Bezeichnung versehen werden. Semantisch-diagrammatische Ikonizität zersetzt die Isomorphie-Ikonizität[3]. Im Verlauf der Sprachwandelprozesse verdunkeln sich dann oftmals die Motivierungen der Bilder (wie bei *das Hasenpanier ergreifen*[4]) und manchmal wird sogar die semantische Dekomponierbarkeit unmöglich, die metaphorische Ikonizität geht dann verloren (z. B. bei *Waffeln*, diese Bezeichnung für das Gebäck geht auf den Vergleich mit Honig*waben* zurück). Ikonizität steht generell im Gegensatz zur Arbitrarität (Beliebigkeit) von sprachlichen Zeichen. Wenn Zeichen, wie bei *Waffel* ihre Motivierung verlieren, kann es zu Volksetymologien und Remotivierungen kommen. Ein Lexem wird dann in eine zufällig lautähnliche Wortfamilie aufgenommen und passt sich formal und in der Bedeutung dieser Familie an. Beispielsweise bezieht man heute das Verb *mäkeln* auf 'einen Makel haben'. Sprachhistorisch gehört es ursprünglich zu *Makler* (= 'Maklergeschäfte betreiben') (Olschansky, 1996, S. 94).

Die strukturell-diagrammatische Ikonizität als Oberbegriff für die ikonische Isomorphie und die ikonische Motivierung bezieht sich nicht auf die Ähnlichkeit von Form und Inhalt des isolierten Zeichens, sondern auf Ähnlichkeiten zwischen der Struktur syntaktischer Konstruktionen und Konzeptualisierungen bei komplexen Zeichen.

Isomorphie im Sinne von Haiman besteht bei einer eindeutigen Beziehung von Inhalt und Form, „a one-to-one correspondence between the signans and the signatum" (Haiman, 1980, S. 515). Speziell die eindeutige Strukturentsprechung auf verschiedenen Ebenen der Sprache wird hier eingeordnet. So besteht bei Zahlen eine eindeutige Beziehung zwischen der Form und dem Inhalt. Für die meisten Wörter natürlicher Sprachen trifft das nicht zu, weil sie mehrdeutig sind, einem Lautkörper werden mehrere Bedeutungen zugeordnet. Andererseits gibt es für Sinneinheiten häufig mehrere Lautkörper (z. B. 'mit Ausdauer arbeitend': *fleißig, arbeitsam, schaffensfreudig*). Auch bei den grammatischen Bedeutungen gibt es das. So kann die Zeitkomponente 'gegenwärtig' durch die Tempusform

[3] Von Isomorphie spricht man dann, wenn es eine 1-zu-1-Entsprechung von Formativ und Bedeutung gibt, wenn also keine Mehrdeutigkeiten vorliegen.

[4] *Das Hasenpanier ergreifen* bedeutet 'fliehen'. „Mit »Hasenpanier« ist in dieser Wendung der Schwanz des Hasen gemeint" (Drosdowski und Scholze-Stubenrecht, 1998, S. 312).

Präsens aber auch durch lexikalische Elemente (z. B. *heute*) in die Äußerung eingebracht werden.

Bei ikonischer Motivierung weisen die komplexen sprachlichen Zeichen eine ikonische Abfolgemarkierung auf, es besteht eine Ähnlichkeitsbeziehung zwischen zeitlichen Ereignissen in unserer Erfahrung und der linearen Abfolge von Wörtern in der sprachlichen Konstruktion. Beispiele finden wir in u. a. in allen Phaseologismenklassen:

(1) von früh bis spät; wer zuerst kommt, mahlt zuerst; wer zu spät kommt, den bestraft das Leben

Ikonische Motivierung liegt auch bei ikonischer Distanzmarkierung vor. Man spricht in diesem Zusammenhang auch vom ikonischen Abstandsprinzip[5], das den konzeptuellen Abstand abbildet. „Dinge, die konzeptuell als zusammengehörig wahrgenommen werden, treten tendenziell auch in der sprachlichen Form nah beieinander auf, während Dinge, die für uns konzeptuell nicht zusammengehören, in der sprachlichen Äußerung in einer gewissen Distanz zueinander stehen" (Pörings und Schmitz, 2003, S. 11). Beispielsweise trifft dies auf die Tempusbildung im Deutschen zu:

(2) a. **Josef heiratet Maria**. → Sprecherzeit und Handlungszeit identisch.
 b. **Josef** wird **Maria heiraten**. → Sprecherzeit vor Handlungszeit.

Das Distanzprinzip können wir auch in der Wortbildung beobachten.

(3) a. Sie hat einen **Blumengarten**. vs.
 Sie hat einen **Garten mit Blumen**.
 b. Maria **schrieb einen Brief**. vs. Maria **schrieb an einem Brief**.

Blumengarten stellt im Gegensatz zu *Garten mit Blumen* eine konzeptuelle Einheit dar; bei *an einem Brief* schreiben stellt *an* eine Distanz her.

Auch das Prinzip der ikonischen Quantität wurde postuliert: Ein mehr an sprachlicher Form ist oft mit einem mehr an Bedeutung verbunden. Die phraseologischen Grußformeln (*Sehr geehrter Herr Professor* vs. *Lieber Herr*) sind auch diesem Prinzip verpflichtet. Andererseits wird ein Schreiben an den Rektor einer Universität nur mit der Grußformel *Magnifizenz!* eingeleitet. Je länger die Anredeformel um so größer meist der soziale Abstand[6].

---

[5] Haiman (1992, S. 191) schlägt dafür den Terminus Alienation vor.

[6] Haiman (1985, S. 151): „The more polite the register, the longer the message."

Ein anderes Beispiel für das Wirken des Prinzips der ikonischen Quantität: Wir können den 'Rache-Vorgang' einfach mit *sich rächen* bezeichnen, wir können aber auch einen verbalen Phraseologismus wie *an jemandem Rache nehmen* oder *warte nur, wenn ich dich erwische* verwenden. Mit diesen Wendungen wird dem 'Rache-Vorgang' mehr inhaltliches Gewicht verliehen, außerdem treten in der Regel konnotative Bedeutungen hinzu. Auch paarige Phraseologismen mit Wiederholungen (*klipp und klar* oder *eine erstunkene und erlogene Geschichte*) realisieren dieses Prinzip.

Claus D. Pusch: *Ikonizität*. In: Martin Haspelmath/Ekkehard König/Wulf Oesterreicher/Wolfgang Raible (Hrsg.), Handbücher zur Sprach- und Kommunikationswissenschaft, Nr. 20.1, Walter de Gruyter: Berlin, New York 2001, S. 369–384

8 Grammatikalisierung

8.1 Charakterisierung

Der Terminus Grammatikalisierung wurde von Meillet 1912 zur Bezeichnung eines Sprachwandelprozesses geprägt, „in dessen Verlauf eine autonome lexikalische Einheit allmählich die Funktion einer abhängigen grammatischen Kategorie erwirbt“ (Bußmann, 2002, S. 260).

Mit dem Phänomen der Grammatikalisierung beschäftigt sich die Linguistik erst seit ca. 25 Jahren intensiver. Neben der primär sprachhistorischen Orientierung gibt es auch eine synchron ausgerichtete Grammatikalisierungsforschung (Diewald, 2004, S. 137) mit synchronen Gesichtspunkten, die uns „auch ein Erklärungsmuster für synchrone sprachliche Varietät liefert“ (Autenrieth, 2002, S. 38). D. h. ein Lexem kann in unterschiedlichen Verwendungsweisen auftreten, die primär nicht Bedeutungsunterschiede, sondern unterschiedliche grammatische Kategorien aufweisen und damit als unterschiedlich grammatikalisiert angesehen werden. „Das gleichzeitige Auftreten eines sprachlichen Zeichens in verschiedenen Stufen zwischen lexikalischer und grammatischer Funktion stellt den synchronen Aspekt der Grammatikalisierung dar“ (Diewald, 1997, S. 5). Um den synchronen Grammatikalisierungsaspekt geht es primär in meinen Darlegungen.

> Neben dem historischen Blickwinkel können Grammatikalisierungsprozesse auch aus synchroner Sicht betrachtet werden.

D. Wunderlich hat 2003 in seinem Vortrag auf der 25. Jahrestagung der Deutschen Gesellschaft für Sprachwissenschaft zur Linguistik der Zukunft ausgeführt, dass die Grammatikalisierung in den Sprachen der Welt zunehmen werde. Unter anderem würde die Vergrößerung des Vokabulars einer Sprache durch eine Erweiterung des kategorialen Systems ausbalanciert. Damit käme es zu einer Vergrößerung der Menge von kombinatorischen Mustern (Wunderlich (2003)). Bei den angesprochenen Prozessen handelt es sich um Grammatikalisierungen im weiteren Sinne.

Dazu kommt m. E. auch die Zunahme an homonymen Formen, die den gewachsenen Benennungsbedarf in den entwickelten Gesellschaften mit abdecken. Die homonymen Lexeme stellen an die Kommunizierenden höhere kognitive Anforderungen, da sie die Gefahr der Verwechslung in sich bergen. Dies wird jedoch durch Grammatikalisierungs- und Lexikalisierungsprozesse eingeschränkt.

T. Stolz unterscheidet Grammatikalisierungsprozesse erster und zweiter Ordnung. „First-order-grammaticalization" repräsentiere „den Übergang eines sprachlichen Elements x vom Lexem- zum Grammemstatus zwischen den distinkten Zeitpunkten t1 und t2" (Stolz, 1994, S. 12). Unter einem Grammem werden neben grammatischen und wortbildenden Morphemen auch freie Synsemantika (Funktionswörter) verstanden. Andere bezeichnen den Wechsel vom Lexikon in die Grammatik auch als Grammatikalisierung im engeren Sinn.

> Grammatikalisierung im engeren Sinn bezeichnet einen Sprachwandelprozess, bei dem aus einem freien Lexem ein abhängiges grammatisches Element wird.

Beispielsweise wurde für Grammatikalisierungsprozesse im engeren Sinn für Verben in verschiedenen Sprachen nachfolgender (8.1) gerichteter Prozess („Grammatikalisierungspfad") festgestellt (Lehmann (1985, S. 37); Di Meola (2000, S. 20)):

Vollverb → Hilfsverb → Klitikum → Affix

Abbildung 8.1: Grammatikalisierungspfad

Diesen Weg hat im Deutschen auch das Präteritumaffix *-te* (*sie sag-te*) durchlaufen, das in den älteren Sprachstufen des Deutschen noch nicht vorhanden war und sich aus dem nachgestellten Hilfsverb *tun* (*sie sagen tat*) entwickelt hat (vgl. Nübling u. a. (2006, Kap. 10.1.2)).

Grammatikalisierungsprozesse zweiter Ordnung sind für Stolz der „Übergang von Grammem a zu Grammem b" (Stolz, 1994, S. 12), also beispielsweise der Wechsel innerhalb von Funktionswortklassen.

8.2 Grammatikalisierung im weiteren Sinn

> Grammatikalisierung im weiteren Sinn meint Sprachwandelprozesse, bei denen nicht der volle Grammatikalisierungspfad durchlaufen wird.

Diese Grammatikalisierung im weiteren Sinn liegt zum Beispiel vor, wenn zu Autosemantika homonyme Synsemantika entstehen.

Generell kann für die Grammatikalisierung bei der Homonymenbildung von zwei Hauptdifferenzierungen ausgegangen werden: Von der Differenzierung (Divergenz) gegenüber der ursprünglichen Wortklasse und der Annäherung an die prototypischen Merkmale der neuen Wortklasse.

In Anlehnung an Di Meola (2000) können in Bezug auf die Entstehung homonymer Formen folgende Grammatikalisierungsprozesse bei der Differenzierung gegenüber der Ursprungsstruktur angenommen werden:

1. Morphophonologische Differenzierung (formale Erosion):
   Die morphophonologische Differenzierung ist dann erreicht, „wenn durch Erosion die Ursprungsstruktur nicht oder kaum mehr erkennbar ist" (ebda. S. 133).
2. Semantische Differenzierung (Desemantisierung):
   „Grammatikalisierung ist typischerweise mit einer Verblassung bzw. Verallgemeinerung der lexikalischen Bedeutung verbunden" (ebda. S. 134). Dies kann beispielsweise der Übergang von einem Konkretum zu einem Abstraktum sein oder von einem Inhaltswort zu einem Funktionswort.
3. Syntaktische Differenzierung:
   „Die syntaktische Umgebung der betreffenden Form verändert sich mit fortschreitender Grammatikalisierung" (ebda. S. 136). Dies betrifft beispielsweise den Stellungs-/ Positionswechsel, den Rektionswechsel oder den Wechsel der syntaktischen Umgebung. Diese syntaktischen Veränderungen zeigen deutlich eine Entfernung vom Ausgangslexem an.

In jüngerer Zeit ist auch die Rolle des Kontextes für diese Grammatikalisierungsprozesse betont worden (Diewald (2002), Ferraresi (2004)). Diesbezüglich werden drei Phasen unterschieden:

1. In einer ersten Phase wird das Lexem in einem untypischen Kontext benutzt, dadurch kann mittels einer konversationellen Implikatur eine neue Bedeutung entstehen.
2. Diese kritischen Kontexte, die durch semantische und strukturelle Ambiguität gekennzeichnet sind, führen zu neuen Lexeminterpretationen.
3. In isolierenden Kontexten wird der Grammatikalisierungsprozess konsolidiert und die neue Bedeutung trennt sich in der Weise, dass die Kontexte in der Regel nur eine Lesart zulassen. Diese neue Bedeutung wird dann Teil eines neuen semiotischen Zeichens.

Beispielhaft für Grammatikalisierungsprozesse im weiteren Sinn soll auf die Homonymenbildung zu deutschen Verben eingegangen werden. Etwa ein Fünftel des deutschen Wortbestandes sind Verben (Flämig, 1991, S. 362). Sie spielen eine besondere Rolle, weil sie im Zentrum der deutschen Sätze stehen und durch ihre Valenzeigenschaften maßgeblich die Satzstruktur beeinflussen. Wenn sie in andere Wortklassen überwechseln, verändern sie mehr (Präpositionen) oder weniger (Nomen) deutlich ihren grammatischen Charakter. Diese Veränderungen bzw. Unterschiede sollen im Nachfolgenden an den deverbalen homonymen Präpositionen und Partikeln aufgezeigt werden. Aus Platzgründen können die homonymen deverbalen Nomen und Adjektive nicht berücksichtigt werden. Die wichtigsten grammatischen Eigenschaften der prototypischen Verben sind hier zusammenfassend aufgeführt, um die Grammatikalisierungsprozesse einschätzen zu können (genauer vgl. Kapitel 4.3)

Prototypische Verben:

- Sie verändern ihre Form im Satz in spezifischer Weise, sie werden konjugiert.
- Sie verlangen Partner im Satz, weil sie Valenzträger sind.
- Sie regieren den Kasus und die Präpositionen ihrer Ergänzungen.
- Die konjugierten Verbformen fordern feste Plätze im Satz (Zweit-, Erst- oder Endstellung).

Nachfolgend sollen deverbale Homonymengruppen dazu vergleichend angeschaut werden.

8.2.1 Deverbale Präpositionen

Während in der Vergangenheit zu den Präpositionen oft gesagt wurde, dass sie eine geschlossene Klasse darstellen, wird heute betont, dass in jüngerer Zeit zahlreiche neue Präpositionen entstanden sind. Eine Quelle für neue Präpositionen stellen auch die vorhandenen Verben dar. Die typischen deutschen Präpositionen (prototypischen Präpositionen) weisen folgende grammatische Eigenschaften auf (ausführlicher Kapitel 4.10):

Prototypische Präpositionen

- Sie sind morphologisch unveränderlich bei der Verwendung im Satz.
- Sie haben konstante morphosyntaktische Charakteristika. Treten diesbezügliche Varianten auf, so sind sie semantisch relevant.

- Sie sind kasuszuweisend. „Das Idealpräpositionale regiert im Dt. entweder den Akk. oder den Dat. [...]. Das Idealpräpositionale regiert nur eine Größe und steht vor dieser“ (Lindqvist, 1994, S. 15). Akkusativ- und Dativrektion realisieren den höchsten Präpositionalisierungsgrad, gefolgt von der Genitivrektion; am geringsten präpositionalisiert sind Präpositionen mit Kongruenzkasus.
- Sie sind satzgliedunfähig und drücken meist eine Relation zwischen zwei Nominalphrasen aus.
- Sie treten in Prästellung auf.
- Sie sind polysem.
- Sie werden klein und als ein Wort geschrieben.

Verben, genauer die Vollverben, unterscheiden sich fast vollständig von den prototypischen Präpositionen. Sie sind veränderlich und satzgliedfähig und gehören zur Gruppe der Inhaltswörter. Gemeinsam ist ihnen mit den Präpositionen, dass sie über Rektion verfügen, über ihre Valenz den Komplementen also einen Kasus zuweisen.

Sekundäre Präpositionen sind morphologisch transparent und haben eine spezifische Semantik. Sie sind laut Diewald (1997, S. 65–73) weniger grammatikalisiert als die primären. Diese Aussage muss in der Weise differenziert werden, dass es bei den abgeleiteten Präpositionen Unterschiede in der Transparenz und Mehrdeutigkeit gibt. So wird beispielsweise die deverbale Präposition *während* von den Sprachteilnehmer/innen weit weniger auf das Basisverb (*währen*) bezogen als das bei *eingeschlossen* oder *entsprechend* der Fall ist. Bei den deverbalen Präpositionen gibt es solche, die im Formativ mit dem Verb bzw. seinen Flexionsformen übereinstimmen, sowie solche, die mittels expliziter Wortbildung von Verben abgeleitet wurden (z. B. *einschließlich* von *einschließen*). Uns interessiert hier die erste Gruppe. Ihre Mitglieder stimmen in der Form mit dem Partizip Präsens oder dem Partizip Perfekt überein. Di Meola (2000, S. 89–90) führt folgende homonymen Verb-Präpositionen auf:

(1) a. Partizip-Präsens-Gruppe:
betreffend (← *betreffen*), *entsprechend* (← *entsprechen*),
während (← *währen*)
b. Partizip-Perfekt-Gruppe:
i. *eingeschlossen* (← *einschließen*),
ausgenommen (← *ausnehmen*)
ii. *ungeachtet* (← *achten*), *unbeschadet* (← *schaden*),
inbegriffen (← *einbegreifen*)

Aus dieser nicht vollständigen Gruppe sollen hier zwei näher betrachtet werden. In den verschiedensten Korpora ist *während* am häufigsten und *inbegriffen* am wenigsten belegt.

Entsprechend den oben genannten Grammatikalisierungsprozessen (S. 217) können folgende grammatischen Unterschiede zwischen homonymen Verben und deverbalen Präpositionen bei den beiden Beispielen *während* und *inbegriffen* aufgezeigt werden:

- Morphosyntaktische Differenzierung
  - Stellungswechsel:

    Bei Präpositionen zeigt sich der stärkere Grad der Grammatikalisierung – der Präpositionalisierung, wie Lindqvist (1994) sagt – am Übergang zur Prästellung. Das lateinische *praepositio* ist als ‚das Vorangestellte' diesbezüglich auch gut motiviert. Syntaktisch geringfügig grammatikalisierte Präpositionen bleiben auf die Poststellung beschränkt. „Je höher der Anteil der Prästellungsbelege, desto stärker [ist] der Grammatikalisierungsgrad" (Di Meola, 2000, S. 137).

    Während tritt nur in Prästellung (hoher Grammatikalisierungsgrad) auf (2a.), *inbegriffen* vorzugsweise in Poststellung (2b.). In Prästellung kommt es vor allem bei Werbungen von Reiseveranstaltern vor (2c.). Die Prästellungsbeispiele sind aber nur wenige:

    (2) a. Während der Reise darf nicht geraucht werden.
    b. Krebsrisiko inbegriffen
    (www.zeit.de/online/2006/14/gentherapie; 16.5.2006)
    USB-Sticks: Datenverlust inbegriffen
    (www.doppelklicker.de; 16.5.2006)
    Im Preis inbegriffen
    c. Inbegriffen auf Ecuador-Reisen
    (intertreck.com/ecuador-info.html; 2.7.2006)

  - Rektionswechsel:

    Der Grammatikalisierungsgrad liegt beim Rektionswechsel am höchsten, wenn der Übergang zur Dativrektion vollzogen wird.

    Während regiert neben dem ursprünglichen Genitiv auch den Dativ, Letzterer tritt allerdings relativ selten auf (mittlerer Grammatikalisierungsgrad). *Inbegriffen* tritt vorzugsweise mit dem

Akkusativ auf und hat damit die Verbrektion weitgehend beibehalten. Nicht prototypisch für eine Präposition ist, dass *inbegriffen* sich mit Präpositionalphrasen verbindet (wie in *im Preis inbegriffen*). Vgl. in (3) zwei aktuelle Verwendungsbeispiele des veralteten Verbs *einbegreifen*:

(3) a. Und wenn wir unverdrossen und gegen alle Vernunft die Ewigkeit im Begriff „Glück" einbegreifen, ... (http://home.snafu.de/klinger/glueck/glueck.htm; 16.5.2006)

b. Diese Behandlung kann Bedingungen, Sicherheiten und Förmlichkeiten einbegreifen, ... (http://conventions.coe.int; 16.5.2006)

Bei der Festlegung des Grammatikalisierungsgrades ist auch zu beobachten, ob der Kasus mit der ursprünglichen Struktur konform ist. Wenn er diese Strukturkonformität verliert, ist der Grammatikalisierungsgrad höher, denn „der Erhalt der verbalen Rektion eines Dativs oder Akkusativs oder auch eine starke Schwankung in Kasusrektion und Position [ist] noch ein Indiz für den Status der Elemente zwischen den Wortklassen" (Zifonun u. a., 1997, S. 2075). Die Mechanismen, die zu Kasuswechsel führen, sind vor allem Prozesse der Analogisierung zu anderen Präpositionen (Angleichung an die prototypischen Präpositionen). Dies nimmt Di Meola (2000) auch für *während* an (nach dem Vorbild des temporalen *bei*). Bei Di Meola (2000) und Lindqvist (1994) spielt in Bezug auf die Grammatikalisierung überraschenderweise keine Rolle, ob die Präpositionen syntaktisch regiert werden (z. B. in vom Verb subkategorisierten Präpositionalobjekten) oder nicht. Syntaktisch regierte Präpositionen sind stärker grammatikalisiert, weil sie stark desemantisiert sind (sie „sind mehr oder weniger bedeutungsentleert" (Flämig, 1991, S. 539)), und „die syntaktische Funktion als Fügewort" überwiegt (a.a.O., S. 541):

(4) a. Die Läuferin springt über die Hürden.

b. Sie ärgert sich über Undankbarkeit.

Diese (lexikalisierten) Präpositionen „haben schon sehr viel von ihrer Autonomie als selbstständige Zeichen verloren und konkurrieren formal mit den Kasusflexiven" (Diewald, 1997, S. 67).

Dies zeigt sich auch darin, dass die Präpositionen nicht austauschbar und oftmals durch ein Verb ohne Präposition ersetzbar sind (wie im Beispiel (5)):

(5) a. * Er ärgerte sich mit/in/... Geschenk.
b. Ihn ärgerte das Geschenk.

Syntaktisch nicht regierte Präpositionen sind oft austauschbar und verfügen über eine deutliche Semantik:

(6) Während/inmitten/... des Vortrags weinte er.

Die deverbalen Präpositionen sind syntaktisch nicht regiert.

- Wechsel der syntaktischen Umgebung:

  „Die syntaktische Differenzierung ist maximal, wenn von der betreffenden Präposition keine NP, sondern eine andere syntaktische Struktur abhängt" (Di Meola, 2000, S. 139). Die Präpositionen sind dann auf dem Weg in eine neue syntaktische Klasse, wie das bei „zu + Infinitiv" der Fall ist. Diese syntaktische Differenzierung wird auch angenommen, wenn an Stelle der prototypischen Präpositionsstruktur „P + NP" (*wegen Josef*) die Struktur „P + AdvP" (*wegen gestern*) tritt. Dies kommt bei den betrachteten deverbalen Präpositionen nicht vor.

• Semantische Differenzierung (Bedeutungsverblassung):

  Präpositionen werden häufig, wie schon erwähnt, zu den Synsemantika gerechnet, während Verben Autosemantika sind. Dies bedeutet, dass die einen ohne selbstständige und die anderen mit selbstständiger lexikalischer Bedeutung versehen sind. Wenn die Grammatikalisierung völlig vollzogen ist, muss der Wechsel von den Auto- zu den Synsemantika erfolgt sein. Es ist schon darauf verwiesen worden, dass diese strikte Gegenüberstellung für Präpositionen nicht angemessen ist. Lindqvist (1994, S. 196) macht diesen Wechsel an „Veränderungen der semantischen Vielwertigkeit" fest. Dies bedeutet bei ihm, dass Idealpräpositionale semantisch vieldeutig sind, für eine Vielzahl von Größen stehen können und ihre Referenz über den Bezugsbereich ihrer ursprünglichen Basis hinaus erweitern.

  Während drückt zwar immer eine temporale Relation aus, hat sich aber in der Weise differenziert, dass zum einen Zeitgleichheit (7a.) und zum anderen eine Zeitdauer (7b.) signalisiert wird.

(7) a. Während der Semesterferien fuhr er nach Paris.
b. Während des Seminars darf nicht gegessen werden.

Inbegriffen dagegen hat eine sehr enge Bedeutung, es markiert eine modale, partitive Relation.

„Präpositionen stellen nach den lokalistischen Theorien typischerweise einen räumlichen Bezug zwischen zwei Entitäten her" (Di Meola, 2000, S. 40). Auch Verben können etwas zur räumlichen Konfiguration beitragen:

(8) a. Die Katze liegt auf/unter dem Sofa.
b. Effenberg trifft das Tor.

Präpositionen sind oft eingefrorene („tote") Metaphern und haben u. a. auch auf dem Weg der Metaphorisierung ihre semantische Breite erhalten. „Bei vielen Präpositionen führt die semantische Veränderung von einer konkreten lokalen Bedeutung zur Entstehung temporaler und modaler Nebenbedeutungen. Dies trifft vor allem auf Präpositionen hohen P-Grades zu, die ihrem Ursprung nach Ortsadverbien sind, wie z. B. an" (Lindqvist, 1994, S. 203).[1]

Bei den homonymen deverbalen Präpositionen hat beispielsweise bei *betreffend* eine Metaphorisierung stattgefunden. Die Wurzel von *betreffend, treffen*, hat eine lokale Bedeutung, sie bezeichnet eine zielorientierte Handlung:

(9) Sie werden sich in Hamburg treffen. Das, was die Reise betrifft, haben sie schon vereinbart.

Das präfigierte *betreffen*, von dem die Präposition abgeleitet ist, hat dagegen den konkreten lokalen Charakter verloren und bezeichnet einen allgemeineren Bezug bzw. ein Ziel:

(10) a. Gesetz betreffend die Gesellschaften mit beschränkter Haftung.
b. Briefe, die neueste Literatur betreffend.

Verwiesen werden soll noch darauf, dass die Entstehung von abtrennbaren Verbpräfixen bei den Partikelverben häufig auf der Lexikalisierung ehemaliger Präpositionen beruht, die dabei eine deutliche Bedeutungsspezialisierung erfahren (Beispiele (11) zitiert nach Zifonun u. a. (1997, S. 2088)):

[1] P-Grad ist bei Lindqvist die Abkürzung für Präpositionalitätsgrad.

(11) a. dass die Decke über die Bettkante hängt.
b. dass die Decke überhängt.

8.2.2 Deverbale Partikeln und Satzwörter

Bei den Partikeln – hier im engeren Sinne (wie in 4.3.2) als eigene Wortklasse, die nicht die Adverbien und Fügewörter einschließt, verstanden – und den „Satzwörtern", die sich auf den ganzen Satz beziehen, sind homonyme deverbale Bildungen relativ selten. Sie treten aber in allen Partikelnsubklassen auf. Beispielhaft sollen einige wenige betrachtet werden. Dabei soll aufgezeigt werden, welche Verbeigenschaften verloren gegangen sind bzw. in welchem Grade sich die Grammatikalisierung vollzogen hat. Gefragt werden soll, ob die Feststellung von Diewald (1997, S. 73) zu den Modalpartikeln generell auf die Partikeln und Satzadverbien zutrifft:

> [...] daß die Modalpartikeln im heutigen Deutsch zumindest im Kernbereich in einem weitgehend grammatikalisierten Paradigma zueinander stehen und daß die Auswahl der Lexeme, die im Laufe der Geschichte in dieses Paradigma integriert wurden, von der Funktion der neuen grammatischen Kategorie gesteuert ist.

Interessant ist auch die Frage, ob die homonymen freien Partikeln auch in Partikelverbkonstruktionen auftreten und wie es sich mit der Homonymie bei den Partikeln untereinander verhält. Die beiden letzteren Punkte können hier aber leider nicht besprochen werden. Gemeinsame Eigenschaften von Partikeln und Satzwörtern sind:

- Sie sind morphologisch nicht flektierbar.
- Sie haben keinen Satzgliedwert.
- Sie üben spezifische Funktionen aus (Graduierung, Modifizierung und Abtönung von Sätzen und Satzteilen).

Je nachdem, ob sie Sätze modifizieren (wie die Gesprächswörter („Reaktive") und Satzadverbien als Beispiele für Satzwörter) oder Satzteile graduieren bzw. modifizieren (wie die Grad- und Abtönungspartikeln), treten syntaktische Besonderheiten wie die Erststellenfähigkeit oder Erfragbarkeit auf (vgl. die Übersicht 8.2 auf der nächsten Seite).

GESPRÄCHSW.	SATZADVERBIEN	GRADPARTIKEL	ABTÖNUNGSP.
Satzäquivalente	Sätze modifizierend oder bewertend	Satzteile graduierend, intensivierend oder identifizierend	Einstellungen ausdrückend
erststellenfähig	erststellenfähig	nicht erststellenfähig	nicht erststellenfähig
auf Entscheidungsfragen antwortend	auf Entscheidungsfragen antwortend	nicht erfragbar	nicht erfragbar

Abbildung 8.2: Syntaktische Besonderheiten der Partikelnklassen und Satzwörter

Das Auftreten homonymer deverbaler Partikeln lässt sich wie folgt charakterisieren:

- Gesprächspartikeln

  Bei den Gesprächswörtern finden wir mit *bitte* und *danke* schon länger in der Sprache befindliche. Es kommen aber auch neue hinzu (*husch husch*). *Bitte* und *danke* werden zum einen als sogenannte „reaktive Partikel" (Engel, 1994, S. 78), hier „Reaktive", zum Ausdruck von Dank bzw. einer Bitte benutzt. Sie sind dann satzwertig, d. h. Satzäquivalente (*danke* = 'Ich danke dir'; *bitte* = 'Ich bitte dich'):

  (12) a. *Danke* für deine schnelle Antwort.
  b. *Bitte* verzeih mir.

  Zum anderen werden sie aber auch als höfliche Antwortpartikel (13) verwendet sowie als Abtönungspartikel (vgl. dazu die Beispiele (16a.) und (16b.) weiter unten):

  (13) Möchten Sie noch etwas Kaffee? *Bitte* (= ja) / *danke* (= nein).

- Gradpartikeln

  Bei den Gradpartikeln treten *annähernd* (Partizip zu *annähern*) und *ausgerechnet* (Partizip zu *ausrechnen*) homonym auf:

  (14) a. *Annähernd* zwei Jahre war er in London. (*annähernd* als einschränkende Gradpartikel)
  b. [...], sich *annähernd* an das Land seiner erinnernden Sehnsucht, [...] (www.hinstorff.de; 25.6.2006) (*annähernd* als Verb)

c. *Ausgerechnet* Josef hatte ihr Vorhaltungen gemacht. (*ausgerechnet* als exklusivierende und restriktivierende Gradpartikel)

d. Vorher hatte er sich die Reisekosten *ausgerechnet*. (*ausgerechnet* als Verb)

Ausgesprochen (Partizip zu *aussprechen*) ist eine homonyme deverbale Steigerungspartikel:

(15) a. Dort war er *ausgesprochen* fleißig. (*ausgesprochen* als intensivierende Partikel)

b. *Ausgesprochen* wurde das Lob aber nie. (*ausgesprochen* als Verb)

- Abtönungspartikeln

Bitte kommt auch als deverbale Abtönungspartikel vor:

(16) a. Wo *bitte* geht's zum Bahnhof? (Unterstreichung einer Aufforderung)

b. Wie *bitte*! (Erstaunen wird artikuliert)

Halt tritt ebenfalls sowohl als Imperativform des Verbs *halten* als auch als Abtönungspartikel auf. Die schwierige Aufhellung der historischen Geschichte der Partikel *halt* (siehe Autenrieth (2002) und Hentschel (1986)) zeigt noch einmal, dass strikt zwischen dem synchronen und dem diachronen Aspekt der Homonymie unterschieden werden muss. Wahrscheinlich ist bei *halt* der Partikelgebrauch älter als die Verbverwendung. Deshalb kann es wahrscheinlich auch nicht als deverbale Partikel bezeichnet werden.

(17) a. Der ist *halt* so. (*halt* als Unabänderlichkeitspartikel)

b. *Halt* mal die Tasche. (*halt* als Verbform)

- Satzadverbien

Bei den Satzadverbien soll das homonyme *bestimmt* angeführt werden (homonym zum Partizip von *bestimmen*):

(18) a. Er war *bestimmt* nicht der Mörder. (*bestimmt* als Gewissheitsindikator)

b. Der Zug hat *bestimmt* wieder Verspätung. (*bestimmt* als Hypothesenindikator)

c. Sie wurde zur Klausuraufsicht *bestimmt*. (*bestimmt* als Verb)

Zur syntaktischen und semantischen Integration in die Subklassen:

- Das Beispiel *bitte* als Gesprächswort:

  Bitte hat sich syntaktisch in die Klasse der Reaktive integriert, wie die Tests unter (19a.) bis (19b.) zeigen.

(19) a. *Bitte* verzeih mir. → erststellenfähig
b. Verzeihst du mir? *Bitte.* → bedeutet hier 'ja' → erfragbar

Semantisch hat *bitte* als Gesprächswort in (19a.) noch weitgehend die Verbbedeutung beibehalten.

- Das Beispiel *ausgerechnet* als Gradpartikel:

  Ausgerechnet hat sich weitgehend in die Gradpartikelklasse eingeordnet. Der Umstell- und Fragetest macht aber deutlich, dass eine Formeinheit[2] noch nicht gegeben ist, weil sich dann die ursprüngliche, verbale Lesart einstellt.

(20) a. *Ausgerechnet* Josef hatte sie angelogen. → Josef exklusivierend.
b. * *Ausgerechnet* hatte sie Josef angelogen. → nicht vorfeldfähig (Der Satz kann aber eine verbale Lesart von *ausgerechnet* bekommen.)
c. Wie hat sie Josef angelogen? * *Ausgerechnet.* → als Partikel nicht erfragbar

- Das Beispiel *bitte* als Abtönungspartikel:

  Bitte ist in die Abtönungspartikelklasse weitgehend integriert, kann jedoch (wenn auch nicht alleine in der Partikelbedeutung) im Vorfeld auftreten.

(21) a. Ich komme nicht mit. Wie *bitte* soll ich das verstehen! → Erstaunen über das Nichtmitkommen wird ausgedrückt.
b. * *Bitte* soll ich das wie verstehen. → nicht allein erststellenfähig.
c. Wie soll ich das verstehen? * *Bitte.*

[2] Nach Di Meola (2000, S. 146) ist für prototypische deutsche Präpositionen charakteristisch, dass sie kurz und nicht mehr transparent (= Opazität) sind. „Der Form wird ein Inhalt als ganzes zugeordnet: Die Präposition bildet eine Einheit, die nicht mehr in einzelne Wörter bzw. Wortbildungssegmente segmentiert oder auf andere Wörter der Sprache zurückgeführt werden kann."

- Das Beispiel *bestimmt* als Satzadverb:

  Bestimmt hat sich völlig in die Satzadverbklasse eingefügt.

(22) a. *Bestimmt* war er der Mörder. → erststellenfähig
  b. War er der Mörder? *Bestimmt*. → erfragbar → Satzproposition modifizierend.

Die Beispiele zeigen, dass die Integration in die Subklassen der Partikeln und Satzwörter unterschiedlich weit gediehen ist. Da, wo es homonyme Verbformen gibt, die relativ häufig sind bzw. zentral im Verbwortschatz, wie im Falle von *bitte* und *danke*, ist die Grammatikalisierung als Reaktive weniger stark.

Christian Lehmann: *Theory and method in grammaticalization*. In: Zeitschrift für germanistische Linguistik 32.2, 2004, S. 152–187

A Anhang

A.1 Lösungen der Übungsaufgaben

Lösungen zu Kapitel 2

Aufgabe 1 auf Seite 29

Himbeere: ahd. *hintberi* 10. Jh., ,Beere der Hinde' (*Hinde* = ,Hirschkuh' (Pfeifer, 1989, S. 688))

Brombeere: adh. *bramberi* 10. Jh., = ,Beere am bramo' (*bramo* = ,Dornstrauch' (Pfeifer, 1989, S. 217))

Heidelbeere: adh. *heid(i)beri* 10. Jh., ,die auf der Heide, im Kiefernwald wachsende Beere' (Pfeifer, 1989, S. 665)

Aufgabe 2 auf Seite 38

Es gibt keinen Anlass, Rolf Hochhut einen Holocaust-Leugner zu nennen

– Es: $[_{BM}\ \text{Es}]$

– gibt: $[_{BM/Flexionsstamm}\text{g}[_{modifikatorisches\ Flexiv}\text{i}]\text{b}][_{additivesFlexiv}\text{t}]$

– keinen: $[_{BM/Flexionsstamm}\text{kein}][_{additivesFlexiv}\text{en}]$

– Anlass: $[_{Flexionsstamm}\ [\ [_{WBM/Präf}\text{An}]\ [_{BM/Wortbildungsstamm}\text{lass}]]]\ [_{inhaltl.Fl}\ \emptyset]$

– Rolf: $[_{Flexionsstamm}[_{BM}\ \text{Rolf}]][_{inhaltlichesFlexiv}\ \emptyset]$

– Hochhut: $[_{Flexionsstamm}[[_{BM}\text{Hoch}][_{BM/Wortbildungsstamm}\text{hut}]]][_{inhaltlichesFlexiv}\ \emptyset]$

– einen: $[_{Flexionsstamm}\ [_{selbstständigesFlexiv}\text{ein}]][_{additivesFlexiv}\text{en}]$

– Holocaust-Leugner: $[_{Flexionsstamm}[[_{BM}\text{Holocaust}][_{BM/Wortbildungsstamm}\text{leugn}]$ $[_{WBM/Suff}\text{er}]]]\emptyset]$

– zu: $[_{BM}\ \text{zu}]$

– nennen: $[_{BM/Flexionsstamm}\text{nenn}][_{additivesFlexiv}\text{en}]$

Lösungen zu Kapitel 3

Aufgabe 1 auf Seite 52

Subklassen:
Anapher: z. B. *er, sie, es* <themafortführend>

Indefinitum: z. B. *jemand, irgendwer* <typisierender Person-/Objektbezug>

Persondeixis: z. B. *ich, ihr, Sie* <Zeigen auf Sprecher/Hörer>

Objektdeixis: z. B. ***diesen**, den keiner kennt* <Zeigen auf Objekte/Personen im Raum>

Possessivum: z. B. *meiner, deiner* <Gegenstandsrelativierung>

Quantifikatum: z. B. *nichts, keiner* <Quantifizierung über Gegenstandsbereich>

Relativum: z. B. *das Haus, **dessen** Besitzer* <Einbindung von Propositionen in Charakteristik>, Relativpronomen

W-Objektdeixis: z. B. *wer, wen* <Umriss gesuchter Größe im Wissen> → dienen der Bildung von W-Phrasen, von Fragen

Kriterien:
Morphologisch Unterschiedliches wird unter funktionalem Gesichtspunkt zum Teil in einer Subklasse vereint, beispielsweise das nicht flektierbare Lexem *nichts* mit dem flektierbaren *keiner*. Auch wechseln bei der Funktionsbestimmung die Ebenen, beispielsweise wird bei der Anapher die Textebene herangezogen, bei der W-Objektdeixis die Phrasenebene. Bei einigen Subklassen wird nach pragmatischen, bei anderen nach lexikalisch-semantischen und wieder anderen nach logisch-strukturellen Funktionen gefragt.

Aufgabe 2 auf Seite 52

Verb: [flektiert], [konjugiert]

Adverb: [nicht flektiert]

Subklassen des traditionellen Adverbs können mit syntaktischen und logisch-semantischen Kriterien gebildet werden:

Adverb: [allein satzgliedfähig] *Heute* gehe ich zum Sport.

Partikel: [nicht allein satzgliedfähig], [nur modifizierende Funktion]
Nur heute gehe ich in den Garten.

Satzadverb: [allein vorfeldfähig], [satzwertig (Gesamtsatz modifizierend)]
Möglicherweise gehe ich morgen ins Theater.

Aufgabe 3 auf Seite 54

abgebrochene Partie und *spannende Partie*:
attributive Verwendung, dekliniert

wurde analysiert, brach … ab und *war geworden*:
Prädikatsteil, Konjugationsform

Aufgabe 4 auf Seite 56

Numerale, Adverbien und Interjektionen werden nach semantischen Kriterien zusammengefasst, obwohl sie morphologisch bzw. syntaktisch verschiedenen Subklassen angehören.

Aufgabe 5 auf Seite 57

Adverbien:	[unflektierbar], [satzgliedfähig], „Umstandswörter"
Partikeln:	scheint „Abfalleimer" zu sein. Die Klasse Onomatopoetikum vereint Vertreter der verschiedensten grammatischen Wortklassen.
Präpositionen:	„Bindeglied zwischen Verb und Objekt und wird vom Verb bestimmt" (S. 607); regieren den Kasus
Junktionen:	Konjunktionen und Subjunktionen: Füge- oder Bindewörter, regieren keinen Kasus, sie verbinden Sätze, Satzglieder und Gliedteile

Aufgabe 6 auf Seite 57

Nette Adjektiv *Botschaften* Substantiv

Im Präposition *Maileingang* Substantiv *sind* Verb *wir* Pronomen *Reklamebotschaften* Substantiv *gewohnt* Verb. *Auch* Partikel *ungewollt* Adjektiv *aufpoppende* Adjektiv *Webseiten* Substantiv *regen* Verb *uns* Pronomen *längst* Adverb *nicht* Partikel *mehr* Partikel *auf* unfester Verbbestandteil. *Doch* Junktion *nun* Adverb *kommt* Verb *Werbung* Substantiv *ganz* Partikel *ohne* Präposition *Surfen* Substantiv *auf* Präposition *den* Artikel *Schirm* Substantiv; *die* Artikel *Rechner* Substantiv *müssen* Verb *nur* Partikel *am* Präposition *Internet* Substantiv *hängen* Verb. *Die* Artikel *Botschaften* Substantiv *sehen* Verb *aus* unfester Verbbestandteil *wie* Junktion *Meldungen* Substantiv *des* Artikel *Windows-Betriebssystems* Substantiv. *Für* Präposition *umgerechnet* Adjektiv *700* Adjektiv *Euro* Substantiv *gab* Verb *es* Pronomen *auf* Präposition (*www.directadvertiser.com*) *eine* Artikel *Software* Substantiv, *die* Pronomen *eine* Artikel *Messaging-Funktion* Substantiv *ausnutzt* Verb, *mit* Präposition *der* Pronomen *eigentlich* Partikel *nur* Partikel *Systemverwalter* Substantiv *die* Artikel *Nutzer* Substantiv *vor* Präposition *aktuellen* Adjektiv *Gefahren* Substantiv *warnen* Verb *sollen* Verb.

Aufgabe 7 auf Seite 65

das rote Auto: [+V+N+A−Adv]

[+V] Prädikatsausdruck mit referentieller Argumentstelle: → das Auto ist rot.

[+A] attributiv, ?komparierbar

[+N]: dekliniert

das verschenkte Buch: [+V−N+A−Adv]

[+V] Prädikatsausdruck mit referentieller Argumentstelle

[+A] attributiv, → +Adj-Flexion

[−N] ? nach Zimmermann (2000) haben Partizipien nur +N, wenn sie im Lexikon fest als Adjektive verzeichnet sind (S. 249)

Aufgabe 8 auf Seite 65

arbeitslos [+N+V+A−Adv]

im [−N−V]

Ausland [+N−V]

wohnend [+V−N+A−Adv]

Aufgabe 9 auf Seite 73

Syntaktischer Grundansatz: „Eine lexikalische Kategorie ist eine Menge von Lexemen, die sich syntaktisch analog verhalten".

- kopfbildende lexikalische Kategorien: V, N, A, P, Ä
- kaum kopfbildende lexikalische Kategorien: D, ADV, PTL, KON, SUB, SZW

Verb: V: Konjugiert; lokal definiert durch Verbalmorpheme; eindeutig markiert durch *-t*-Infix und Ablaut bei Präteritumbildung; nehmen wenigstens ein Nomen im Nominativ als Valenzpartner.

Charakterisierung der anderen Wortklassen: vergleiche Heringer (1966) Seiten 58–61.

Fazit: Morphologische und syntaktische Kriterien werden angewendet.

Aufgabe 10 auf Seite 73

wer Ä

das D

Laub N

fürchtet V

bleibe V

aus P

dem D

Walde N

Lösungen zu Kapitel 4

Aufgabe 1 auf Seite 101

ziehen (in eine Wohnung): Tätigkeitsverb / Accomplishmentverb; finites Verb (stark konjugiert) in phrasalem Verbkomplex (Phraseologismus)

gibt (Regeln): Zustandsverb (stark konjugiert); finites Verb

bereiten (Spaß): Vorgangsverb / Prozessverb; finites Verb (schwach konjugiert) in phrasalem Verbkomplex (Phraseologismus)

müssen: Vorgangsverb / Prozessverb; finites Verb (unregelmäßig konjugiert)

bleiben: Zustandsverb; finites Verb (stark konjugiert)

nehmen (in Anspruch): Vorgangsverb / Prozessverb; finites Verb (stark konjugiert) in phrasalem Verbkomplex (FVG)

ist (Schluss): Vorgangsverb / Achievementverb; finites Verb (unregelmäßig konjugiert) in phrasalem Verbkomplex (Kopulativverbkonstruktion)

fangen ... an: Vorgangsverb / Achievementverb; finites Verb (stark konjugiertes unfestes Verb: Partikelverb)

(zu) räumen: Tätigkeitsverb / Accomplishmentverb; infinites Verb (schwach konjugiert) in phrasalem Verbkomplex (zu+Infinitivkonstruktion)

Aufgabe 2 auf Seite 114

werden genutzt: [3.P. Pl.; Präsens: 'gegenwärtig'; Indikativ: 'wirklich'; Vorgangspassiv]

zu lesen: –

braucht: [3.P. Sgl.; Präsens: 'allgemeingültig'; Indikativ: 'optativ'; Aktiv]

gefroren ist: [3.P. Sgl.; Präsens: 'gegenwärtig'; Indikativ: 'wirklich'; Zustandspassiv]

austritt: [3.P. Sgl.; Präsens: 'gegenwärtig'; Indikativ: 'wirklich'; Aktiv]

Aufgabe 3 auf Seite 118

bröckeln: Suffigierung

abbröckeln: Partikelverbbildung

zerbröckeln: Präfigierung

Aufgabe 4 auf Seite 128

Krieg: [maskulin, nominativ, singular]; Abstraktum, Handlungs- bzw. Zustandsbezeichnung.

Angola: [–, dativ, singular]; Konkretum, Proprium.

Generationen: [feminin, dativ, plural]; Abstraktum, Beziehungsbezeichnung.

Kindern: [neutrum, dativ, plural]; Konkretum, Appellativum.

Chance: [feminin, akkusativ, singular]; Abstraktum, Vorgangsbezeichnung.

Bildung: [feminin, akkusativ, singular]; Abstraktum, Eigenschafts- bzw. Handlungsbezeichnung.

Lesen und Schreiben: [neutrum, dativ, singular]; Abstrakta, Handlungsbezeichnungen.

Umgang: [maskulin, akkusativ, singular]; Abstraktum; Handlungsbezeichnung.

Waffen: [feminin, dativ, plural]; Konkretum, Appellativum.

Aufgabe 5 auf Seite 134

Tschechoslowakei: Kopulativkompositum

Kartenhaus: Determinativkompositum i.e.S.

Schadenfreude: Rektionskompositum

Aufgabe 6 auf Seite 149

am *helllichten* Tage: schwach dekliniert; attributiv; ein Aktant nötig; Kopulativkompositum (verdeutlichend).

geheimnisvoll: nicht flektiert; adverbial; ein Aktant nötig; Suffigierung.

hinter jedes *neu entfaltete* Blatt: beide schwach dekliniert; beide attributiv; je ein Aktant nötig (bei *entfaltete* ein zweiter angelegt ('Verursacher'); *entfaltete*: kombinatorische Derivation.

eine *grün-goldene* Aura: schwach dekliniert; attributiv; ein Aktant nötig; Kopulativkompositum.

der *vielen* Blätterschatten: schwach dekliniert; attributiv; ein Aktant nötig.

am *sonnigen* Boden: schwach dekliniert; attributiv; ein Aktant nötig; Suffigierung.

durch *kleine* Windstöße: stark dekliniert; ein Aktant nötig.

lebhaft gemacht: nicht flektiert; adverbial; ein Aktant nötig; Suffigierung.

Aufgabe 7 auf Seite 155

- Ich brauche das Geld möglichst bald. Wann bekomme ich es? = Prowort für Substantiv im Akkusativ
- Meine Mutter ist Lehrerin. Ich werde es auch. = Prowort für Prädikativ
- Sie kamen schon mit dem Frühzug an. Es hat uns sehr gefreut. = Prowort für einen ganzen Satz
- Es hat sich gestern ein schwerer Verkehrsunfall ereignet. = Platzhalter um Verbzweitstellung zu sichern.
- Es freut mich besonders, dass ich sie getroffen habe. = als Korrelat weist es auf den folgenden Subjektsatz hin.
- Ich finde es schade, dass wir den Berg nicht bestiegen haben. = Korrelat für Objektsatz
- Mich hält es hier nicht länger. = formales erstarrtes Subjekt

Aufgabe 8 auf Seite 165

- *Noch* geht es nicht ohne die Spritze. → Satzadverb
- Alle Vögel sind *schon* da. → Adverb
- Werden Maschinen *schon* in hundert Jahren den Menschen ersetzen? → Gradpartikel

Aufgabe 9 auf Seite 166

1. *Wie* teuer ist das? → Frageadverb
2. Er schnitt die Haare *so, wie* er es immer gemacht hatte. → Subjunktor
3. *Wie* dem auch sei, wenn es so wäre, wäre es gut. → Subjunktor
4. Es ist mir vorgekommen, *wie* ein reinigendes Gewitter. → Vergleichspartikel

5. Er genießt eine ebenso verdiente *wie* umfangreiche Wertschätzung. → Konjunktor
6. *Als* der Rektor den Saal verließ, gingen auch die anderen. → Subjunktor
7. Die Zusammensetzung war insofern ideal, *als* niemand einen Vorteil hatte. → Subjunktor
8. Er war sowohl Dichter *als* auch Komponist. → Vergleichspartikel
9. Ich schätze ihn aber nicht *als* Dichter. → Vergleichspartikel

Aufgabe 10 auf Seite 167

ungemein: Satzadverb

kaum: Negationspartikel

erst: Adverb (temporal)

dann: Adverb (temporal)

nur: Gradpartikel

noch: Abtönungspartikel

doch: Adverb (adversativ)

wieder: Adverb (temporal)

treulich: Adverb (modal)

kaum: Negationspartikel

Aufgabe 11 auf Seite 170

- *Natürliche* Hausmittel, Haushaltstipps, Gartentipps, Tipps für Gesundheit und Kosmetik aus Omas Erfahrungsschatz. → Adjektiv
- *Natürlich* von hier. → Satzadverb
- Sie brauchen für das Anlegen eines Miniteichs spezielle nährstoffarme Teicherde, einige große Steine, Kies, Pflanzkörbe, Pflanzvlies und *natürlich* Pflanzen. → Abtönungspartikel
- Schönheits-OP – Alles ganz *natürlich*? → Adverb

Aufgabe 12 auf Seite 180

Mehrfach auftretende Lexeme werden nur einmal bestimmt.

und: Konjunktor

um: Subjunktor

von: Präposition

vom: Präposition

ins: Präposition

über: Präposition

in: Präposition

je … desto: Subjunktor

an: Präposition

Aufgabe 13 auf Seite 180

- der Computer *auf* dem Schreibtisch: Präposition (lokale Verbindung)
- der Computer *und* der Schreibtisch: Konjunktor (koordinierende Verbindung)
- *Trotz* des schönen Wetters wurden wichtige Aufgaben erledigt.: Präposition (konzessive Verbindung)
- Es war schönes Wetter, *trotzdem* wurden wichtige Aufgaben erledigt.: Konjunktionaladverb (koordinierend)
- …

Lösungen zu Kapitel 5

Aufgabe 1 auf Seite 192

Es war fünf Uhr früh. → Zustand

Es regnete. → Zustand

Erich von Lhomond, der vor Saragossa verwundet → Intergressiv

und dann auf einem italienischen Lazarettschiff behandelt worden war, → Wechsel

wartete am Bahnhofsbüfett von Pisa auf den Zug nach Deutschland. → Intergressiv

Trotz seiner vierzig Jahre war er von einer entschiedenen, in ihrer harten Jugendlichkeit gleichsam versteinerten Schönheit. → Zustand

Aufgabe 2 auf Seite 196

Zustand	Prozess	Intergressiv	Wechsel
offen sein	öffnen	eine Woche geöffnet	eröffnen
	blühen	eine Nacht geblüht	aufblühen
hingefallen sein	fallen	auffallen im bunten Kleid	fällen, zerfallen
schlafen	beschlafen	fünf Minuten schlafen	einschlafen
reif sein	reifen	drei Wochen lang ausreifen	reif werden
	lachen	auflachen	sich lächerlich machen

Lösungen zu Kapitel 6

Aufgabe 1 auf Seite 199

1.1)

Hauptmahlzeit, Hauptmangel, Hauptmann, Hauptmieter, Hauptstadt, …

Spielzeug, Putzzeug, Schuhputzzeug, Waschzeug, …

1.2)

Haupt-
– 'größere ': Hauptmahlzeit, Hauptstadt, …
– 'wichtig(ste)': Hauptmangel, Hauptmann, Hauptmieter, …

-zeug: 'Gesamtheit'

Sie haben haben keine individuelle Benennungsfunktion; sie modifizieren die Bedeutungen der Wortbildungsstämme, an die sie treten; sie sind reihenbildend.

Aufgabe 2 auf Seite 207

Und liegt der Hase im Pfeffer: […] = Phraseologisierung

Pfeffer und Salz sind die gebräuchlichsten Gewürze, die … = Inkorporation

Die Dreckwäsche einfach auf den Boden pfeffern! = Wortbildung

Erst kurz vor Garende salzen und pfeffern. = Wortbildung und Inkorporation

A.2 Glossar

Ablaut ist ein regelhafter Wechsel eines Vokals in etymologisch zusammengehörigen Wörtern und Flexionsformen.

Adjunkt (auch Circumstant oder freie Angabe genannt) ist eine morphosyntaktische Einheit, die nicht konstitutiv für die Bedeutungsstruktur einer lexikalischen Einheit und einen syntaktisch korrekten Satz ist.

Affix ist der Oberbegriff für alle gebundenen Morpheme (Flexions- und Wortbildungsmorpheme).

Agglutination ist von lateinisch *agglutinare* (‚anleimen') abgeleitet und bedeutet in der morphologischen Sprachenklassifikation, dass grammatische Relationen durch die Aneinanderreihung (Agglutination) eindeutig bestimmter Affixe gekennzeichnet werden.

Aktant (auch Ergänzung, Mitspieler oder Komplement genannt) ist eine morphosyntaktische Einheit, die eine Leerstelle einer Lexikoneinheit besetzt. Beispielsweise benötigt das Partikelverb *ausladen* zwei Aktanten, um seine Bedeutung in einem grammatisch korrekten Satz zu entfalten (*Die Arbeiter luden den Waggon aus.).*

Ambiguität meint die Mehrdeutigkeit, Doppelsinnigkeit von sprachlichen Ausdrücken. Sie kann auf verschiedenen Ebenen auftreten. Beispielsweise auf der semantischen: *Er hat einen Vogel.* oder syntaktischen: *Josef liebt seine Frau und Adam auch.*

Boolesche Merkmale, nach dem englischen Mathematiker Georg Boole (1815–1869); sie beziehen sich auf Funktionen, die nur zwei Werte (1 oder wahr und 0 oder falsch) annehmen.

Deixis benennt die Hinweisfunktion von Pronomen oder Pronominaladverbien. So verweist *ich* auf die sprechende Person und *heute* auf den aktuellen Tag.

Dekomposition ist eine Analysemethode, die Elemente/Einheiten in Komponenten zerlegt.

Denotate sind die Entitäten, die mit Lexemen bezeichnet werden; sie sind das „Referenzpotential". Mit dem Wort *Schuhe* beispielsweise kann man sich auf alle existierenden und denkbaren Schuhe beziehen.

Graphematik ist eine linguistische Teildisziplin, die die Regularitäten des Schreibens erforscht.

Homonyme sind gleichnamige Wörter mit identischen Formativen, unterschiedlichen Bedeutungen und damit verbundenem unterschiedlichem grammatischen Verhalten.

Illokutionen sind nach der Sprechakttheorie Teile von sprachlichen Handlungen. Neben der *Lokution* (materielle Seite einer Äußerung) bestimmen die *Illokution* (der Handlungszweck, die Absicht) und die *Perlokution* (die Folgewirkung) eine sprachliche Handlung.

Klitika sind schwach oder nicht betonte Wörter, die sich an ein benachbartes Wort „anlehnen"ohne ein Affix zu sein. Wenn sie sich an das folgende Wort anlehnen (*'s war* für *es war*) werden sie Proklise genannt; eine Anlehnung an ein vorausgehendes Wort (*denkste* für *denkst du*) ist eine Enklise.

Kongruenz liegt vor, wenn zusammengehörige Elemente (z. B. Satzglieder- oder Gliedteile) in morphosyntaktischen Eigenschaften übereinstimmen. Beispielsweise besteht im Deutschen Kongruenz zwischen Subjekt und Prädikat in Person, Numerus (*Ich singe.* vs. *Sie singen.*) und Genus (*Sie ist Tänzerin.* vs. *Er ist Tänzer.*).

Konzepte (auch Begriffe genannt) sind die klassifizierenden Vorstellungen, die es ermöglichen, die Welt zu strukturieren und mit Lexemen auf die entsprechenden Referenten Bezug zu nehmen.

Korpus ist eine strukturierte Sammlung von Texten oder Sätzen, die als primäre Quelle zur Beurteilung von linguistischen Aussagen dient.

Mentales Lexikon, es ist der Speicherplatz für das Wortwissen im Langzeitgedächtnis der Sprachbenutzer/innen.

Modul ist im Rahmen der modularen Sicht auf den menschlichen Geist, auf das menschliche Wissen ein relativ abgeschlossener Bereich mit abgrenzbaren Einheiten und Regeln. Neben dem Grammatikmodul sind das Weltwissen- und das Handlungswissenmodul für die Sprachproduktion und das Sprachverständnis relevant.

Morphologie ist die Bezeichnung für eine Teildisziplin der Grammatik, die sich mit den für die Grammatik relevanten Worteigenschaften beschäftigt. Sowohl die Grundformen (Lexikonwörter) als auch die Wortformen (Satzwörter) sind Gegenstände der Morphologie.

Opazität meint in der Morphologie, dass die sprachlichen Einheiten synchron gesehen nicht mehr transparent sind. Beispielsweise sind die prototypischen Präpositionen morphologisch opake Bildungen. *Ab, vor* oder *zwischen* können weder formal noch inhaltlich mit Inhaltswörtern in Verbindung gebracht werden.

Phrase meint in der Syntaxtheorie eine syntaktisch zusammengehörige Wortgruppe mit relativer Selbstständigkeit im Satz.

Prinzipien- und Parametermodell ist die Bezeichnung für ein Modell über die Universalgrammatik, das aus allgemeinen, abstrakten Prinzipien, die für alle Sprachen gelten, und beschränkenden Parametern mit Wahlmöglichkeiten innerhalb der Prinzipien besteht.

Proposition ist die deskriptive Bedeutungsrepräsentation eines Satzes, ein Konzept für eine bestimmte Situationsart. Sie besteht aus einem oder mehreren Argumenten und einem Prädikat, das die Argumente miteinander verbindet. Beispielsweise kann *Maria liebt Blumen.* wiedergegeben werden durch die Proposition 'lieben (Maria, Blumen)'.

Prototyp bezeichnet das charakteristischste Mitglied einer Kategorie, das bei der Ermittlung der Mitgliedschaft anderen Vertretern als Vergleich dienen kann.

Rektion bezeichnet eine Subordinationsrelation, bei der das untergeordnete Wort durch das syntaktisch übergeordnete („regierende") Wort bestimmt wird.

Rhema (auch Comment genannt) ist der Satzteil, der die dem Thema hinzugefügten Informationen beinhaltet. Beispielsweise: *Maria fährt mit dem Zug. Er verspätet sich.* In dem zweiten Beispielsatz ist ‚Er' das Thema und ‚verspätet sich' Rhema.

selegieren bezeichnet die Eigenschaft von Lexemen, sich im Satz mit ganz bestimmten Konstituenten verbinden zu müssen. So verbindet sich das Verb *denken* mit *dass*-Nebensätzen (*Sie dachte, dass es ehrlich gemeint wäre.*); es selegiert einen *dass*-Nebensatz.

Syntagma bezeichnet eine syntaktisch relevante Konstruktion, die aus voneinander abhängigen Wörtern besteht.

Syntax ist der Bereich der Grammatiktheorie, der beschreibt, wie die sprachlichen Grundeinheiten zu wohlgeformten Sätzen verbunden werden.

Term meint in der formalen, logikbasierten Sprachbeschreibung ein Grundzeichen, einen atomaren Ausdruck in einem theoretischen System. Terme werden z. T. von Propositionen und Argumenten abgegrenzt und bei Zifonun u. a. (1997, S. 968) folgendermaßen definiert: „Ausdrücke, die eine Charakteristik denotieren (also Nominalphrasen oder Eigennamen)".

Thema (auch Topik genannt) ist der Satzteil, der angibt, worüber der Satz handelt bzw. das, was bekannte Informationen sind.

Unterspezifikation wird bei sprachlichen Einheiten u. a. angenommen, wenn Merkmale im mentalen Lexikon unspezifisch / abstrakt kodiert sind. Dies ist beispielsweise bei dem Pronomen *ich* der Fall; wer konkret die Person ist, wird erst durch den Kontext spezifiziert.

Literaturverzeichnis

Abney, Steve P. 1987. *The English Noun Phrase in its Sentential Aspect*. Cambridge, Massachusetts: MIT PHD dissertation.

Aitchison, Jean. 1997. *Wörter im Kopf: Eine Einführung in das mentale Lexikon*. Tübingen: Max Niemeyer Verlag.

Altmann, Hans und Kemmerling, Silke. 2000. *Wortbildung fürs Examen*. Darmstadt: Westdeutscher Verlag.

Arens, Hans. 1969. *Sprachwissenschaft. Der Gang ihrer Entwicklung von der Antike bis zur Gegenwart*. Freiburg; München: Verlag Karl Alber.

Autenrieth, Tanja. 2002. *Heterosemie und Grammatikalisierung bei Modalpartikeln. Eine synchrone und diachrone Studie anhand von eben, halt, e(cher)t, einfach, schlicht und glatt*. Linguistische Arbeiten, Nr. 450, Tübingen: Max Niemeyer Verlag.

Baker, Mark C. 1988. *Incorporation. A Theory of Grammatical Function Change*. Chicago; London: University of Chicago Press.

Baker, Mark C., Aranovich, Roberto und Golluscio, Lucia A. 2004. Two types of syntactic noun incorporation: noun incorporation in mapudungun and its typological implications. *Language* 81(1), Seiten 138–176.

Ballweg, Joachim. 2004. Telizität und Atelizität im Deutschen. In Laurent Gautier und Didier Haberkorn (Hrsg.), *Aspekt und Aktionsarten im heutigen Deutsch*, Seiten 71–86, Tübingen: Stauffenburg Verlag.

Baudot, Daniel. 2004. Aspekt und Aspektualität: kleiner Beitrag zur Klärung von Begriffen. In Laurent Gautier und Didier Haberkorn (Hrsg.), *Aspekt und Aktionsarten im heutigen Deutsch*, Seiten 31–42, Tübingen: Stauffenburg Verlag.

Bech, Gunnar. 1951. *Grundzüge der semantischen Entwicklungsgeschichte der hochdeutschen Modalverba*. Kopenhagen: Munksgaard.

Behagel, Otto. 1911. *Die deutsche Sprache*. Das Wissen der Gegenwart. Deutsche Universal–Bibliothek für Gebildete, Nr. 54, Wien; Leipzig: F. Tempsky und G. Freytag.

Bergenholtz, Henning. 1976. *Zur Morphologie deutscher Substantive, Verben und Adjektive*. Bonn: Ferd. Dümmler.

Bergenholtz, Henning und Mugdan, Joachim. 2000. Nullelemente in der Morphologie. In Geert Booij, Christian Lehmann und Joachim Mugdan (Hrsg.), *Morphologie*, Handbücher zur Sprach– und Kommunikationswissenschaft, Nr. 17.1, Seiten 435–450, Berlin; New York: Walter de Gruyter.

Bhatt, Christa. 1991. *Einführung in die Morphologie*. Kölner Linguistische Arbeiten - Germanistik, Nr. 23, Hürth-Efferen: Gabel Verlag.

Bierwisch, Manfred. 1987. Dimensionsadjektive als strukturierender Ausschnitt des Sprachverhaltens. In Manfred Bierwisch und Ewald Lang (Hrsg.), *Grammatische und konzeptuelle Aspekte von Dimensionsadjektiven*, Band 26 + 27 von *studia grammatica*, Seiten 1–28, Berlin (Ost): Akademie Verlag.

Bierwisch, Manfred. 2004. Bis hierher, und wie weiter? Linguistik vor und nach der Jahrhundertwende. *Linguistische Berichte* 200, Seiten 409–425.

Booij, Geert. 2000. Morphology and phonology. In Geert Booij, Christian Lehmann und Joachim Mugdan (Hrsg.), *Morphologie*, Handbücher zur Sprach– und Kommunikationswissenschaft, Nr. 17.1, Seiten 335–344, Berlin; New York: Walter de Gruyter.

Brandt, Patrik, Dettmer, Daniel, Dietrich, Rolf-Albert und Schön, Georg. 1999. *Sprachwissenschaft. Ein roter Faden für das Studium*. Köln; Weimar; Wien: Böhlau.

Bründl, Monika Elisabeth. 2001. *Lexikalische Dynamik: Kognitiv-linguistische Untersuchungen am englischen Computerwortschatz*. Linguistische Arbeiten, Nr. 443, Tübingen: Max Niemeyer Verlag.

Bühler, Karl. 1982. *Sprachtheorie*. UTB, Nr. 1159, Stuttgart: Fischer Verlag.

Burkhardt, Armin. 1998. „Mein geliebtes Deutsch" und seine „Schrecken". *Muttersprache* 108(2), Seiten 111–133.

Bußmann, Hadumod. 2002. *Lexikon der Sprachwissenschaft*. Stuttgart: Alfred Kröner Verlag, dritte Auflage.

Bütow, Wilfried. 1982. *Kurze deutsche Grammatik*. Berlin: Volk und Wissen.

Cardinaletti, Anna. 1999. Pronouns in Germanic and Romance Languages: An overview. In Henk van Riemsdijk (Hrsg.), *Clitics in the Languages of Europe*, Seiten 33–82, Berlin; New York: Mouton de Gruyter.

Chomsky, Noam. 1986. *Barriers*, Band 13 von *Linguistic Inquiry Monographs*. Cambridge, Massachusetts; London, England: MIT-Press.

Chomsky, Noam. 1993. *Lectures on Government and Binding – The Pisa Lectures*. Studies in Generative Grammar, Berlin; New York: Mouton de Gruyter.

Clément, Danièle. 1996. *Linguistisches Grundwissen*. Opladen: Westdeutscher Verlag.

Comrie, Bernard (Hrsg.). 1985. *Tense*. Cambridge: Cambridge University Press.

Conrad, Rudi (Hrsg.). 1985. *Lexikon sprachwissenschaftlicher Termini*. Leipzig: VEB Bibliographisches Institut.

Croft, William. 1995. Modern Syntactic Typology. In Masayoshi Shibatani und Theodora Bynon (Hrsg.), *Approaches to Language Typology*, Oxford: Clarendon Press.

de Saussure, Ferdinand. 1931. *Grundfragen der allgemeinen Sprachwissenschaft*. Berlin; Leipzig: Walter de Gruyter, zweite, überarbeitete Auflage von Ch. Bally und A. Sechehaye.

Demske, Ulrike. 2001. *Merkmale und Relationen: Diachrone Studien zur Nominalphrase des Deutschen*. Studia Linguistica Germanica, Nr. 65, Berlin; New York: Walter de Gruyter.

Di Meola, Claudio. 2000. *Die Grammatikalisierung deutscher Präpositionen*. Studien zur deutschen Grammatik, Nr. 62, Tübingen: Stauffenburg Verlag.

Di Sciullo, Anna-Maria und Williams, Edwin. 1988. *On the Definition of Word*. Linguistic Inquiry Monographs, Nr. 14, Cambridge, Massachusetts - London, England: MIT-Press.

Diewald, Gabriele. 1997. *Grammatikalisierung. Eine Einführung in Sein und Werden grammatischer Formen*. Germanistische Arbeitshefte, Nr. 36, Tübingen: Max Niemeyer Verlag.

Diewald, Gabriele. 2002. A model for relevant types of contexts in grammaticalization. In Ilse Wischer und Gabriele Diewald (Hrsg.), *New Reflections on Grammaticalization*, Seiten 103–120, Amsterdam; Philadelphia: John Benjamins Publishing Company.

Diewald, Gabriele. 2004. Einleitung: Entwicklungen und Fragen der Grammatikalisierungsforschung. *Zeitschrift für Germanistische Linguistik* 2(32), Seiten 137–151.

Dijkstra, Ton und Kempen, Gerard. 1993. *Einführung in die Psycholinguistik*. Bern; Göttingen; Toronto; Seattle: Verlag Hans Huber.

Dölling, Johannes. 2001. *Aspektuelle Anpassungen*. Linguistische Arbeitsberichte 76, Universität Leipzig.

Donalies, Elke. 2005. *Die Wortbildung des Deutschen. Ein Überblick*. Studien zur Deutschen Sprache, Nr. 27, Tübingen: Gunter Narr Verlag, zweite, überarbeitete Auflage.

Drosdowski, Günther und Scholze-Stubenrecht, Werner (Hrsg.). 1998. *Duden, Redewendungen und sprichwörtliche Redensarten*, Band 11. Mannheim; Wien; Zürich: Dudenverlag.

Dudenredaktion (Hrsg.). 2005. *Duden. Die Grammatik*, Band 4. Mannheim; Leipzig; Wien; Zürich: Dudenverlag, siebente, völlig neu erarbeitete und erweiterte Auflage.

Egg, Markus. 1994. *Aktionsart und Kompositionalität*. studia grammatica, Nr. XXXVII, Berlin: Akademie Verlag.

Egg, Markus. 2004. Intergressivprädikate: Stiefkinder der Aspektsemantik. In Laurent Gautier und Didier Haberkorn (Hrsg.), *Aspekt und Aktionsarten im heutigen Deutsch*, Seiten 103–118, Tübingen: Stauffenburg Verlag.

Eichinger, Ludwig M. 2000. *Deutsche Wortbildung. Eine Einführung*. Tübingen: Gunter Narr Verlag.

Eichler, Wolfgang und Bünting, Karl-Dieter. 1996. *Deutsche Grammatik*. Weinheim: Beltz Athenäum Verlag, sechste Auflage.

Eisenberg, Peter. 1998. *Grundriß der deutschen Grammatik*, Band 1. Das Wort. Stuttgart; Weimar: Verlag J. B. Metzler.

Eisenberg, Peter. 2005. Phonem und Graphem. In Dudenredaktion (Hrsg.), *Duden. Die Grammatik*, Mannheim; Leipzig; Wien; Zürich: Dudenverlag, siebente, völlig neu erarbeitete und erweiterte Auflage.

Engel, Ulrich. 1994. *Syntax der deutschen Gegenwartssprache*, Band 22 von *Grundlagen der Germanistik*. Berlin: Erich Schmidt Verlag, dritte, völlig überarbeitete Auflage.

Engel, Ulrich. 2002. *Kurze Grammatik der deutschen Sprache*. München: iudicium Verlag.

Erben, Johannes. 1972. *Deutsche Grammatik*. Hueber – Sprachen der Welt, München: Max Hueber Verlag.

Erben, Johannes. 2000. *Einführung in die deutsche Wortbildungslehre*. Berlin: Erich Schmidt Verlag, vierte Auflage.

Ernst, Peter. 2004. *Germanistische Sprachwissenschaft*. UTB basics, Wien: Facultas Verlags- und Buchhandels AG.

Eschenlohr, Stefanie. 1997. Zur kategorialen Determiniertheit von Wortformen im Deutschen. In Elisabeth Löbel und Gisa Rauh (Hrsg.), *Lexikalische Kategorien und Merkmale*, Linguistische Arbeiten, Nr. 336, Seiten 27–43, Tübingen: Max Niemeyer Verlag.
Eschenlohr, Stefanie. 1999. *Vom Nomen zum Verb: Konversion, Präfigierung und Rückbildung im Deutschen*. Hildesheim: Georg Olms Verlag.
Ewald, Petra. 2005. Das Suffix *-in* im Spannungsfeld von phonischen und morphematischen Schreibdeterminanten. *Sprachwissenschaft* 30(1), Seiten 83–110.
Fabricius-Hansen, Cathrine. 1974. *Transformative, intransformative und kursive Verben*. Tübingen: Niemeyer.
Fanselow, Gisbert. 2004. Fakten, Fakten, Fakten! *Linguistische Berichte* 200, Seiten 481–493.
Fanselow, Gisbert und Felix, Sascha W. 1993. *Sprachtheorie 2. Die Rektions- und Bindungstheorie*. UTB, Nr. 1442, Tübingen; Basel: A. Franke Verlag, dritte Auflage.
Felix, Sascha W. 1990. The Structure of Functional Categories. *Linguistische Berichte* 125, Seiten 46–71.
Ferraresi, Gisella. 2004. Unterdeterminiertheit in der Schnittstelle Syntax/Semantik bei Grammatikalisierungsphänomenen am Beispiel von *schon*. *Zeitschrift für Germanistische Linguistik* 2(32), Seiten 245–261.
Féry, Caroline. 2002. Lautsysteme der Sprache: Phonologie. In Horst M. Müller (Hrsg.), *Arbeitsbuch Linguistik*, UTB, Nr. 2169, Seiten 77–101, Paderborn: Verlag Ferdinand Schöningh.
Fillmore, Charles J. 1968. The Case for Case. In Emmon Bach und Robert T. Harms (Hrsg.), *Universals of Linguistic Theory*, Seiten 1–88, New York: Holt, Rinehart, and Winston.
Fischer, Olga und Nänny, Max. 1999. Introduction. Iconicity as a Creative Force in Language Use. In Max Nänny und Olga Fischer (Hrsg.), *Form miming meaning. Iconicity in language and literature*, Seiten xv–xxxvi, Amsterdam; Philadelphia: Benjamins.
Flämig, Walter. 1965. Zur Funktion des Verbs III. Aktionsart und Aktionalität. *Deutsch als Fremdsprache* 2(2), Seiten 4–12.
Flämig, Walter. 1966. Probleme und Tendenzen der Schulgrammatik I. *Deutschunterricht* 19(6), Seiten 334–345.
Flämig, Walter. 1991. *Grammatik des Deutschen. Einführung in Struktur- und Wirkungszusammenhänge. Erarbeitet auf der theoretischen Grundlage der 'Grundzüge einer deutschen Grammatik'*. Frankfurt a. M.: Peter Lang Verlag.
Fleischer, Wolfgang. 1983a. Phraseologie. In Fleischer u. a. (1983), Seiten 307–321.
Fleischer, Wolfgang. 1983b. *Wortbildung der deutschen Gegenwartssprache*. Leipzig: VEB Bibliographisches Institut.
Fleischer, Wolfgang und Barz, Irmhild. 1995. *Wortbildung der deutschen Gegenwartssprache*. Tübingen: Max Niemeyer Verlag, zweite Auflage.
Fleischer, Wolfgang, Hartung, Wolfdietrich, Schildt, Joachim und Suchsland, Peter (Hrsg.). 1983. *Kleine Enzyklopädie Deutsche Sprache*. Leipzig: VEB Bibliographisches Institut.
Fleischer, Wolfgang, Helbig, Gerhard und Lerchner, Gotthard (Hrsg.). 2001. *Kleine Enzyklopädie Deutsche Sprache*. Frankfurt a. M.: Peter Lang Verlag.

Forsgren, Kjell-Ake. 2000. Wortart, syntaktische Funktion, syntaktische Kategorie. In Geert Booij, Christian Lehmann und Joachim Mugdan (Hrsg.), *Morphologie*, Handbücher zur Sprach- und Kommunikationswissenschaft, Nr. 17.1, Seiten 665–673, Berlin; New York: Walter de Gruyter.

François, Jacques. 1985. Aktionsart, Aspekt und Zeitkonstitution. In Christoph Schwarze und Dieter Wunderlich (Hrsg.), *Handbuch der Lexikologie*, Seiten 229–249, Königstein/Ts.: Athenäum Verlag.

Fuhrhop, Nanna. 1995. Fugenelemente. Handout auf Jahrestagung des IDS 'Deutsch - typologisch'.

Fuhrhop, Nanna. 1996. Fugenelemente. In Ewald Lang und Gisela Zifonun (Hrsg.), *Deutsch - typologisch*, Seiten 525–550, Berlin; New York: de Gruyter.

Gallmann, Peter. 1999. Wortbegriff und Nomen-Verb-Verbindungen. *Zeitschrift für Sprachwissenschaft* 18(2), Seiten 269–304.

Gallmann, Peter. 2000. Rezension zur Grammatik der deutschen Sprache. *Zeitschrift für Sprachwissenschaft* 19(1), Seiten 132–145.

Gallmann, Peter. 2005. *Verbflexion und morphosyntaktischer Wandel.* homepage Peter Gallmann: www.personal.uni-jena.de/~x1gape/.

Gallmann, Peter. 2006. *Inkorporation.* Vorlesungsskript 'Einführung in die wissenschaftliche Grammatik'; Block 10; www.personal.uni-jena.de/~x1gape/.

Gallmann, Peter und Neef, Martin. 2005. Themenheft: Eigennamen. *Zeitschrift für Sprachwissenschaft* 24(1).

Gallmann, Peter und Sitta, Horst. 1996. *Deutsche Grammatik.* Zürich: Lehrmittel der Interkantonalen Lehrmittelzentrale, dritte Auflage.

Gautier, Laurent und Haberkorn, Didier (Hrsg.). 2004. *Aspekt und Aktionsarten im heutigen Deutsch.* Tübingen: Stauffenburg Verlag.

Genzmer, Herbert. 1995. *Deutsche Grammatik.* Frankfurt a.M.; Leipzig: Insel Verlag.

Grewendorf, Günther. 2002. *Minimalistische Syntax.* UTB, Nr. 2313, Tübingen; Basel: A. Franke Verlag.

Hahnemann, Suzan. 1999. *Vergleiche im Vergleich. Zur Syntax und Semantik ausgewählter Vergleichsstrukturen mit >als< und >wie< im Deutschen.* Tübingen: Max Niemeyer Verlag.

Haider, Hubert. 1984. Was zu haben ist und was zu sein hat – Bemerkungen zum Infinitiv. *Papiere zur Linguistik* 30(1), Seiten 23–36.

Haider, Hubert. 1992. Die deutsche Nominalphrase. In Ludger Hoffmann (Hrsg.), *Deutsche Syntax. Ansichten und Aussichten*, Institut für deutsche Sprache. Jahrbücher, Nr. 1991, Seiten 304–333, Berlin; New York: Walter de Gruyter.

Haiman, John. 1980. The iconicity of grammar: Isomorphism and Motivation. *Language* 56(3), Seiten 515–540.

Haiman, John. 1985. Symmetry. In John Haiman (Hrsg.), *Iconicity in Syntax. Proceedings of a Symposium on Iconicity in Syntax*, Typological Studies in Language, Nr. 6, Seiten 73–95, Amsterdam; Philadelphia: Benjamins.

Haiman, John. 1992. Iconicity. In William Bright (Hrsg.), *International Encyclopedia of Linguistics*, Band 2, Seiten 191–195, New York; Oxford: Oxford University Press.

Hall, Alan Tracy. 2000. *Phonologie. Eine Einführung*. Berlin; New York: Walter de Gruyter.

Halle, Morris und Marantz, Alec. 1994. Distributed Morphology and Pieces of Inflection. In Kenneth Hale und Samuel Jay Keyser (Hrsg.), *The View from Building 20*, Seiten 111–176, Cambridge, Massachusetts: MIT Press.

Heidolph, Karl Erich, Flämig, Walter und Motsch, Wolfgang (Hrsg.). 1981. *Grundzüge einer deutschen Grammatik*. Berlin: Akademie Verlag.

Helbig, Gerhard. 1968. Zum Funktionsbegriff in der modernen Linguistik. *Deutsch als Fremdsprache* 5(5), Seiten 274–287.

Helbig, Gerhard und Buscha, Joachim. 1991. *Deutsche Grammatik. Ein Handbuch für den Ausländerunterricht*. Leipzig; Berlin; München: Langenscheidt Verlag Enzyklopädie.

Helbig, Gerhard und Helbig, Agnes. 1990. *Lexikon deutscher Modalwörter*. Leipzig; Berlin; München: Langenscheidt Verlag Enzyklopädie.

Hendrick, Randall. 1995. Morphosyntax. In Gert Webelhuth (Hrsg.), *Government and Binding Theory and the Minimalist Program*, Seiten 297–347, Oxford UK; Cambridge USA: Blackwell.

Hentschel, Elke. 1986. *Funktion und Geschichte deutscher Partikel. Ja, doch, halt und eben*. RGL, Nr. 63, Tübingen: Max Niemeyer Verlag.

Hentschel, Elke und Weydt, Harald. 1990. *Handbuch der deutschen Grammatik*. Berlin; New York: Walter de Gruyter.

Heringer, Hans-Jürgen. 1968. *Die Opposition von 'kommen' und 'bringen' als Funktionsverben*. Düsseldorf: Pädagogischer Verlag Schwann.

Heringer, Hans-Jürgen. 1995. Prinzipien der Genuszuweisung. In Heidrun Popp (Hrsg.), *Deutsch als Fremdsprache. An den Quellen eines Faches. Festschrift für Gerhard Helbig zum 65. Geburtstag*, Seiten 203–216, München: iudicium verlag.

Heringer, Hans-Jürgen. 1996. *Deutsche Syntax dependiell*. Tübingen: Stauffenburg Verlag.

Heuer, Walter, Flückinger, Max und Gallmann, Peter. 2004. *Richtiges Deutsch. Vollständige Grammatik und Rechtschreibung unter Berücksichtigung der aktuellen Rechtschreibreform*. Zürich: Verlag Neue Züricher Zeitung, 26. Auflage.

Hirschfeld, Ursula und Stock, Eberhard. 2004. Aussprache. In Marita Pabst-Weinschenk (Hrsg.), *Grundlagen der Sprechwissenschaft und Sprecherziehung*, UTB, Nr. 8294, Seiten 31–48, München; Basel: Ernst Reinhardt Verlag.

Hoffmann, Ludger. 2003a. Einleitung. In Ludger Hoffmann (Hrsg.), *Funktionale Syntax: die pragmatische Perspektive*, Seiten 1–17, Berlin; New York: de Gruyter.

Hoffmann, Ludger. 2003b. Funktionale Syntax: Prinzipien und Prozeduren. In Ludger Hoffmann (Hrsg.), *Funktionale Syntax: die pragmatische Perspektive*, Seiten 18–121, Berlin; New York: de Gruyter.

Hoppe, Gabriele. 1999. *Das Präfix* ex- *Beiträge zur Lehn-Wortbildung*, Band 15 von *Studien zur deutschen Sprache*. Tübingen: Gunter Narr Verlag.

Humboldt, Wilhelm von. 1994. Ueber das Entstehen der grammatischen Formen, und ihren Einfluss auf die Ideenentwicklung. In Jürgen Trabant (Hrsg.), *Über die Sprache: Reden vor der Akademie*, UTB, Nr. 1783, Seiten 52–81, Tübingen; Basel: A. Francke Verlag.

Ijbema, Aniek und Abraham, Werner. 2000. Die syntaktische Funktion des infinitivischen *zu*. In Rolf Thieroff (Hrsg.), *Deutsche Grammatik in Theorie und Praxis*, Tübingen: Max Niemeyer Verlag.

Ineichen, Gustav. 1991. *Allgemeine Sprachtypologie: Ansätze und Methoden*. Darmstadt: Wissenschaftliche Buchgesellschaft, zweite, aktualisierte und erweiterte Auflage.

Jackendoff, Ray S. 1997. *The Architecture of the Language Faculty*, Band 28 von *Linguistic Inquiry Monographs*. Cambridge, Massachusetts; London, England: MIT-Press.

Jacobs, Joachim. 1983. *Fokus und Skalen. Zur Syntax und Semantik der Gradpartikeln im Deutschen*. Tübingen: Max Niemeyer Verlag.

Kaltz, Barbara. 2000. Wortartensysteme in der Linguistik. In Geert Booij, Christian Lehmann und Joachim Mugdan (Hrsg.), *Morphologie*, Handbücher zur Sprach- und Kommunikationswissenschaft, Nr. 17.1, Seiten 693–707, Berlin; New York: Walter de Gruyter.

Karnowski, Pawel und Pafel, Jürgen. 2005. Wie anders sind Eigennamen? *Zeitschrift für Sprachwissenschaft (Themenheft: Eigennamen)* 24(1).

Kayne, Richard S. 1975. *French Syntax. The Transformational Cycle*. Cambridge, Massachusetts: MIT Press.

Keenan, Edward L. und Comrie, Bernard. 1977. Noun Phrase Accessibility and Universal Grammar. *Linguistic Inquiry* 8, Seiten 63–99.

Klein, Wolfgang. 2004. Im Lauf der Jahre. *Linguistische Berichte* 200, Seiten 397–407.

Klosa, Annette. 1996. *Negierende Lehnpräfixe des Gegenwartsdeutschen*. Heidelberg: Universitätsverlag C. Winter.

Knobloch, Clemens und Schaeder, Burkhard. 2000. Kriterien für die Definition von Wortarten. In Geert Booij, Christian Lehmann und Joachim Mugdan (Hrsg.), *Morphologie*, Handbücher zur Sprach- und Kommunikationswissenschaft, Nr. 17.1, Seiten 674–692, Berlin; New York: Walter de Gruyter.

Krycki, Piotr. 2001. Zur sprachlichen Gestaltung von Wetterberichten in Zeitungen unter besonderer Berücksichtigung der Mittel zum Ausdruck der Modalität des Geltungsgrades. In Karl-Ernst Sommerfeld und Herbert Schreiber (Hrsg.), *Textsorten des Alltags und ihre typischen sprachlichen Mittel*, Seiten 35–47, Frankfurt a. M.: Peter Lang Verlag.

Kühnhold, Ingeborg und Wellmann, Hans. 1973. *Deutsche Wortbildung, Typen und Tendenzen in der Gegenwartssprache. Erster Hauptteil: Das Verb*. Sprache der Gegenwart – Schriften des Instituts für deutsche Sprache in Mannheim, Nr. 29, Düsseldorf: Pädagogischer Verlag Schwann.

Kunze, Konrad. 1999. *Namenkunde. Vor- und Familiennamen im deutschen Sprachgebiet*. dtv–Atlas, Nr. 3234, München: Deutscher Taschenbuch Verlag, zweite, vollständig überarbeitete und erweiterte Auflage.

Lang, Ewald und Pasch, Renate. 1988. Grammatische und kommunikative Aspekte des Satzmodus – ein Projektentwurf. In Ewald Lang (Hrsg.), *Studien zum Satzmodus I*, Linguistische Studien, Reihe A, Nr. 177, Berlin: Akademie der Wissenschaften der DDR, Zentralinstitut für Sprachwissenschaft.

Langenmayr, Arnold. 1997. *Sprachpsychologie. Ein Lehrbuch*. Göttingen; Bern; Toronto; Seattle: Hogrefe Verlag für Psychologie.

Lehmann, Christian. 1985. Grammaticalization: synchronic variation and diachronic change. *Lingua e Stile* 20, Seiten 303–318.

Leiss, Elisabeth. 1992. *Die Verbalkategorien des Deutschen. Ein Beitrag zur Theorie der sprachlichen Kategorisierung*. Berlin; New York: Walter de Gruyter.

Lenz, Barbara. 1993. Probleme der Kategorisierung deutscher Partizipien. *Zeitschrift für Sprachwissenschaft* 12(1), Seiten 39–76.

Levine, Robert D. und Meurers, Walt Detmar. 2006. Head-Driven Phrase Structure Grammar: Linguistic Approach, Formal Foundations, and Computational Realization. In Keith Brown (Hrsg.), *Encyclopedia of Language and Linguistics*, Oxford: Elsevier, zweite Auflage.

Leys, Odo. 2004. Konzepte der Graduierung. *Deutsche Sprache* 32(3), Seiten 161–170.

Lindqvist, Christer. 1994. *Zur Entstehung von Präpositionen im Deutschen und Schwedischen*. Linguistische Arbeiten, Nr. 311, Tübingen: Max Niemeyer Verlag.

Linke, Angelika, Nussbaumer, Markus und Portmann, Paul R. 1994. *Studienbuch Linguistik*. Tübingen: Max Niemeyer Verlag, zweite Auflage.

Lokies, Ingo. 1992. *Relationale Substantive*. Dissertation, Universität Jena.

Luschützky, Hans Christian. 2000. Morphem, Morph und Allomorph. In Geert Booij, Christian Lehmann und Joachim Mugdan (Hrsg.), *Morphologie*, Handbücher zur Sprach– und Kommunikationswissenschaft, Nr. 17.1, Seiten 451–462, Berlin; New York: Walter de Gruyter.

Lyons, John. 1983. *Die Sprache*. München: C.H. Beck'sche Verlagsbuchhandlung, vierte Auflage.

Maienborn, Claudia. 2003. *Die logische Form von Kopula-Sätzen*. Berlin: Akademie Verlag.

Marschall, Gottfried R. 2004. Aspekt, Aktionsart, Phrase: Eine Frage von Begrenzung, Segmentierung und Perspektive. In Laurent Gautier und Didier Haberkorn (Hrsg.), *Aspekt und Aktionsarten im heutigen Deutsch*, Seiten 43–70, Tübingen: Stauffenburg Verlag.

Mater, Erich. 1989. *Rückläufiges Wörterbuch der deutschen Gegenwartssprache*. Leipzig: VEB Bibliographisches Institut Leipzig, sechste Auflage.

Meibauer, Jörg. 2002. Lexikon und Morphologie. In Jörg Meibauer, Ulrike Demske, Jochen Geilfuß-Wolfgang, Jürgen Pafel, Karl Heinz Ramers, Monika Rothweiler und Markus Steinbach (Hrsg.), *Einführung in die germanistische Linguistik*, Seiten 15–69, Stuttgart: J.B. Metzler.

Meibauer, Jörg. 2003. Phrasenkomposita zwischen Wortsyntax und Lexikon. *Zeitschrift für Sprachwissenschaft* 22(2), Seiten 153–188.

Meier, Georg F. 1979. *Wortarten als Basis jeder Grammatiktheorie*. Schriften zur Phonetik, Sprachwissenschaft und Kommunikationsforschung, Nr. 1, Berlin: Akademie Verlag.

Mensching, Guido. 2003. Minimalistische Syntax der romanischen Sprachen. In Elisabeth Stark und Ulrich Wandruszka (Hrsg.), *Syntaxtheorien: Modelle, Methoden, Motive*, Seiten 171–191, Tübingen: Gunter Narr Verlag.

Mentrup, Wolfgang. 1980. Zur entwicklung der groß- und kleinschreibung im deutschen. In Wolfgang Mentrup (Hrsg.), *Materialien zur historischen entwicklung der gross- und kleinschreibungsregeln*, Seiten 279–333, Tübingen: Max Niemeyer Verlag.

Motsch, Wolfgang. 1996. Affixoide. Sammelbezeichnung für Wortbildungsphänomene oder linguistische Kategorie? *Deutsch als Fremdsprache* 33(3), Seiten 160–168.

Motsch, Wolfgang. 2004. *Deutsche Wortbildung in Grundzügen*. Schriften des Instituts für deutsche Sprache, Berlin; New York: Walter de Gruyter, zweite, überarbeitete Auflage.

Müller, Gereon. 2000. Das Pronominaladverb als Reparaturphänomen. *Linguistische Berichte* 182, Seiten 139–178.

Müller, Stefan. 1999. *Deutsche Syntax deklarativ. Head-Driven Phrase Structure Grammar für das Deutsche*. Linguistische Arbeiten, Nr. 394, Tübingen: Max Niemeyer Verlag.

Müller, Stefan. 2002. Der Prädikatskomplex im Deutschen. Folien vom 7.6. 2002.

Müller, Stefan. 2003a. *Complex Predicates: Verbal Complexes, Resultative Constructions, and Particle Verbs in German. Constraint-Based Lexicalism*. Stanford: CSLI Publications.

Müller, Stefan. 2003b. The Morphology of German Particle Verbs: Solving the Bracketing Paradox. *Journal of Linguistics* 39(2), Seiten 275–325.

Munske, Horst Haider. 2002. Wortbildungswandel. In Peter O. Müller, Mechthild Habermann und Horst Haider Munske (Hrsg.), *Historische Wortbildung des Deutschen*, Seiten 23–40, Tübingen: Max Niemeyer Verlag.

Neef, Martin. 1996. *Wortdesign. Eine deklarative Analyse der deutschen Verbflexion*. Studien zur deutschen Grammatik, Nr. 52, Tübingen: Stauffenburg Verlag.

Neef, Martin. 1998. *Elemente einer deklarativen Wortgrammatik*. Kölner Linguistische Arbeiten – Germanistik, Nr. 32, Hürth-Efferen: Gabel Verlag.

Neef, Martin. 2000. Morphologische und syntaktische Konditionierung. In Geert Booij, Christian Lehmann und Joachim Mugdan (Hrsg.), *Morphologie*, Handbücher zur Sprach- und Kommunikationswissenschaft, Nr. 17.1, Seiten 473–484, Berlin; New York: Walter de Gruyter.

Netter, Klaus. 1998. *Functional Categories in an HPSG for German*. Saarbrücken Dissertations in Computational Linguistics and Language Technology, Nr. 3, Saarbrücken: Deutsches Forschungszentrum für Künstliche Intelligenz und Universität des Saarlandes.

Nöth, Winfried. 2000. *Handbuch der Semiotik*. Stuttgart; Weimar: Verlag J.B. Metzler, zweite Auflage.

Nübling, Damaris, Dammel, Antje, Duke, Janet und Szczepaniak, Renata. 2006. *Historische Sprachwissenschaft des Deutschen. Eine Einführung in die Prinzipien des Sprachwandels*. Tübingen: Gunter Narr Verlag.

Öhlschläger, Günther. 1989. *Zur Syntax und Semantik der Modalverben des Deutschen*. Tübingen: Niemeyer Verlag.

Olschansky, Heike. 1996. *Täuschende Wörter: Kleines Lexikon der Volksethymologien*. Stuttgart: Philipp Reclam jun.

Pasch, Renate. 1994. Benötigen Grammatiken und Wörterbücher des Deutschen eine Wortklasse Konjunktionen? *Deutsche Sprache* 22(2), Seiten 97–116.

Paul, Hermann. 1886. *Principien der Sprachgeschichte*. Halle an der Saale: Max Niemeyer Verlag.

Paul, Hermann. 1917. *Deutsche Grammatik. Teil III: Flexionslehre*, Band 2. Halle an der Saale: Max Niemeyer Verlag, 2. unveränderte Auflage 1968, Tübingen: Max Niemeyer Verlag.

Peirce, Charles Sanders. 1998. Elements of Logic. In Charles Hartshorne und Paul Weiss (Hrsg.), *Collected Papers of Charles Sanders Peirce*, Band 2, Bristol: Thoemmes Press.

Pfeifer, Wolfgang (Hrsg.). 1989. *Etymologisches Wörterbuch des Deutschen*. Berlin: Akademie-Verlag.

Pinker, Steven. 2000. *Wörter und Regeln*. Heidelberg, Berlin: Spektrum Akademischer Verlag.

Pörings, Ralf und Schmitz, Ulrich. 2003. *Sprache und Sprachwissenschaft. Eine kognitiv orientierte Einführung*. Tübingen: Gunter Narr Verlag, zweite, überarbeitete und aktualisierte Auflage.

Pümpel-Mader, Maria, Gassner-Koch, Elsbeth und Wellmann, Hans. 1992. *Adjektivkomposita und Partizipialbildungen*. Deutsche Wortbildung: Typen und Tendenzen in der Gegenwartssprache; eine Bestandsaufnahme des Instituts für Deutsche Sprache, Forschungsstelle Innsbruck, Nr. 5, Berlin; New York: Walter de Gruyter.

Pusch, Claus D. 2001. Ikonizität. In Martin Haspelmath, Ekkehard König, Wulf Oesterreicher und Wolfgang Raible (Hrsg.), *Sprachphilosophie und sprachliche Universalien*, Handbücher zur Sprach- und Kommunikationswissenschaft, Nr. 20.1, Seiten 369–384, Berlin; New York: Walter de Gruyter.

Radford, Andrew. 2004. *Minimalist Syntax Exploring the structure of English*. Cambridge: Cambridge University Press.

Ramers, Karl Heinz. 1998. *Einführung in die Phonologie*. München: Fink.

Ramers, Karl Heinz. 2002. Phonologie. In Jörg Meibauer (Hrsg.), *Einführung in die germanistische Linguistik*, Seiten 70–120, Stuttgart; Weimar: J.B. Metzler.

Reis, Marga. 2001. Bilden Modalverben im Deutschen eine syntaktische Klasse? In Reimar Müller und Marga Reis (Hrsg.), *Modalität und Modalverben im Deutschen*, Hamburg: Buske.

Roelcke, Thorsten. 1997. *Sprachtypologie des Deutschen*. Berlin; New York: Walter de Gruyter.

Römer, Christine. 1987. *Die Struktur von Lexikoneinträgen – dargestellt am Beispiel der deverbalen -ung-Ableitungen*. Dissertation B, Universität Jena.

Römer, Christine. 1989. Wortarten – ein grammatisches Problem. *Deutsch als Fremdsprache* 26(2), 83–89.

Römer, Christine. 1990. Die Wortartenfrage: Ein Problem für den Deutschunterricht für Ausländer. In Harro Gross und Klaus Fischerl (Hrsg.), *Grammatikarbeit im DaF-Unterricht*, Seiten 97–104, München: iudicium verlag.

Römer, Christine. 2000. Processes of Grammaticalization in Modern German Wordformation. *Logos and Language* 1(2), Seiten 35–47.

Römer, Christine und Matzke, Brigitte. 2005. *Lexikologie des Deutschen. Eine Einführung*. Tübingen: Gunter Narr Verlag, zweite, aktualisierte und ergänzte Auflage.

Sag, Ivan A., Wasow, Thomas und Bender, Emily M. 2003. *Syntactic Theory: A Formal Introduction*. Stanford: Center for the Study of Language and Information, zweite Auflage.

Schippan, Thea. 1992. *Lexikologie der deutschen Gegenwartssprache*. Tübingen: Max Niemeyer Verlag.

Schleicher, August. 1977. Die Darwinsche Theorie und die Sprachwissenschaft. In Hans Helmut Christmann (Hrsg.), *Sprachwissenschaft des 19. Jahrhunderts*, Wege der Forschung, Nr. CDLXXIV, Seiten 86–108, Darmstadt: Wissenschaftliche Buchgesellschaft.

Schlobinski, Peter. 2001. *knuddel – zurueckknuddel – dich ganzdollknuddel* Inflektive und Inflektivkonstruktionen im Deutschen. *Zeitschrift für Germanistische Linguistik* 29, Seiten 192–218.

Schmid, Wolfgang P. 1997. Eine revidierte Skizze einer allgemeinen Theorie der Wortarten. In Wolfgang P. Schmid (Hrsg.), *Mot et Parties du discours*, Paris: Leuven.

Schmidt, Wilhelm. 1973. *Grundfragen der deutschen Grammatik*. Berlin: Volk und Wissen, vierte Auflage.

Sick, Bastian. 2004. *Der Dativ ist dem Genitiv sein Tod*. Köln; Hamburg: Kiepenheuer & Witsch.

Siehr, Karl-Heinz, Ehrhardt, Horst und Berner, Elisabeth (Hrsg.). 1997. *Funktionale Sprachbeschreibung in der DDR zwischen 1960 und 1990. Beiträge zur Bilanz und Kritik der „Potsdamer Richtung"*. Sprache – System und Tätigkeit, Nr. 21, Frankfurt a. M.: Peter Lang Verlag.

Simmler, Franz. 1998. *Morphologie des Deutschen. Flexions- und Wortbildungsmorphologie*. Berlin: Weidler Buchverlag.

Sommerfeld, Karl-Ernst und Schreiber, Herbert. 1977. *Wörterbuch zur Valenz und Distribution der Substantive*. Leipzig: VEB Bibliographisches Institut, zweite Auflage.

Sommerfeld, Karl-Ernst, Starke, Günter und Nerius, Dieter. 1985. *Einführung in die Grammatik und Orthographie der deutschen Gegenwartssprache*. Leipzig: VEB Bibliographisches Institut, dritte Auflage.

Staudinger, Bernhard. 1997. *Sätzchen: Small Clauses im Deutschen*. Linguistische Arbeiten, Nr. 363, Tübingen: Max Niemeyer Verlag.

Steinitz, Renate. 1981. *Der Status der Kategorie „Aktionsart" in der Grammatik (oder: Gibt es Aktionsarten im Deutschen?)*. Linguistische Studien, Reihe A, Nr. 76, Berlin: Akademie der Wissenschaften, Zentralinstitut für Sprachwissenschaft.

Stepanowa, Marija D. und Helbig, Gerhard. 1981. *Wortarten und das Problem der Valenz in der deutschen Gegenwartssprache*. Leipzig: VEB Bibliographisches Institut.

Sternefeld, Wolfgang. erscheint 2006. *Syntax. Eine morphologisch motivierte generative Beschreibung des Deutschen*. Tübingen: Stauffenburg Verlag (2 Bände).

Stiebels, Barbara. 1996. *Lexikalische Argumente und Adjunkte: Zum semantischen Beitrag verbaler Präfixe und Partikeln*. studia grammatica XXIX, Berlin: Akademie Verlag.

Stolz, Thomas. 1994. *Grammatikalisierung und Metaphorisierung*. Bochum – Essener Beiträge zur Sprachwandelforschung, Bochum: Universitätsverlag Dr. N. Brockmeyer.

Suchsland, Peter. 1999. Wege zum Minimalismus in der Grammatiktheorie. Entwicklungen in der generativen Grammatik II. *Deutsch als Fremdsprache* 36(1), Seiten 26–31.

Tesnière, Lucien. 1980. *Grundzüge der strukturalen Syntax*. Stuttgart: Klett-Cotta.

Teubert, Oliver. 2005. *Analytische Verbformen im Deutschen: Syntax – Semantik – Grammatikalisierung*. Germanistische Linguistik Monographien, Nr. 18, Hildesheim; Zürich; New York: Georg Olms Verlag.

Teubert, Wolfgang. 1979. *Valenz des Substantivs*. Schriften des Instituts für deutsche Sprache, Nr. 49, Düsseldorf: Pädagogischer Verlag Schwann.

Thieroff, Rolf. 1992. *Das finite Verb im Deutschen. Tempus – Modus – Distanz*. Tübingen: Stauffenburg Verlag.

Trubetzkoy, Nikolaus S. 1958. Gedanken über Morphonologie. In Nikolaus S. Trubetzkoy (Hrsg.), *Grundzüge der Phonologie*, Seiten 268–271, Göttingen: Vandenhoeck & Ruprecht.

Vater, Heinz. 1994. *Einführung in die Zeit-Linguistik*. Kölner Linguistische Arbeiten – Germanistik, Nr. 25, Hürth-Efferen: Gabel Verlag, dritte Auflage.

Vendler, Zeno. 1967. *Linguistics in Philosophy. Chapter 4, Verbs and Times*. Ithaca: Cornell University Press.

Vogel, Petra Maria. 1996. *Wortarten und Wortartenwechsel*. Berlin; New York: Walter de Gruyter.

von Polenz, Peter. 1985. *Deutsche Satzsemantik*. Berlin; New York: Walter de Gruyter.

von Stechow, Armin und Sternefeld, Wolfgang. 1988. *Bausteine syntaktischen Wissens*. Opladen: Westdeutscher Verlag.

Wandruszka, Ulrich (Hrsg.). 1997. *Syntax und Morphosyntax*. Tübingen: Gunter Narr Verlag.

Weiß, Helmut. 2005. Zu einer möglichen silbenstrukturellen Motivation unechter Diminutivbildungen im Bairischen. *Sprachwissenschaft* 30(2), Seiten 217–245.

Wiese, Richard. 1992. Über die Bedeutung der Phonologie für die Morphologie. *Deutsch als Fremdsprache* 29(3), 131–135.

Willems, Klaas. 1997. *Kasus, grammatische Bedeutung und kognitive Linguistik*. Tübingen: Gunter Narr Verlag.

Willems, Klaas. 1998. *Geschichte und Systematik des adverbialen Dativs im Deutschen: eine funktional–linguistische Analyse des morphologischen Kasus*. Berlin; New York: Walter de Gruyter.

Winhart, Heike. 2002. *Funktionsverbgefüge im Deutschen. Zur Verbindung von Verben und Nominalisierungen*. Dissertation, Neuphilologische Fakultät der Universität Tübingen.

Wotjak, Barbara und Heine, Antje. 2005. Zur Abgrenzung und Beschreibung verbnominaler Wortverbindungen (Wortidiome, Funktionsverbgefüge, Kollokationen). *Deutsch als Fremdsprache* 42(3), Seiten 143–153.

Wunderlich, Dieter. 1987. Schriftstellern ist mutmaßen, ist hochstapeln, ist Regeln mißachten. – Über komplexe Verben im Deutschen. In Brigitte Asbach-Schnitker und Johannes Roggenhofer (Hrsg.), *Neuere Forschungen zur Wortbildung und Histographie*, Tübinger Beiträge zur Linguistik, Nr. 284, Seiten 91–107, Tübingen: Gunter Narr Verlag.

Wunderlich, Dieter. 1992. *Funktionale Kategorien im Lexikon*. Arbeiten des SFB 282: Theorie des Lexikons, Nr. 24, Heinrich Heine Universität Düsseldorf.

Wunderlich, Dieter. 2003. *Von der Notwendigkeit Sprachwissenschaft zu betreiben*. Vortrag auf DGfS-Tagung.

Wunderlich, Hermann und Reis, Hans. 1925. *Der deutsche Satzbau*, Band 2. Stuttgart: Cotta, dritte Auflage.

Wurzel, Wolfgang U. 1982. Probleme der Morphonlogie. In Wolfgang U. Wurzel (Hrsg.), *Phonologie – Morphonologie – Morphologie* , Linguistische Studien, Reihe A, Nr. 93, Seiten 49–85, Berlin: Akademie der Wissenschaften der DDR, Zentralinstitut für Sprachwissenschaft.

Wurzel, Wolfgang U. 2000a. Der Gegenstand der Morphologie. In Geert Booij, Christian Lehmann und Joachim Mugdan (Hrsg.), *Morphologie*, Handbücher zur Sprach– und Kommunikationswissenschaft, Nr. 17.1, Seiten 2–15, Berlin; New York: Walter de Gruyter.

Wurzel, Wolfgang U. 2000b. Was ist ein Wort? In Rolf Thieroff, Matthias Tamrat, Nanna Fuhrhop und Oliver Teuber (Hrsg.), *Deutsche Grammatik in Theorie und Praxis*, Seiten 29–42, Tübingen: Max Niemeyer Verlag.

Wurzel, Wolfgang Ulrich. 1970. *Studien zur deutschen Lautstruktur*. studia grammatica, Nr. VIII, Berlin: Akademie-Verlag.

Zhu, Xiaxue. 1999. *Die Aktionalität des Deutschen im Vergleich zum chinesischen Aspektsystem*. Frankfurt a. M.: Peter Lang Verlag.

Zifonun, Gisela, Hoffmann, Ludger und Strecker, Bruno. 1997. *Grammatik der deutschen Sprache*. Berlin; New York: Walter de Gruyter.

Zimmermann, Ilse. 1988. Wohin mit den Affixen? In Ilse Zimmermann und Wolfgang Motsch (Hrsg.), *The Contribution of Word–Structure–Theories to the Study of Word Formation*, Linguistische Studien, Reihe A, Nr. 179, Seiten 157–188, Berlin: Akademie der Wissenschaften der DDR.

Zimmermann, Ilse. 2000. Partizip II-Konstruktionen des Deutschen als Modifikatoren. In Josef Bayer und Christine Römer (Hrsg.), *Von der Philologie zur Grammatiktheorie*, Seiten 239–269, Tübingen: Max Niemeyer Verlag.

Index

Personenverzeichnis

Stichwortverzeichnis